EN DÉCOUVRANT L'EXISTENCE

AVEC

HUSSERL ET HEIDEGGER

BIBLIOTHÈQUE D'HISTOIRE DE LA PHILOSOPHIE

Fondateur H. GOUHIER   Directeur E. CATTIN

Emmanuel LEVINAS

EN DÉCOUVRANT L'EXISTENCE
AVEC
HUSSERL ET HEIDEGGER

édition suivie

d'ESSAIS NOUVEAUX

Quatrième édition corrigée

PARIS

LIBRAIRIE PHILOSOPHIQUE J. VRIN

6, Place de la Sorbonne, V^e

2016

© *Librairie Philosophique J. VRIN*, 1949, *pour la première édition*
© *Librairie Philosophique J. VRIN*, 1967, *pour l'édition suivie*
*d'*Essais nouveaux (ISBN 2 -7116-0488-8)

© *Librairie Philosophique J. VRIN*, 2006
pour la présente édition

Imprimé en France
ISSN : 0249-7980
ISBN : 978-2-7116-1491-2

www.vrin.fr

AVANT-PROPOS

Nous reproduisons dans ce petit volume deux études parues dans la *Revue Philosophique,* l'une en 1940 sur l'ensemble de l'œuvre d'Edmond Husserl, l'autre, plus ancienne, en 1932, sur Martin Heidegger; elle fut parmi les premières que l'on ait consacré à ce philosophe en France.

Nous remercions M. Bréhier, Directeur de la *Revue Philosophique,* qui a bien voulu nous autoriser à reproduire ici ces travaux.

À ces deux textes, modifiés, nous ajoutons une conférence inédite en français, prononcée sur Heidegger en 1940 devant les étudiants de M. Jean Wahl et, en guise de conclusion, un essai sur la notion de l'existence, telle que le mouvement phénoménologique, depuis Husserl, la prépare.

La dernière étude s'adresse à des lecteurs qui connaissent déjà les thèmes principaux de la philosophie phénoméno-logique. L'essor pris par la philosophie de l'existence grâce à l'œuvre si riche de Jean-Paul Sartre et de ses amis, l'action et l'œuvre de Gabriel Marcel et de Jean Wahl, de Koyré et de Gurvitch, les travaux de de Waelhens et de Beaufret ont complètement changé la situation philosophique en France telle qu'elle se présentait à l'époque où les trois premières études de ce recueil étaient écrites. Mais à des lecteurs qui s'intéressent au mouvement existentialiste français, ses origines phénoménologiques échappent trop souvent.

Celles-ci ne résident pas dans telle thèse particulière de
Husserl ou de Heidegger – dans ces accidents du système sur
lesquels on peut innover trop facilement et où l'on peut
découvrir avec regret ou avec ironie, un peu vainement, une
évolution ou des reniements. Heidegger a agi sur les esprits par
ce qui, dès le premier contact avec lui, parut frappant. Et de ce
premier étonnement, les études réunies dans ce volume portent
modestement témoignage.

Elles n'ont point, en tout cas, l'ambition douteuse – mais
peut-être superflue – et pour ces études – démesurée, de
plaider, après les années 1939-1945, pour une philosophie
qui ne garantit pas toujours la sagesse. Mais qu'on le veuille
ou non les motifs introduits par Heidegger ont ouvert à la
pensée philosophique des possibilités nouvelles ou prêté un
sens nouveau à ses possibilités anciennes. Et l'existentialisme
français – peut-être Gabriel Marcel mis à part – est largement
tributaire de la phénoménologie bien qu'il ne se soit nourri
que de la partie anthropologique de la pensée heideggerienne,
de cette *philosophie de l'existence* dont Heidegger ne veut pas
pour lui.

AVERTISSEMENT À LA SECONDE ÉDITION

Les études réunies sous le titre de « En découvrant l'existence avec Husserl et Heidegger » reflètent – comme nous le disions en 1949 – la première rencontre avec la phéno-ménologie et attestent les espoirs des premières découvertes. Nous n'avons pas cru devoir les retoucher en les réimprimant. Même les pages qui y concernent Heidegger, relatives à *Sein und Zeit* – et où rien de la dernière philosophie de Heidegger n'est encore pris en considération – ont été ainsi laissées sans changement.

Mais nous avons ajouté à la présente réédition quelques études récentes consacrées à Husserl sous le titre de « Essais nouveaux ». Elles traduisent une réflexion retournant fréquemment à l'œuvre husserlienne pour y chercher des inspirations, même quand elle s'en sépare. Les notions husserliennes d'intentionalité et de sensibilité – nullement simples, ni même dépourvues d'équivoque, ni même de mystère, susceptibles d'accréditer jusqu'à l'idée d'une intentionalité sans thématisation – nous semblent offrir des possibilités encore irréalisées. L'idée d'un conditionnement transcendantal selon lequel s'échelonnent entités et choses au delà (dans le culturel) et en deçà (dans le sensible) de l'acte strictement intellectuel – promet, en guise d'analyse inten-tionnelle, une nouvelle façon de passer d'une idée à l'autre.

Ces recherches ont enfin rendu possibles quelques autres essais sur lesquels se termine le présent recueil. Ce sont les « Raccourcis », projets de cheminements plus sinueux. Le texte intitulé « La Philosophie et l'idée de l'infini », a pu, depuis 1957, s'exprimer sous forme de livre[1]. Les autres études amorcent le développement des thèses adoptées dans « Totalité et Infini ». La dernière, intitulée « Langage et Proximité », est inédite.

Qu'il nous soit permis de remercier les Directeurs des revues et de maisons d'édition qui ont aimablement autorisé la reproduction de ces textes : le R. P. De Petter, Messieurs Jean-Marie Domenach, Jérôme Lindon, Pierre-Maxime Schuhl, Madame Simone Servais, le R. P. Van Bréda, M. Jean Wahl.

Note de l'Éditeur

En marge de cette quatrième édition au format poche est indiquée la pagination de l'édition de 1967, c'est-à-dire la première édition augmentée d'« Essais nouveaux ».

---

1. *Totalité et Infini*, La Haye, Martinus Nijhoff, 1961, 2ᵉ éd. 1965.

1. LES THÈMES

Avec le recul du temps, l'œuvre [2] d'Edmond Husserl, aussi révolutionnaire par son contenu que par les influences qu'elle a exercées, apparaît cependant, et par les thèmes qu'elle aborde et par la manière dont elle les traite comme fidèle aux enseignements essentiels de la civilisation européenne.

1. Paru dans la *Revue Philosophique*, janvier-février 1940.

2. Les principaux écrits d'Edmond Husserl : *Philosophie der Arithmetik*, 1891, *Logische Untersuchungen*, 1 re éd., t. 1, 1900 ; t. II, 1901 ; *Philosophie als strenge Wissenschaft*, article publié en 1910 dans la revue *Logos* ; *Ideen zu einer reinen Phaenomenologie und phaenomenologischen Philosophie*, I. Teil, 1913 ; *Logische Untersuchungen*, t. I et t. II, représentant une nouvelle édition (modifiée sur des points importants) du t. I et de la majeure partie du t. II de la 1 re édition de cet ouvrage, 1913 ; *Logische Untersuchungen*, t. III (rééditant, après de nombreux remaniements, la fin du t. II de l'édition de 1901), 1920 ; *Phenomenology*, article écrit pour l'*Encyclopedia Britannica* en 1927 ; *Vorlesungen zur Phaenomenologie des inneren Zeitbewusstseins* (1905-1910), publié en 1928 ; *Formale und transzendentale Logik*, 1929 ; *Nachwort zu meinen Ideen zu einer reinen Phaenomenologie*, 1930 ; *Méditations cartésiennes* (en français), 1931 ; *Die Krisis der europaeischen Wissenschaft und die transzendentale Phaenomenologie*, 1, Teil, 1936 (dans la revue *Philosophia* paraissant à Belgrade) ; la suite en a été donnée, à titre posthume, dans la *Revue internationale de Philosophie*, de Bruxelles, en 1939, sous le titre de : *Die Frage nach dem Ursprung der Geometrie als*

Convaincu de l'excellence de la tradition intellectuelle de l'Occident, de la dignité suprême de l'esprit scientifique, Husserl s'inquiète des bases incertaines sur lesquelles repose l'édifice du savoir. Son besoin de fonder les sciences sur une doctrine universelle et absolue le rattache à Descartes[1]. Sa

8 philosophie prétendra | nous conduire vers les premières évidences sans lesquelles la science ne serait pas digne de son nom. La logique, la « science de la science » où il apercevra de bonne heure avec Leibniz le germe d'une *mathesis universalis*[2], restera la grande préoccupation de sa vie. La phénoménologie transcendantale sera une *mathesis universalis* pensée jusqu'au bout. De là cette conception du travail philosophique exposée dans le fameux article sur « la philosophie en tant que science rigoureuse » et appelée à un si grand retentissement. La vaine succession des systèmes constitue un spectacle désolant, indigne du philosophe. La philosophie véritable et vraie ne sort pas toute armée de la tête d'un seul penseur. Elle

---

intentional-historisches Problem à titre posthume également *Erfahrung und Urteil, Untersuchungen zur Genealogie der Logik*, Prague, 1939; *Notitzen zur Raumkonstitution* in Philosophy and Phenomenological Research sept 1940-june 1941, t. I *Phaenomenologie und Anthropologie*, même revue, t. II *Die Welt der lebendigen Gegenwart und die Konstitution der ausser leiblichen Umwelt*, même revue, t. V. Nous citons les *Logische Untersuchungen* d'après la 2ᵉ édition et renvoyons, par conséquent, aux tomes I, II et III. Pour la bibliograpie complète des publications de Husserl, *cf.* Jan Patocka dans *Revue internationale de Philosophie*, de Bruxelles, du 15 janvier 1939, fascicule consacré à Husserl, p. 374-397. Malgré quelques inexactitudes de détail, ce travail est très utile. Les publications d'Edmond Husserl ne sont qu'une partie d'une œuvre plus vaste constituée au cours de 40 ans d'enseignement à Goettingen et à Fribourg. Les manuscrits des leçons ont souvent été communiqués aux disciples et aux amis, les idées circulaient sans avoir été publiées.

1. « Il n'y a qu'une seule philosophie, une seule science réelle et véritable. Les sciences particulières n'en sont que des membres sans autonomie (*unselbstaendige Glieder*) », *Form. und tr. Logik*, p. 240.

2. *L. U.*, I, p. 219-220.

est, comme la science, l'œuvre des équipes et des générations des philosophes[1].

Mais Husserl aborde le problème de la certitude et le fondement du savoir d'une façon étrangère à Descartes. Il s'agit pour lui moins d'assurer la certitude des propositions que de déterminer le sens que peut avoir la certitude et la vérité pour chaque domaine de l'être. Comme dans le criticisme, il convient de se rendre compte des conditions et du sens dans lesquels les prétentions de la pensée à la vérité se trouvent justifiées. Au lieu de concevoir la vérité sur un modèle unique et ses divers types comme des approximations, Husserl envisage les prétendues incertitudes, propres à certaines connaissances, comme des modes positifs et caractéristiques de la révélation de leurs objets[2]. Au lieu de les mesurer par rapport à un idéal de certitude, il recherche la signification positive de leur vérité, qui définit le sens de l'existence à laquelle elles accèdent. Plus que par aucun autre aspect de sa doctrine, Husserl apporte ici une nouvelle manière d'interroger les choses et de philosopher.

Mais en connexion avec cette attitude, on distingue dans l'œuvre de Husserl un troisième thème. Approfondissement de notre connaissance des choses et de leur être, la phénoménologie constitue pour l'homme une *manière d'exister* par laquelle il accomplit sa destinée d'esprit. Elle sert de base aux sciences morales, comme elle fonde les sciences de la nature, mais de plus elle est la vie même de l'esprit qui se retrouve et qui existe, conformément à sa vocation. Elle apporte une discipline par laquelle l'esprit prend conscience de soi (*Selbstbesinnung*), assume la | responsabilité de soi et, en fin **9**

---

1. *Cf.* aussi *L. U.*, II, p. 11-12 ; III, p. 7.

2. Cf. *Form. und trans. Logik*, p. 249. Les possibilités d'erreur qui caractérisent l'expérience sensible constituent un caractère *positif* de cette expérience. L'être qu'elle révèle est précisément tel que son existence peut être à chaque instant « dénoncée ». Il ne saurait être saisi avec adéquation que par l'expérience sensible.

de compte, sa liberté[1]. Par là encore Husserl rejoint les grands courants de l'idéalisme occidental.

Il est cependant remarquable, qu'en même temps, il tient compte des intuitions principales qui font la valeur du réalisme contemporain. Dans une grande mesure il le prépare. Le sentiment que l'être est quelque chose de consistant, qu'il vaut et pèse en quelque manière, que le monde réel est inéluctable, que les « relations intelligibles » puisent toute leur signification dans les rapports que, hommes concrets, nous entretenons avec la réalité concrète, tout ce courant d'idées que M. Jean Wahl a pu caractériser comme allant « vers le concret » véhicule aussi les méditations de Husserl.

Notre souci consistera à rechercher l'unité de ces divers thèmes ou le thème principal qui les domine. Nous ne pensons pas que l'unité de la phénoménologie husserlienne tienne simplement à sa méthode. La phénoménologie n'a jamais été dans l'esprit de Husserl un pur *organon*, une façon d'ériger en philosophie la règle de prudence qui recommande de se limiter délibérément à la description des phénomènes tels qu'ils apparaissent. Son intérêt consiste dans la manière même dont les phénomènes sont abordés, dans les raisons qui incitent à les aborder de cette manière. Husserl veut apporter une philosophie générale de l'être et de l'esprit. Dans cette philosophie la méthode phénoménologique n'est pas un « procédé » qui découvre un certain nombre de propositions vraies, mais l'*existence* même de cette philosophie[2]. Nous espérons ainsi pouvoir mettre à leur place naturelle les diverses théories de Husserl qui pour certains résument toute sa pensée : son antipsychologisme, sa doctrine de l'intuition des essences, son idéalisme, sa théorie de la réduction

1. « La phénoménologie tout entière n'est rien d'autre… qu'une prise de conscience scientifique de soi par la subjectivité transcendantale… Le fondement dernier de toute vérité est un élément de la prise de conscience universelle de soi », *Form. und transc. Log.*, p. 241-242.

2. *Cf.* par exemple *Ideen*, p. 124.

transcendantale, etc. Nous ne poursuivons pas la vaine entreprise d'une « doxographie » husserlienne, d'un état de tous les « résultats » de ses analyses. À travers une œuvre consacrée à tant de problèmes nous tâcherons de dégager l'unité de l'inspiration phénoménologique, sa physionomie, son message.

2. CONTENU PSYCHOLOGIQUE ET PENSÉE

C'est une idée kantienne, préparée dans une grande mesure par l'empirisme anglais, que le *sens* d'une notion n'est pas épuisé lorsque les éléments qu'elle contient sont analysés avec clarté | et distinction. En dehors de son contenu, le concept possède une « signification objective », une prétention à l'existence que l'analyse directe de ce concept ne saurait découvrir. C'est encore une tradition à la fois empiriste et criticiste qui invite à chercher dans le sujet, dans l'origine subjective des notions, ce sens qui échappe à la connaissance dirigée sur les notions elles-mêmes. À ces idées, Husserl reste attaché dès la *Philosophie de l'Arithmétique*. Il ne les a pas reniées au moment où, publiant les *Logische Untersuchungen*, il fut le plus sévère pour l'empirisme anglais des XVIIIe et XIXe siècles. L'opposition entre l'évidence directe, naïvement vécue et l'évidence réfléchie, qui ouvre une nouvelle dimension de rationalité, est le pivot de tous les problèmes phénoménologiques[1]. Replacer les notions – quelle qu'en soit l'évidence pour la connaissance qui les fixe – dans la perspective où elles apparaissent au sujet, tel sera le souci principal de la phénoménologie.

Cette méthode, Husserl l'applique dans la *Philosophie de l'Arithmétique* pour éclaircir la notion du nombre. Il reconnaîtra plus tard lui-même que dans cet ouvrage il procédait déjà en phénoménologue[2]. Il y remonte à l'acte spirituel par

1. *Form. u. trans. Log.*, p. 157.
2. *Ibid.*, p. 76.

lequel le nombre est compris ; il en saisit le sens dans les actes
de collection et de dénombrement qui à la fois constituent les
nombres et accomplissent le contact originel de l'esprit avec
ces « réalités ». Déjà l'idée de *l'intuition catégoriale* pointe à
l'horizon puisque la démarche de la collection n'a rien de
l'*immédiat* du sensible, n'en constitue pas moins l'accès originel aux formations arithmétiques[1]. Mais surtout la notion du
subjectif impliquée dans ces analyses tranche sur celle du
psychologisme de l'époque : la subjectivité n'est pas abordée
comme un *contenu* de la conscience, mais comme une *noèse*
qui pense quelque unité objective, qui l'atteint dans une
certaine mesure ou dans un *certain sens*. L'arithmétique ne se
ramène pas à un jeu de la causalité psychologique, mais à des
unités de sens. Elles ne se rapportent au sujet que par leur sens
et dans la mesure où le sujet est pensée. Lorsque les thèses
générales du psychologisme empêcheront de comprendre
le rapport qui existe entre la multiplicité de la conscience
et l'unité de la théorie, Husserl les dénoncera. Mais dans
la *Philosophie de l'Arithmétique* elles ne jouent plus prati-
quement aucun rôle. L'intentionalité de la conscience qui
permettra dans les *Logische Untersuchungen* de comprendre
11 l'existence de l'idéal | et sa situation par rapport à la pensée,
de concilier ainsi l'unité de l'idée avec la multiplicité des
actes qui la pensent, anime déjà, en fait, la *Philosophie de
l'Arithmétique*[2]. Tout en professant encore le psychologisme
qu'il combattra dix ans plus tard, Husserl ne lui emprunte
que sa part de vérité : l'importance des recherches sur la

---

1. *Cf.* sur la conformité des thèses de la *Philosophie de l'Arithmétique* et
de la philosophie ultérieure de Husserl, l'article de M. Oskar Becker dans
Kantstudien, 1930 : *Die Philosophie Edmund Husserls.*

2. *Cf.* Ludwig Landgrebe, *Husserls Phaenomenologie* dans *Revue internationale de Philosophie*, paraissant à Bruxelles, numéro du 15 janvier 1939,
p. 280-289.

subjectivité pour éclaircir l'origine des représentations[1].
Et, d'ores et déjà, dans ce recours au sujet il entrevoit
la dimension d'intelligibilité spécifiquement phénoménologique. Il ne combattra pas dans les *Logische Untersuchungen.* le fait que le logique renvoie au subjectif, mais
qu'il y renvoie par son contenu. Il soutiendra que « les ingré-
dients ou présuppositions psychologiques de l'affirmation
d'une loi (logique) ne doivent pas être confondus avec les
moments logiques de son contenu »[2]. L'objet renvoie au sujet
non point par son contenu, par le fait qu'il a *tel* ou *tel* sens,
mais par le fait même qu'il a un sens.

Envisagés dans la perspective qu'ouvre sur la *Philosophie
de l'Arithmétique* l'ensemble de l'œuvre de Husserl, la
publication des *Logische Untersuchungen* ne marque donc
pas une solution de continuité aussi nette qu'il a pu souvent le
sembler, ni par rapport à son premier ouvrage, ni par rapport à
son œuvre ultérieure où selon certains, Husserl serait revenu
au psychologisme[3]. En s'attaquant dans le premier volume

1. *L. U.*, I, préface, p. VII. *Cf.* aussi *L. U.*, I, p. 59, l'affirmation du rapport
nécessaire entre la logique et la psychologie, en pleine lutte contre le
psychologisme.

2. *L. U.*, I, p. 71.

3. Nous l'avons déjà noté dans notre livre : *La Théorie de l'intuition dans
la phénoménologie de Husserl*, Paris, Vrin, 2001. Il est évident toutefois que
sur certains points le premier volume des *L. U.* emploie des formules trop
rigides et, en quelque manière, unilatérales. On peut montrer néanmoins – il
serait trop long de le faire ici – qu'il n'y a jamais de contradiction radicale
entre cet ouvrage et certaines thèses de la *Form. u. tr. Log.* Lorsque, par ex.,
au § 27, p. 91 et suivantes du 1er v. des *L. U.*, Husserl combat tout essai de
ramener le principe de contradiction à l'impossibilité psychologique de deux
jugements contradictoires, il n'est pas, comme on pourrait le croire, en
désaccord avec les thèses de la *Form. u. trans. Log.* Celle-ci s'occupe de la
constitution de ce principe dans la conscience transcendantale et non pas
dans notre *nature* psychologique ; d'autre part, elle en cherche le sens
subjectif qu'il reste à établir après avoir reconnu et pris au sérieux la
signification objective de ce principe. Il y a là une nouvelle démarche
philosophique qui n'enlève rien à l'objectivité de ce principe qui est seule en
cause dans le premier vol. des *Log. Unt.*

des *Logische Untersuchungen*[1] au psychologisme en logique
l'argumentation de Husserl qui réduit à l'absurde les thèses
fondamentales du psychologisme parce qu'elles ruinent « les
conditions évidentes de la possibilité d'une théorie en
12 général »[2], tend à séparer l'ordre logique, c'est-à-dire l'ordre
selon | lequel « la science se constitue en tant que science »[3]
d'un simple jeu de la causalité psychologique dont les lois
logiques seraient les forces motrices[4]. C'est dire que les propositions scientifiques sont objets de la pensée et non pas sa
substance même et que la vérité est, avant tout, l'aperception
de l'ordre même qui règne dans la sphère objective. C'est
soutenir, en somme, que l'esprit est pensée et intellection.

3. LA LOGIQUE PURE

La psychologie de la pensée, comprise comme science
des faits psychiques, ne saurait donc servir de fondement
à la logique. La Logique constitue « un domaine spécial de
vérités »[5], domaine de relations idéales, comparable au
monde des relations mathématiques[6]. Objets de la pensée,
leurs unités ne sont pas exclusives des multiplicités psychologiques qui les visent. Comme le mathématicien, le logicien
n'énonce rien sur la succession des pensées dirigées sur
l'objet mathématique. Ses yeux sont fixés sur l'objet; il
l'identifie à travers les variations de sa conscience, il cherche
à en pénétrer les lois[7].

---

1. *Cf.* le résumé magistral que Victor Delbos a donné de cet ouvrage dans
Revue de Métaphysique et de Morale, de 1911.

2. *L. U.*, p. 110, p. 160-161.

3. « Was Wissenschaft zur Wissenschaft macht », *L. U.*, I, p. 228, 242 et
passim.

4. *L. U.*, I, p. 67.

5. *L. U.*, I, p. 60.

6. *L. U.*, I, p. 70, 73 et *passim*.

7. *L. U.*, II, p. 4, 93 *sq*.

L'objet de la logique n'est pas déterminé par un contenu quelconque. Lorsqu'on considère les démonstrations données dans les domaines les plus divers, on leur trouve une allure commune. Elle ne tient donc pas à la matière de ces domaines [1]. Ils révèlent ainsi la forme commune qui les revêt, indépendante de tout contenu [2] et qui tient au fait que tout objet – quel qu'il soit – est un « quelque chose en général ».

La distinction entre la matière et la forme que nous venons de marquer est pour Husserl radicale [3]. La forme ne résulte pas d'un procédé de généralisation poussé à l'extrême, car le genre suprême comporte toujours un contenu. Le « quelque chose en général » transcende tout genre, mais obéit à une légalité propre. La science de cette légalité, c'est la logique pure.

La logique pure est la condition de la vérité dans la mesure où la vérité est adéquation de la pensée et de l'objet et que les structures formelles de l'objet appartiennent à son être. Si elle peut ainsi servir de norme de vérité, elle n'est pas normative par elle-même ; | elle est théorique comme les mathématiques [4]. C'est en tant que science de la forme et non pas en tant que discipline normative qu'elle est au-dessus de toutes les sciences qui portent sur les contenus. Elle énonce des lois auxquelles toute science doit obéir, car quels que soient les caractères de son objet, en tant qu'objet il tombe sous la juridiction de la logique [5]. Indépendante à l'égard de la psychologie car la *forme* vide est un moment de l'objet et non pas absence d'objet, le logique se trouve séparé de toute science portant sur les choses, car il est forme *vide*.

Dès les *Logische*, Husserl rapproche la logique du formalisme mathématique lequel, détaché de l'idée du nombre [6],

1. *L. U.*, I, p. 19.
2. *L. U.*, I, p. 22.
3. On la trouve déjà dans la *Philosophie der Arithmetik*.
4. *L. U.*, I, tout le chap. 2, p. 30-50, 140, 164-165 et *passim*.
5. *L. U.*, I, p. 162.
6. *L. U.*, I, p. 252.

concerne dans la « théorie des ensembles » des relations qui
régissent le monde du « quelque chose en général »[1]. Dans
le domaine général du formel les *Ideen* et surtout la *Formale
und transzendentale Logik* apporteront ultérieurement de
nouvelles distinctions. Husserl distinguera en particulier
une logique de pure conséquence où l'esprit se désintéresse
du problème de la vérité pour tisser le réseau de relations
formelles conformément à la loi de la non-contradiction, et la
logique de la vérité qui se situe dans le plan de l'expérience
possible et d'une unité d'expérience. La logique de la vérité se
trouve ainsi supposer des conditions transcendantales et
posséder un élément matériel.

Mais cette dernière distinction suppose une nouvelle
méthode d'investigation. Elle implique le problème du
sens objectif des formes logiques, elle répond à une recherche
des horizons spirituels dans lesquels elles se situent. Ce
problème n'est pas du ressort du logicien, il est phénoménologique. Mais l'établissement de la logique telle que Husserl
la conçoit et dont nous n'avons tracé ici que quelques traits
rapides l'impose. En dégageant les raisons qui y amènent nous
essayerons de surprendre le secret même de la manière phénoménologique de philosopher.

4. LA NÉCESSITÉ D'UNE PHÉNOMÉNOLOGIE

En situant le logique dans le plan de l'objet, Husserl
n'aspire pas tant à soutenir le réalisme des formes qu'à présenter la logique et la science comme œuvres de l'esprit. Elles
ne sont pas le produit des forces psychiques ou d'un mécanisme psychologique. Elles se rapportent à l'esprit comme
14 unités de sens. Le fait psychologique | ne conditionne pas le
phénomène logique par sa réalité, mais par le sens qui l'anime.
L'objet de la pensée n'est pas un *contenu psychologique*.

1. *L. U.*, I, p. 248 *sq.*, § 70.

Le contenu de la pensée, les sensations par exemple, sont « vécues », les objets sont « idéalement » présents dans ces contenus. «La simple présence d'un contenu dans un ensemble (*Zusammenhang*) psychique n'est rien moins qu'une pensée de cet objet »[1]. La distinction entre ce qui est vécu et ce qui est pensé domine la critique que Husserl adresse au psychologisme. Elle permet de poser la conscience en tant que pensée, en tant que douée de sens[2]. On peut dire que la phénoménologie est en premier lieu le fait de considérer la vie de l'esprit comme douée de pensée[3]. La critique du psychologisme n'a pas d'autre but.

Le premier volume des *Logische Untersuchungen* s'orientait donc vers une théorie de la conscience déterminée par la notion de l'intentionalité. La conscience ne saurait être considérée comme une réalité pure et simple. Toute sa spiritualité réside dans le sens qu'elle pense. Elle vise et tend à quelque chose. La situation ne se compare pas à celle d'un mobile qui dynamiquement est au-delà de chacune de ses positions et en vue de son but, ni à celle d'un symbole qui « a un sens » parce qu'il renvoie la pensée à l'objet qu'il symbolise ; en l'occurrence, les notions de tendre et de viser sont empruntées à la pensée qui en tant que pensée a un sens, c'est-à-dire pense *quelque chose*. L'extériorité de ce quelque chose est commandée par l'intériorité du sens. Et cette dialectique d'intériorité et d'extériorité détermine la notion même de l'esprit.

Mais dès lors une réflexion sur la pensée qui se dirige sur le monde des relations logiques, sans se substituer à la logique, n'est pas indifférente à sa constitution. L'abandon de la psychologie ne nous dispense pas d'une autre science du sujet qui l'analyse en tant qu'intention et pensée[4].

1. *L. U.*, II, 165.
2. *L. U.*, p. 347 *sq.*, 382, 385 et *passim*.
3. *Cf.* à ce sujet la critique du nominalisme dans *L. U.*, II, surtout, p. 144-146.
4. *L. U.*, II, p. 146.

Dès le premier volume des *Logische Untersuchungen* cette nécessité de replacer la logique pure dans les intentions qui la constituent est clairement énoncée. Le merveilleux édifice de la logique pure de Bolzano auquel Husserl rend un éloquent hommage, tout en possédant une rigueur mathématique, n'éclaircit pas «le droit propre de cette discipline, l'essence de ses objets et de ses problèmes»[1].

L'insuffisance philosophique de la logique pure tient d'abord aux équivoques qui en entachent les termes fondamentaux. «La phénoménologie de la vie psychique qui prend conscience du logique a pour but de nous permettre, grâce à une description | poussée aussi loin que cela peut être nécessaire, de comprendre cette vie et le sens qui lui est inhérent afin de fournir à tous les concepts fondamentaux de la logique des significations fixes»[2]. Toutefois ces équivoques ne sauraient être imputées à la négligence du chercheur. «Les évidences les plus complètes peuvent se brouiller, les objets qu'elles saisissent – être faussement interprétés, leur témoignage décisif, récusé»[3]. Il s'agit de confusions inévitables pour le savant qui n'est pas philosophe. L'équivoque en question n'est pas le fait d'une mauvaise terminologie. Seule la réflexion sur la conscience permettra de la dissiper[4].

L'évidence par laquelle nous pénétrons la nature des objets donnés n'est donc pas prémunie contre les déviations et les confusions dont elle porte en elle la possibilité. Elle demeure, conformément à l'expression caractéristique de Husserl, essentiellement *naïve*. La logique pure qu'elle permet d'établir est l'œuvre d'une technique intellectuelle, le résultat d'*opérations* logiques. La signification de ses vérités reste obscure. L'évidence du logicien ne le renseigne pas sur les horizons spirituels dont elle émerge, sur l'enchevêtrement

1. *L. U.*, I, p. 227.
2. *L. U.*, II, p. 6.
3. *Ibid.*, p. 7.
4. *Form. und tr. Log.*, p. 158.

des évidences auxquelles elle emprunte son sens complet. Lorsque nous vivons naïvement dans l'évidence, les buts visés par la pensée et ce qui est atteint se superposent sans distinction possible. Démêler cet enchevêtrement derrière l'*évidence-résumé* que connaît le logicien, c'est retrouver le sens complet des notions, leur constitution réelle au-delà de la surface équivoque qu'elles offrent au regard du logicien; c'est « revenir aux choses elles-mêmes »[1].

Œuvres du sujet en raison de leur objectivité même, les formes logiques possèdent une signification objective propre. Le logicien-mathématicien dirigé sur elles, les manie en technicien comme des objets tout faits. Il méconnaît et les intentions premières de la pensée qui sont comme « la source d'où les lois de la logique pure jaillissent »[2], et le jeu complexe des intentions qui déterminent la perspective – ou comme Husserl le dira plus tard – les horizons où ces objets apparaissent. La constitution de la signification d'une notion à partir de son origine, nous en rendra compréhensible le sens vrai. Une réflexion sur la pensée logique analysant les intentions dont elle est faite – les intentions et non pas les contenus – apparaît comme la méthode de la critique philosophique de la logique et la définition de la phénoménologie. En réveillant les premières évidences elle découvre ces intentions, | elle **16** en mesure la légitimité et fixe le sens dans lequel elles sont légitimes; elle compare ce qu'elles visent à ce qu'elles atteignent. Elle assume d'une nouvelle façon la fonction d'une théorie et d'une critique de la connaissance[3].

C'est dire que la logique formelle doit être complétée par une logique transcendantale ou une phénoménologie de la logique. La signification des principes essentiels de la logique demande une analyse du sens même de l'activité par laquelle ils sont pensés. « En détournant notre pensée des thèmes qui

1. *L. U.*, II, p. 6.
2. *L. U.*, II, p. 3. Ce texte ne figure que dans la 2ᵉ édition des *L. U.*
3. *Ibid.*, p. 120. Les textes intéressants sont introduits par la 2ᵉ édition.

s'offrent seuls directement à nous, thèmes éventuellement déjà éloignés de leur signification initiale, pour réfléchir sur l'activité qui les constitue en les visant et en les atteignant et dont le déroulement, jusqu'alors demeuré caché ou, si l'on veut, anonyme, devient maintenant le thème de notre recherche – nous interrogeons cette activité, c'est-à-dire nous cherchons dans l'évidence précisément ainsi éveillée ce qu'elle visait et ce qu'elle a atteint » [1]. La structure de l'évidence qui constitue les concepts de la logique doit donc être éclaircie par une analyse systématique.

Il est évident que l'analyse phénoménologique n'aboutit pas seulement à une terminologie plus fixe et plus précise. Elle nous introduit dans une nouvelle dimension d'intelligibilité, que l'orientation de la philosophie occidentale de Locke à Kant permit d'entrevoir. L'équivoque qu'elle est appelée à dissiper ne concerne pas le contenu des notions, puisque, de l'aveu propre de Husserl, l'évidence du logicien suffit en grande partie à ses opérations. La confusion se produit sur un autre plan. Le psychologisme fournit un excellent exemple d'une telle confusion. « Une mauvaise interprétation due à l'équivoque peut fausser le sens des propositions de la logique pure (les ramener, par exemple, à des propositions empirico-psychologiques), faire abandonner l'évidence antérieurement acquise et la signification spécifique du domaine de la logique pure » [2]. Mais le psychologisme n'est pas une méconnaissance des vérités logiques, c'est une fausse interprétation de leur sens. C'est donc moins la nature de telle ou telle relation logique que son rang dans la réalité, la signification de son objectivité qui échappe à l'évidence irréfléchie. C'est la signification de la vérité, le *sens d'être* comme Husserl dira plus tard – le *Seinssinn* – que découvre l'analyse phénoménologique réfléchissant sur le sens dans lequel la pensée entend,

1. *Form. und trans. Log.*, p. 157.
2. *L. U.*, II, 5 ; *cf.* aussi *L. U.*, II, 7 et *Formale und trans. Log.*, *passim*.

pose et vérifie son objet. Grâce à cette analyse Husserl pourra ajouter à l'antipsychologisme des *Logische Untersuchungen* une théorie positive du sens des différentes formes de | logi- 17 ques, de leur fonction, du rang qui leur revient. L'enchevêtrement psychique que cette analyse démêlera, n'est pas un complexus de causes et d'effets ; mais un complexus d'intentions. Le démêler c'est situer l'objet dans une perspective de pensées, c'est déterminer son lieu ontologique.

La phénoménologie sera pour Husserl l'extension de cette méthode, au-delà des objets formels, à tous les objets possibles – une recherche de leur sens à partir des évidences qui les constituent. Partout l'opposition entre évidence naïve et évidence phénoménologique de la réflexion se retrouve ; partout ce double point de vue sur l'évidence conditionne la problématique de la phénoménologie.

Mais la découverte dans toute évidence naïve d'une insuffisance dont le psychologisme, notamment, est une conséquence et auquel la réflexion doit remédier laisse prévoir dès maintenant une conception de la connaissance qui ne réalise son entière essence que dans la réflexion sur soi. La connaissance s'achève ou plutôt trouve son premier fondement non point dans l'établissement d'un principe général dont elle découle par voie de conséquence, d'un principe qui l'*explique* ; elle réside dans l'éclaircissement de son propre sens, et la description de la vie psychique qu'il anime. Elle est une phénoménologie dont l'idéal n'est plus dans l'*explication du fait*, toujours naïve, mais dans *l'éclaircissement du sens* qui est le mode philosophique de la connaissance[1]. Nous verrons plus loin le rôle que prend dans l'ensemble de la philosophie de Husserl la notion de lumière et de clarté introduite ici.

L'examen des « intentions » de la vie spirituelle ouvre sur l'objet de la science elle-même une perspective qui ne saurait jamais être celle de la science. Par là on dépasse la philosophie

1. *L. U.*, 11, 21, 120.

qui concevait l'extériorité sur un modèle unique et la relation
de sujet à objet comme toujours uniforme. L'un et l'autre se
trouvent désormais déterminés par le sens de la pensée qu'il
convient d'interroger sans rien préjuger de sa structure. Cette
structure que l'on ne saurait exprimer en termes de causalité
permet de pénétrer dans une nouvelle dimension de l'intelligibilité que la phénoménologie s'efforce de dévoiler.

C'est en tout cas en partant de l'intention de la pensée
logique et de son sens que dès le premier volume des *Logische
Untersuchungen* Husserl découvre l'existence spécifique de
l'objet idéal et formel introuvable dans la nature. C'est le sens
inhérent à l'intention de la pensée logique[1] qu'il y allègue
constamment pour | combattre l'argumentation psycho-
logiste, pour affirmer que les lois logiques sont exactes[2],
a priori[3] et valables intemporellement. Husserl s'y appuie
constamment comme sur le point d'Archimède[4]. Ce n'est pas
le retour au réalisme platonicien des idées, des essences et des
formes logiques qui par lui-même aurait fait l'intérêt de
l'ouvrage. Il a été l'exemple d'une méthode qui se dessinait
plus vaste et qui autorisait une transformation de l'idée même
de réalité et de vérité par un recours à l'intention de la pensée
qui les pose. Le replacement de toute vérité objective dans les
intentions réelles qui la constituent et où le sens de son
objectivité devient visible, le replacement des objets dans la
pensée en tant que pensée et intention, la recherche de leur
sens par l'examen non point des objets, mais des actes de la
pensée dans « ce qu'ils sont et contiennent par eux-mêmes »[5]

---

1. « … der blosse Hinblick… auf seine eigentliche Meinung… », *L. U.*, I,
p. 64 ; « … nach seinem echten Sinne », p. 69 ; « … ist das wirklich *gemeint*
wenn die Logiker sagen… », p. 83, etc. On pourrait multiplier très aisément
ces citations.
2. *L. U.*, I, p. 61.
3. *L. U.*, I, p. 62.
4. *L. U.*, I, p. 143.
5. *L. U.*, II, p. 190.

– la méthode même de la phénoménologie – sont désormais possibles.

Mais un deuxième point, non moins important pour l'évolution ultérieure de la phénoménologie est acquis par là. Le sens inhérent à la vie spirituelle n'est pas l'équivalent pur et simple de la relation de sujet à objet qu'a connue la philosophie classique. Husserl ne part pas de ces deux termes pour en chercher la relation. La notion d'objectivité est en elle-même vague et sans signification précise. La contre-partie objective de la pensée est entièrement à déterminer par le sens de la pensée et par toutes ses implications, par ses « horizons ». Le « sens » d'une pensée n'annonce pas nécessairement un objet spatio-temporel[1]. La possibilité de séparer totalement «sens» et «connaissance d'objet», «pensée» et «pensée objective», «révélation» et «révélation d'êtres» est désormais ouverte. Lorsque la phénoménologie découvrira avec Scheler et Heidegger une vie spirituelle qui se définira essentiellement par le sens qui l'anime sans se définir comme connaissance d'êtres, lorsque dans sa spiritualité même elle apparaîtra comme une expérience de valeurs ou comme une attitude de l'homme à l'égard de son existence, c'est aux conquêtes du premier volume des *Logische* qu'elle en sera redevable.

5. LES ESSENCES

Comme l'objectivité du formel, l'objectivité de l'idéal qu'établit la deuxième *Untersuchung*, est caractérisée grâce au recours à l'intention qui le vise. L'idée ne saurait être interprétée comme une | modification de l'individuel en raison de 19 l'intention spécifique et irréductible de la pensée qui le vise (*wir meinen es in einer neuartigen Bewusstseinsweise*)[2]. La polémique très vigoureuse de Husserl contre les théories

1. *L. U.*, II, p. 101.
2. *L. U.*, II, p. 107, 131, 140, 172, 187, etc.

empiristes du concept que nous ne pouvons reproduire ici
s'accompagne d'une argumentation qui en appelle à la
signification de la pensée qui opère sur les idées. L'idéalité ne
réside ni dans l'abstraction [1], ni dans la généralité [2], ni dans le
vague de l'image générique [3]. Si l'idée est irréductible à l'individuel, c'est qu'elle est entendue comme idéale. « L'essentiel
réside dans l'intention » [4]. Husserl ne reproche pas seulement
au nominalisme de se perdre dans l'aveugle jeu de l'association où le mot devient un simple son verbal, mais de méconnaître la conscience *sui generis* qui vise ou atteint l'idéal
comme tel [5]. « On ne saurait nier que nous ne parlions de la
species d'une manière distincte, que, dans un très grand
nombre de cas, nous ne pensions et ne nommions non point le
particulier, mais son idée et que cette unité idéale ne soit le
sujet de nos assertions tout comme peut l'être le particulier » [6].
Nous énonçons des vérités qui concernent des objets idéaux [7].
Dans ce sens les objets idéaux existent véritablement [8]. Ce
qu'on pourrait appeler le réalisme platonicien de Husserl,
résulte ainsi de la réflexion sur l'intention qui vise l'objet
idéal [9]. Il a une base phénoménologique.

La méthode permettra d'ailleurs d'apporter des précisions
à la notion d'idéalité qu'elle découvre. Bientôt s'établira la
différence entre la structure essentielle de l'objet ou son *eidos*
et son concept empirique où l'essentiel et l'accidentel sont
mélangés.

1. *L. U.*, II, p. 130.
2. *L. U.*, II, p. 110.
3. *L. U.*, II, p. 136.
4. *L. U.*, II, p. 136.
5. *L. U.*, II, P. 144-145.
6. *L. U.*, II, p. 156; *cf.* aussi p. 111-112.
7. *L. U.*, II, p. 125.
8. *L. U.*, II, p. 124.
9. *L. U.*, I, p. 129; surtout *L. U.*, II, p. 108, chap. 1, § 1 et p. 198.

L'idéalité du genre sera distinguée de l'idéalité de l'essence en tant qu'espèce[1], à son tour différente de l'idéalité propre de toute signification verbale même quand elle désigne un objet individuel[2]; plus tard dans les *Ideen* l'essence au sens platonicien ou *eidos*, aux limites indéterminées, mais proche des données individuelles sera opposée à l'essence dont la qualité est poussée jusqu'à sa limite idéale de pureté et appelée idée au sens kantien (l'idée du rouge, opposée au rouge idéal); enfin dans la *Formale und transzendentale | Logik* apparaîtra la notion de l'idéalité de tout objet culturel,   20 d'une symphonie par exemple, etc.

Ces essences ne sont pas formelles comme l'objet de la logique. Elles ont un contenu matériel d'une structure nécessaire. Structure qui justifie certaines relations entre objets. Toute couleur est étendue, voilà une vérité qui pour matérielle qu'elle soit n'en est pas moins indépendante de l'expérience. L'intuition de l'essence est donc à l'origine d'une connaissance que Husserl appelle *a priori*, car comme la connaissance du formel elle ne dépend pas de la simple constatation de l'effectivité d'un rapport[3]. Mais elle est *a priori* dans un autre sens encore.

La troisième *Untersuchung* met à la base de toutes les relations entre essences des rapports de fondement[4]. Les contenus des objets ne peuvent pas tous exister d'une façon indépendante. La distinction entre objets dépendants et indépendants est radicale[5] : la couleur d'un objet n'existe que sur une certaine surface qui à son tour demande un volume. Elles sont, dans ce sens bien déterminé, abstraites[6]. Elles ont

---

1. *L. U.*, II, p. 131, 148-149, 171-172.

2. *Ibid.*, p. 103.

3. *L. U.*, II, p. 234.

4. *L. U.*, II, p. 279.

5. *L. U.*, II, 228.

6. Ce qui ne veut pas dire idéales, puisque ce sont des éléments individuels d'un objet individuel ; cf. *L. U.*, II, p. 216.

besoin pour exister d'autres contenus qui les fondent et elles
exigent ces contenus de par leur sens même. L'existence
de l'objet concret et du fait empirique suppose tout une
série de conditions que l'étude des essences des contenus fait
apparaître. Cette étude est donc *a priori* en ce sens qu'elle
concerne les conditions *a priori* de l'objet : l'intuition
des essences concerne au-delà des objets leurs conditions
d'existence. Question dont les sciences empiriques ne
sauraient se soucier. C'est pourquoi Husserl conférera dans
les *Ideen* aux sciences des essences – sciences *eidétiques* –
une dignité ontologique. La phénoménologie elle-même en
tant qu'analyse de la conscience constituante sera d'après
Husserl une ontologie et une science eidétique. Elle décrira
l'essence de la conscience, ses structures nécessaires.

La notion de l'essence et des rapports d'essences se trouve
à la base du fameux *a priori matériel* qui s'ajoute à l'*a priori
formel* de la logique. Celui-ci détermine les conditions de la
vérité analytique, celui-là définit la notion du jugement
synthétique *a priori* dont le champ est infiniment plus vaste
que Kant ne l'avait supposé. Le particulier qui a toujours une
essence – puisqu'il est déterminé d'une certaine façon – obéit
aux lois d'essences. Il existe donc la possibilité d'une science
universelle qui, après avoir déterminé les conditions
21 formelles de toutes choses – les lois | analytiques – en établit
les conditions matérielles – les lois synthétiques.

Ce qu'il nous importe de faire ressortir au sujet des
Untersuchungen III et IV qui établissent les règles principales
de l'intuition des essences et une première contribution à la
mathesis universalis des formes, c'est que la nécessité des
rapports essentiels ne résulte pas de leur accord avec un
principe quelconque d'intelligibilité. Cette intelligibilité
réside dans la vision même de l'essence. Voir l'objet constitue
déjà une manière de le comprendre. Non pas en raison du
jugement inhérent à toute vision. La vision – ou plutôt

l'évidence – n'est pas un sentiment qui accompagne la compréhension rationnelle. L'évidence elle-même est la pénétration du vrai. La notion de la raison se définit par elle.

6. L'INTENTIONALITÉ

La proposition célèbre que «toute conscience est conscience de quelque chose» ou encore, que l'intentionalité caractérise essentiellement la conscience – résume la théorie husserlienne de la vie spirituelle : toute perception est perception d'un perçu, tout jugement, jugement d'un état de choses jugé, tout désir, désir d'un désiré. Ce n'est pas une corrélation de mots, mais une *description* de phénomènes[1]. À tous les niveaux de la vie spirituelle – que ce soit au stade de la sensation ou de la pensée mathématique – la pensée est *visée* et intention[2].

Les premières descriptions de l'intentionalité dans la première *Untersuchung* – que l'on néglige trop comme purement préparatoire – partent du domaine des significations verbales. Ce domaine recouvre d'ailleurs pour Husserl – et il le dira expressément dans la *Formale und transzendentale Logik* – tout le domaine de l'intentionalité, en dehors de celui de la constitution du temps immanent. Comprendre le fait que le mot signifie quelque chose, c'est saisir le mouvement même de l'intentionalité. Aussi le phénomène de la signification du mot restera-t-il la clef de cette notion.

Le mot n'est pas un *flatus vocis*. Sa signification ne se confond pas avec une image associée à la perception auditive ou visuelle du mot. Il n'est pas le «signe» de sa signification. Exprimer ce n'est pas symboliser[3]. Le mot en tant qu'expression n'est pas perçu pour lui-même, il est comme une fenêtre à

1. *L. U.*, II, p. 390.
2. *L. U.*, II, p. 165.
3. *L. U.*, II, p. 23.

travers laquelle nous regardons ce qu'il signifie. La signification du mot n'est donc pas un rapport entre deux faits
22 psychologiques ni entre deux objets | dont l'un est le signe de
l'autre mais entre la pensée et ce qu'elle pense. C'est là toute
l'originalité de l'intention par rapport à l'association, même
par rapport à l'association dont Husserl renouvellera la
notion[1]. *Le pensé* est idéalement présent dans la pensée. Cette
manière pour la pensée de *contenir idéalement autre chose
qu'elle* – constitue l'intentionalité. Ce n'est pas le fait
qu'un objet extérieur entre en relation avec la conscience ni
que dans la conscience même un rapport s'établit entre deux
contenus psychiques – emboîtés l'un dans l'autre. Le rapport
de l'intentionalité n'a rien des rapports entre objets réels. *Il est
essentiellement l'acte de prêter un sens* (la *Sinngebung*).
L'extériorité de l'objet représente l'extériorité même de ce
qui est pensé par rapport à la pensée qui le vise. L'objet
constitue ainsi un moment inéluctable du phénomène même
du sens. L'affirmation de l'objet ne sera pas, chez Husserl,
l'expression d'un réalisme quelconque. L'objet apparaît dans
sa philosophie comme déterminé par la structure même de la
pensée ayant un sens et qui s'oriente autour d'un pôle d'identité qu'elle pose. Ce n'est pas de la réalité de l'objet que
Husserl part pour élaborer l'idée de la transcendance, mais de
la notion du sens. Cette notion se trouvera d'ailleurs séparée
de celle de l'objet dans l'évolution qu'a prise avec Scheler et
surtout avec Heidegger le mouvement phénoménologique[2].

Chez Husserl le fait du sens est caractérisé par le phénomène d'identification, processus où l'objet se constitue.
L'identification d'une unité à travers la multiplicité représente l'événement fondamental de toute pensée. Penser, c'est
pour Husserl identifier. Et nous verrons tout de suite pourquoi
« identifier » et avoir un « sens » reviennent au même.

---

1. *L. U.*, II, p. 29.
2. *Cf.* notre conclusion.

L'intentionalité de la conscience est le fait qu'à travers la multiplicité de la vie spirituelle se retrouve une identité idéale, dont cette multiplicité ne fait qu'effectuer la synthèse.

L'acte de poser l'objet – l'acte objectivant – est une synthèse d'identification. Par cette synthèse toute vie spirituelle participe de la représentation; ou encore, par elle Husserl détermine en dernière analyse la notion même de la représentation. La représentation n'est donc pas un concept opposé à l'action ou au sentiment. Elle se situe avant.

L'intentionalité n'est donc pas l'apanage de la pensée représentative. Tout sentiment est sentiment d'un senti, tout désir, désir d'un désiré, etc. Ce qui est ici visé n'est pas un objet contemplé. Le senti, le voulu, le désiré ne sont pas des choses. Thèse qui | a joué un rôle considérable dans la phéno- 23 ménologie de Scheler et de Heidegger, et qui est peut-être l'idée la plus féconde apportée par la phénoménologie. Toutefois chez Husserl la représentation au sens que nous venons de définir se trouve nécessairement à la base de l'intention, même non-théorique. Non pas que la représentation soit seule à accomplir la relation avec l'objet et que le sentiment et le désir purement « vécus » viennent s'y associer et la colorer[1]. Les états affectifs dans leur dynamisme intérieur recèlent des intentions. « Ils sont redevables de leur relation intentionnelle à certaines représentations qui les supportent. Mais dire qu'ils sont redevables c'est affirmer avec raison qu'ils possèdent bien ce dont ils sont redevables »[2].

Il n'en est pas moins vrai que la représentation joue un rôle prépondérant dans l'intentionalité. L'ensemble de l'œuvre de Husserl ne fait que le souligner. Dès la cinquième *Untersuchung* – dans la discussion sur le rôle de l'acte objectivant –, Husserl soutient que toute intention est soit un acte objectivant, soit supportée par un acte objectivant. Des intentions ne

1. *L. U.*, II, p. 388 367, 386 et *passim*.
2. *L. U.*, II, p. 390.

pouvant pas subsister par elles-mêmes, des intentions dépen-
dantes se greffent sur lui. La position d'une valeur, l'affirmation d'un voulu recèle d'après les *Ideen*, une thèse doxique, la
position de l'objet, pôle de la synthèse d'identification. Elles
offrent ainsi la possibilité d'apparaître à leur tour comme des
notions théoriques. Ce qui est désiré apparaît comme un objet
ayant attribut de désir, un objet désirable. Certes, ces attributs
appartiennent en propre à l'objet, ils ne sont pas dus à la
réflexion sur les réactions du sujet, mais conformes au sens
interne du désir, de la volonté, etc. Mais le désirable et le voulu
sont pour Husserl susceptibles de théorie, de contemplation.

Dans la théorie de l'expérience du temps immanent, dans
ses recherches sur l'expérience préjudicatoire – l'expérience
première – ce rôle primordial de la représentation est
également affirmé. Et ce n'est pas par hasard que la théorie
de l'intentionalité est développée à partir des significations
verbales. La conscience théorique est donc chez Husserl à la
fois universelle et première.

Nous touchons ici à l'un des points les plus caractéristiques de la philosophie husserlienne, à celui qui donne à
son œuvre une physionomie propre, même au sein du mouvement phénoménologique issu de lui. Il serait peut-être
injuste de le qualifier d'intellectualisme. La primauté
accordée à la notion du sens par rapport à la notion d'objet
24 pour caractériser la pensée nous l'interdit. | L'intention d'un
désir, d'un sentiment – en tant que désir ou sentiment –
recèlent un sens original qui n'est pas objectif au sens étroit du
terme. C'est Husserl qui a introduit dans la philosophie cette
idée que la pensée peut avoir un sens, viser quelque chose
même lorsque ce quelque chose est absolument indéterminé,
une quasi-absence d'objet[1] ; et on connaît le rôle que cette idée
a joué dans la phénoménologie de Scheler et de Heidegger.

1. *L. U.*, II, p. 396.

Mais que signifie la présence de l'acte d'identification à la base des intentions qui n'ont rien d'intellectuel?

La nature de l'identification et ses rapports avec l'évidence nous permet de répondre. Le processus de l'identification peut être infini. Mais il s'achève dans l'évidence – dans la présence de l'objet en personne devant la conscience. L'évidence réalise en quelque manière les aspirations de l'identification. En elle le sens de la pensée est compris.

Dès lors la relation de l'intentionalité avec l'évidence saute aux yeux. Toute intention est une évidence qui se cherche, une lumière qui tend à se faire. Dire qu'à la base de toute intention, même affective ou relative – se trouve la représentation, c'est concevoir l'ensemble de la vie spirituelle sur le modèle de la lumière.

L'évidence n'est pas un je ne sais quel sentiment intellectuel [1] – il est la pénétration même du vrai [2]. Le miracle de la clarté est le miracle même de la pensée. La relation entre objet et sujet n'est pas une simple présence de l'un à l'autre mais la compréhension de l'un par l'autre, l'intellection; et cette intellection c'est l'évidence. La théorie de l'intentionalité chez Husserl, rattachée si étroitement à sa théorie de l'évidence, consiste en fin de compte à identifier esprit et intellection, et intellection et lumière. Si nous voulions nous éloigner de la terminologie et de la manière de s'exprimer de Husserl, nous dirions que l'évidence est une situation sans exemple: tout en recevant quelque chose d'étranger à lui, l'esprit dans l'évidence est aussi l'origine de ce qu'il reçoit. Il y est toujours actif. Le fait que le monde est donné – qu'il y a toujours du donné pour l'esprit – ne se trouve pas seulement, dans l'évidence, en accord avec l'idée de l'activité, mais est présupposé par elle. Un monde donné est un monde à l'égard duquel nous pouvons être libre sans que cette liberté soit

1. *L. U.*, I, § 49, p. 180; p. 189-190.
2. *L. U.*, 1, p. 12-19, «Soweit Evidenz reicht auch der Begriff des Wissens», p. 14.

purement négative. L'évidence d'un monde donné, plus que le non-engagement de l'esprit dans les choses, est l'accomplissement positif de la liberté.

25 | Le primat de la théorie se rattache enfin dans la philosophie de Husserl à l'inspiration libérale que nous cherchons à dégager dans tout ce travail. La lumière de l'évidence est le seul lien avec l'être qui nous pose en tant qu'origine de l'être, c'est-à-dire en tant que liberté.

Par là la philosophie de Husserl s'oppose radicalement à celle de Heidegger où l'homme est d'ores et déjà submergé par l'existence, où dans une existence faite de compréhensions, c'est-à-dire toute réductible à des pouvoirs, le *fondement ne se peut pas*, mais, toujours préexistant, détermine l'homme comme être et non seulement comme conscience, savoir et liberté. Le rôle primordial que Husserl fait jouer à la représentation n'est pas un accident ou un entêtement de philosophe fait pour le désespoir de ses disciples, mais l'une de ses positions les plus caractéristiques sans laquelle son œuvre resterait incompréhensible.

L'analyse que donne Husserl de l'intentionalité qui intervient dans la constitution du temps – que nous trouvons dans le *Zeitbewusstsein*[1], confirme notre interprétation de l'intentionalité. Par l'idée de l'intentionalité Husserl dépasse la traditionnelle opposition entre l'activité et la passivité de la connaissance. On comprend le sens dans lequel il affirme que le monde est constitué par le sujet, qu'il est l'*œuvre* de l'évidence ou que l'évidence est opérante ou œuvrante (*leistende Evidenz*).

La notion de transcendance est trop vague et trop générale pour décrire l'objectivité de l'objet visé par l'intention. La transcendance est le résultat d'un complexe enchevêtrement de significations, d'une longue histoire de la pensée. Non point de l'histoire en tant que genèse causale et

---

1. *Cf.* plus loin, chap. 11.

psychologique, mais en tant que constitution d'une unité de sens à partir des sens partiels qu'elle implique[1]. C'est là un caractère fondamental de l'intentionalité : dans sa visée directe de l'objet elle résume une œuvre spirituelle considérable qu'il s'agit de dévoiler dans toutes ses ramifications pour découvrir le sens vrai de cet objet. Il s'agit de le replacer dans l'ensemble de la vie spirituelle, dans « tous ses horizons » sans lesquels il n'est qu'une pâle et souvent inexacte abstraction. Affirmer l'existence de l'objet, ne saurait marquer le terme de la recherche philosophique. L'existence « admet et exige une analyse phénoménologique ultérieure »[2]. La phénoménologie est appelée à éclaircir le sens dans lequel chaque fois cette transcendance est entendue et ce qu'elle signifie en dernier ressort. L'intentionalité est donc bien plus profonde que la « relation | de sujet à objet » qui y trouve sa place. **26** L'intériorité de la pensée et l'extériorité de l'objet sont des abstractions tirées du fait concret de la spiritualité qu'est le sens.

7. L'INTUITION ET LA VÉRITÉ, L'INTUITION CATÉGORIALE

La présence de l'être à la pensée n'est pas un événement venant heurter le jeu de la pensée. Elle est rationnelle, c'est-à-dire a un sens pour la pensée. Dans le processus de l'identification qui constitue le dynamisme de la pensée, la présence de l'être marque comme un accomplissement. C'est une situation où l'être *en personne* se présente à la conscience et confirme la pensée qui le visait d'une façon indirecte, qui le « pensait seulement » sans le voir. La vérité est l'*adaequatio rei et intellectus*. Telle est la conception que nous apporte la sixième *Untersuchung* après que la première en a tracé les grandes lignes.

1. *L. U.*, II, p. 146, 184.
2. *L. U.*, II, p. 380-381.

Le sens dans lequel la conscience se rapporte à un objet peut, en effet, être différent, précisément parce que l'intention n'est pas le rapport pur et simple à l'objet, mais un certain sens. En comprenant un mot nous nous rapportons, par exemple, à un objet, mais c'est un rapport qu'on pourrait appeler vide. Nous ne nous dirigeons certes pas sur une image de notre esprit, mais sur l'objet. Toute intention est comme une perception, ou une évidence modifiée. Seulement cet objet ne nous est pas donné en personne. Il est simplement signifié. Cela ne veut pas dire que nous en ayons une représentation confuse ; nous pouvons penser distinctement à l'aide de mots ; c'est notre manière de nous rapporter à l'objet et de l'identifier qui est seule en cause ; nous le désignons plutôt que nous ne l'avons devant les yeux. Attitude qui ne caractérise pas seulement la compréhension des mots, mais un mode général de penser, le symbolisme de notre activité intellectuelle courante soutenue par les signes qui annoncent les choses, mais qui se contentent de les annoncer.

À cette pensée purement symbolique s'oppose la vision de l'objet tel qu'il est, soit imagination, soit perception. L'imagination et la perception se définissent non point par les « contenus sensibles » qui concrétisent l'objet simplement visé par l'intention vide, mais par l'intention de la pensée de se rapporter à l'objet tel qu'il est, de le maintenir en face de soi et de le voir face à face ; et, pour la perception, de le voir en lui-même, dans les circonstances de temps et de lieu où son existence s'accomplit. Si l'intention symbolique est vide, l'intention intuitive nous donne la plénitude de l'objet. C'est pourquoi Husserl appelle plénitude intuitive, les éléments qui 27 distinguent la pensée de l'intuition. | Dès lors l'adéquation de la pensée et de l'objet sera la confirmation de l'intention symbolique par l'intention intuitive. L'objet s'y trouve être tel qu'il a été visé.

La place de la vérité n'est donc pas dans le jugement qui relie deux concepts, mais dans l'intention qui saisit l'objet. Elle est assimilable à la perception plutôt qu'au jugement. La vérité du jugement suppose l'intuition et l'évidence[1].

Mais cet intuitivisme de la vérité peut-il rendre compte de la vérité du jugement ? L'objet du jugement n'est pas un simple contenu matériel accessible à la perception – c'est la relation entre deux objets. D'ailleurs, nous savons déjà qu'en dehors des contenus matériels tous les objets sont revêtus de formes et qu'ils constituent divers groupes grâce à ces formes. Il y a dans l'objet un ensemble d'éléments formels que Husserl englobe sous le titre du catégorial. Existe-t-il une intuition du catégorial ?

Le concept de l'intuition ne se définit pas par les caractères qui sont propres à la perception sensible, mais par l'intention qui confère la plénitude de la présence à l'objet visé. « Il faut qu'il existe un acte qui accomplit à l'égard des éléments caté-goriaux de la signification la même fonction que la perception purement sensible accomplit à l'égard des éléments maté-riels »[2]. La pensée qui de par son sens accède aux formes catégoriales mérite le nom et la dignité de l'intuition. Dira-t-on que ce n'est pas dans le même sens que l'intention sensible et l'intention catégoriale atteignent leurs objets ?

Mais toute l'originalité de la conception phénoméno-logique du rapport entre la pensée et son objet apparaît préci-sément ici. C'est le sens dans lequel l'objet est atteint et, par conséquent, dans lequel il est posé comme existant que l'ana-lyse phénoménologique cherche à découvrir. Car la pensée n'est pas un jeu psychologique qui doit refléter en nous aussi fidèlement que possible un objet extérieur. Ce n'est pas par le fait de se refléter que se définit la relation entre l'objet et la pensée, mais par le sens de l'objet et de son existence. Dès lors

1. *L. U.*, I, p. 182.
2. *L. U.*, III, p. 142.

il ne s'agit pas de savoir si l'objet est fidèlement reflété dans la conscience, mais quel est le sens dans lequel il apparaît. Chaque objet n'est donc accessible qu'à un type déterminé de la pensée, il ne saurait, sans absurdité, être donné dans une pensée d'une autre structure. S'il est absurde que des sons soient vus ou des couleurs entendues, il est tout aussi absurde que les formes catégoriales soient saisies comme des couleurs et des sons ; chaque objet, précisément parce qu'il a un sens, n'est accessible dans sa spécificité qu'à une pensée de type **28** | déterminé[1]. Et c'est par l'analyse de la pensée et non pas par cette vision naïve qui affirme l'existence tout en en ignorant le sens et les horizons spirituels – que la spécificité de l'objet est garantie contre toute fausse interprétation. C'est là une des thèses fondamentales de la phénoménologie à laquelle Heidegger lui-même est le plus profondément redevable. C'est grâce à elle qu'on peut respecter le sens spécifique de l'« objet » de l'émotion ou de l'angoisse. C'est elle qui permet de dépasser la suspicion que l'« idéalisme naïf » jette sur notre connaissance quand il suppose qu'une intelligence divine pourrait atteindre les objets d'une autre manière que l'intelligence humaine. Chaque objet à sens déterminé a *essentiellement* un mode propre d'être donné. Si Dieu devait percevoir les choses du monde extérieur, par exemple, il ne l'aurait pu qu'en synthétisant, comme nous, les divers aspects successifs des choses – mode propre de leur perception. Sans cela Dieu verrait tout autre chose.

La distinction entre l'intention catégoriale et l'intention sensible que Husserl établit en même temps qu'il soutient l'existence de l'intuition intellectuelle, est un exemple de l'application de la méthode qui consiste à établir en partant du sens de la pensée, le mode d'existence des objets au rang même où ils sont visés par la pensée.

---

1. *L. U.*, p. 166.

Ce qui phénoménologiquement caractérise l'intuition sensible, c'est que son objet est directement et d'emblée exposé au regard. Il suffit d'ouvrir les yeux pour voir. L'esprit n'est invité à aucune démarche. Certes, l'objet sensible est pour Husserl constitué. C'est une thèse essentielle de sa théorie de la perception sensible, que l'affirmation de la radicale impossibilité – fondée dans le sens même de la chose – de la saisir d'un seul coup. La perception de la chose est un processus infini. Nous n'accédons à la chose que par les aspects infinis qu'elle offre à nous. Il faut tourner autour d'elle. La conscience du « je peux tourner autour » est constitutive de notre connaissance des choses et annonce ce que la perception a d'éternellement inachevé. C'est même en cela que réside la relativité de l'existence du monde extérieur. Rien ne garantit en principe que les aspects de la chose qui se réaliseront ultérieurement ne contrediront pas ce qui a été constitué jusqu'alors. L'objet n'est en somme que le « pôle » identique, comme le dira plus tard Husserl, de ces multiples aspects. Sa perception suppose donc bien une certaine synthèse inachevée. Mais la synthèse qui intervient lors de la perception demeure au stade et au niveau du sensible. Elle est directe et se donne en | même temps que chaque aspect de la **29** chose. Les actes se suivent, fusionnent et ne restent pas séparés, comme s'ils attendaient un nouvel acte qui effectuerait leur synthèse. Leur union est un tout qui ne laisse pas apercevoir les articulations qui le constituent. Ils sont comme un seul acte qui traîne.

Ce qui caractérise, par opposition à l'intention sensible, l'intuition intellectuelle, c'est qu'elle est conformément au sens même de son objet, et essentiellement, *fondée* sur une perception sensible. La conjonction où nous percevons le *et*, la disjonction où nous percevons le *ou* visent ainsi des objets qui par essence ne sauraient être donnés *d'emblée* et par des actes sensibles. Ils sont de deuxième degré. Ce caractère d'acte et

d'objet fondé est essentiel à l'acte et à l'objet catégoriaux.
Il définit aussi l'intuition de l'essence. Celle-ci repose
toujours sur l'intuition de l'individuel qui sert d'exemple et
sur laquelle se construit l'intention spécifique du général[1].
Husserl montre aussi la différence phénoménologique qui
sépare l'intuition catégoriale des formes logiques et l'intuition des essences. Il serait trop long d'y insister ici. Remarquons seulement que toute cette théorie de l'intuition catégoriale livre le sens profond du « logicisme » et du « platonisme »
des premières études des *Logische Untersuchungen*. Ils ne
consistaient pas tant à affirmer l'existence des formes
logiques et des idées platoniciennes qu'à montrer par une
réflexion sur le sens de la pensée qui les pose quel est leur rang
dans l'existence, ce que signifie leur réalité telle qu'elle est
voulue par la pensée qui la pose. Il y a là aussi un excellent
exemple de ce qu'est l'application de la méthode phénoménologique qui détermine le concept de la sensibilité – de cette
connaissance d'emblée – par une pure analyse de son sens
interne sans référence à l'existence des organes de sens.

8. LE CONCRET

Il y a là, enfin, un point caractéristique de la place que,
dans sa théorie de la connaissance et de l'être, Husserl laisse
au concret. L'intellectuel ne saurait jamais être pris pour un
absolu. Il est incompréhensible sans la base concrète avec
laquelle, certes, il ne se confond pas, mais sur laquelle il
repose. Aussi l'objet de la science, absolument dématérialisé,
pensé à l'aide de fonctions mathématiques, n'est-il pas un
objet qui remplace purement et simplement le monde sensible. Le poser comme absolu, c'est méconnaître le sens vrai
de l'objet de la physique. En réalité, cet objet se réfère
30 constamment aux données de la perception | qu'on ne saurait

1. *L. U.*, II, P. 109.

négliger pour comprendre le sens authentique de l'objet physique[1].

D'ailleurs Husserl prévoit une discipline spéciale qu'il appelle l'esthétique transcendantale et qui décrit le monde en tant que monde donné d'emblée, monde d'objets usuels, de valeurs, de choses aimées, haïes, intéressantes, tristes, etc. C'est à travers son rapport avec le monde de l'esthétique transcendantale inéluctable à son plan de réalité que le sens dernier de l'objet de la science pourrait être compris. Tous les objets de notre connaissance doivent, d'après Husserl, être étudiés dans leur constitution à partir de la réalité donnée d'emblée et en quelque manière d'avance.

9. L'IDÉALISME PHÉNOMÉNOLOGIQUE

Il est donc vrai, comme le pensait l'idéalisme, que les formes logiques ne sont pas données comme les couleurs et les sons. Mais il est faux qu'elles soient une construction de l'esprit. Tout au plus peut-on dire que la construction est le mode originel de leur appréhension.

Nous en arrivons à une idée fondamentale : chaque domaine de l'être a un mode propre d'être visé par l'intention.

La conception d'après laquelle chaque catégorie d'objets a son type particulier d'évidence qui ne tient pas à la constitution empirique de notre esprit, mais à la structure propre de son objet, a, peut-être, été l'une des plus fécondes que Husserl ait apportées et, en tout cas, l'une des plus caractéristiques de la phénoménologie. Elle dépend étroitement de sa notion de la conscience et de l'intentionalité.

L'intentionalité que connaissait la philosophie médiévale reposait sur la distinction entre l'objet mental et l'objet réel. L'intentionalité consistait en la présence d'un objet mental dans la conscience. L'objet mental y doublait l'objet réel ;

1. *Ideen*, p. 97-102, déjà indiqué dans *L. U.*, I, p. 72.

mais l'*ens in mente* était – que l'on pense à l'argument de saint Anselme – une manière inférieure d'exister. Chez Brentano, maître de Husserl qui a introduit l'idée de l'intentionalité dans une psychologie empiriste et sensualiste, l'intentionalité se présente surtout comme une propriété de la conscience inéluctable dans la description. Elle n'engage en rien la relation entre l'esprit et le réel, reste dépourvue de valeur pour la théorie de la connaissance. Elle présuppose cette relation. La vie psychologique et l'intentionalité elle-même apparais-

31 sent chez Brentano comme des passivités | résultant de l'acti-vité des choses sur nous[1]. Pour Husserl l'intentionalité garde le secret de notre relation avec le monde. Mais dans ces condi-tions la vie spirituelle se situe à part. Il ne s'agit pas seulement de forger pour la saisir des concepts appropriés au type de réalité qu'elle représente. L'intention n'est pas à proprement parler un être. Ce qu'elle est en tant qu'événement temporel n'épuise pas son contenu. Elle est, de plus, pensée de quelque chose et par le sens qui l'anime elle n'est pas enfermée dans le temps qu'elle occupe ni même dans la dimension du temps.

Aborder la conscience en tant que réalité, c'est fermer les yeux sur la dimension spécifique du sens dans laquelle s'effectue la spiritualité même de l'esprit. Ce serait donc méconnaître la vraie inspiration de la phénoménologie que de voir en elle une espèce de positivisme transcendantal. Il y a certes possibilité de méprise en raison de certaines formules de Husserl lui-même. La conscience est présentée comme une réalité, objet d'une science eidétique. En parlant du contenu phénoménologique d'un fait de conscience, Husserl distingue ce qui en fait partie *réelle* (sensations et intentions en tant que contenus étendus dans le temps) de l'objet qui lui est transcen-dant[2]. Le flottement que l'on perçoit dans les *L. U.* sur le rôle

---

1. *Cf.* Ludwig Langrebe, *Husserls Phaenomenologie* dans *Revue inter-nationale de Philosophie*, paraissant à Bruxelles, fascicule du 15 janvier 1939, p. 280-289.
2. *L. U.*, II, p. 399.

des sensations – éléments inertes et dépourvus de sens dont la fonction dans la vie consciente est fort mal définie (suffit-il de dire que les intentions les animent[1] ou qu'ils sont les « pierres de construction des actes »[2] ?), tout cela peut nous pousser à prendre à la lettre un langage qu'il convient d'interpréter. Ce qui ne peut tromper cependant sur le véritable sens de la pensée husserlienne, c'est la subordination du monde de la sensation à la phénoménologie des intentions[3] et l'apparition du jeu des intentions et des identifications au sein de la sensation elle-même. La conscience pour Husserl c'est le phénomène même du sens. Elle ne pèse pas comme réalité, elle signifie par l'intention qu'elle contient.

Mais dès lors, toute la diversité de la vie psychologique n'est pas une multiplicité de contenus, mais une multiplicité de significations. La conscience n'est pas une réalité en face de la réalité objective qu'elle peut serrer de près. Ses contenus ne sont pas simplement animés de significations, mais sont des significations. Ils sont donc inséparables de telle ou telle essence qu'ils signifient et visent. Leur structure n'est rien d'autre que ce fait de viser ou d'entendre ceci ou cela. Ce qu'on considérait comme une imperfection | de la connais- **32** sance humaine mesurée par rapport à un certain idéal d'évidence et de certitude, devient une caractéristique positive de l'accession à un certain type de réalité qui ne serait pas ce qu'il est s'il se révélait autrement[4].

Aussi en concevant d'une manière radicale la notion de l'intentionalité de la conscience, Husserl a fixé la méthode même qui dans la manière de procéder de tous ses disciples apparaît comme la plus caractéristique pour la phénoménologie : en mettant toute la réalité d'un fait psychologique dans

1. *L. U.*, II, p. 75.
2. *L. U.*, II, p. 383.
3. *L. U.*, II, p. 365, note.
4. *Cf.* cette idée dans la critique faite par Husserl à la théorie de l'abstraction de Locke, *L. U.*, II, p. 134.

sa fonction de signifier, Husserl a permis de trouver un sens à ses éléments qualitatifs, à tout ce qui dans la vie spirituelle avait une épaisseur d'être et de nature. Dès lors il devient possible d'apercevoir la valeur gnoséologique de l'affectivité et de l'activité. Ce qui dans ces formes de vie spirituelle apparaissait comme dépourvu de toute valeur objective, signifie précisément des « noémata », irréductibles aux choses, mais admettant des identifications et l'évidence.

La pensée ne saurait donc entrer en relation avec ce qui n'a pas de sens, avec l'irrationnel. L'idéalisme de Husserl est l'affirmation que tout objet, pôle d'une synthèse d'identifications, est perméable à l'esprit ; ou inversement, que l'esprit ne peut rien rencontrer sans le comprendre. L'être ne saurait jamais heurter l'esprit parce qu'il a toujours un sens pour lui. Le heurt lui-même est une façon de comprendre. « Avoir un sens » ne se réduit pas au demeurant à une je ne sais quelle transparence mathématique ou à la finalité. Cette notion est empruntée au phénomène de l'évidence.

Le contact même avec les choses est leur intellection, sans cela l'objet ne saurait « affecter » la pensée, ne saurait lui devenir intérieur et la notion même de l'intériorité resterait inexpliquée.

Dans l'idéalisme sensualiste la présence de l'objet dans la pensée, l'intériorité, tient à la matière commune à l'objet et à la conscience – à la *matière sensible*. Tout est sensation et toute sensation est affectivité et toute affectivité est intérieure. La pensée n'est pas pensée d'un sens, mais un ensemble de contenus qui se confondent avec les contenus des objets, sans qu'on comprenne en quoi ils sont plus spirituels que ces objets eux-mêmes. Que tout se ramène au sujet n'est pas pour Husserl comme pour Berkeley le simple fait que l'esprit ne connaît que ses propres états, mais que rien au monde ne saurait être absolument étranger au sujet. « Il n'existe pas de lieu imaginable où la vie consciente aurait pu ou aurait dû être transpercée et où nous serions arrivés à une transcendance qui aurait pu avoir un autre sens que celui d'une unité intention- nelle apparaissant dans la subjectivité ». Ce n'est | pas par son **33** contenu sensible, mais par son objectivité que l'objet se réfère à la conscience. L'idéalisme phénoménologique n'est donc pas le résultat du fait que le sujet est enfermé en lui-même. Il est commandé par une théorie du sujet, par le fait qu'il est ouvert sur tout, qu'il est universel, qu'il se rapporte à tout.

Dès lors, dans l'idéalisme husserlien, l'analyse de l'inten- tion permet à chaque moment de définir dans quel sens l'objet est visé et posé, dans quel sens son existence est susceptible de vérification. En rattachant par l'intermédiaire du sens le sujet à l'objet, Husserl apporte un moment nouveau dans l'idéa- lisme : la possibilité d'éclaircir le sens intime de la transcen- dance, le sens que peut avoir l'intériorité même de l'extérieur pour chaque catégorie d'objets.

Dès lors aussi nous pouvons apercevoir l'universalité que peut acquérir la méthode appliquée par Husserl dans les *Log. Unt.* pour l'éclaircissement du sens des notions logiques. Elle s'applique à tous les objets dont elle se propose de poursuivre la constitution et se transforme en phénoménologie en tant que philosophie générale. L'existence des objets que l'idéa- lisme nie en dehors de la pensée ou affirme dans la pensée sans en éclaircir pour autant la signification, devient dans l'idéa- lisme phénoménologique quelque chose de précis. Le retour sur la pensée qui pose cette existence, c'est-à-dire qui la comprend d'une certaine façon, permet de saisir chaque fois le sens précis de cette existence, synthèse bien caractéristique d'évidences, auxquelles il faut revenir pour retrouver le sens authentique de cette synthèse. Alors l'objet est compris non pas comme une abstraction, mais dans sa nature du sens. Dans la vie spirituelle qui le pense, l'objet trouve toute sa significa- tion. Sans cela l'équivoque se glisse dans la pensée – et elle s'y glisse fatalement. En envisageant l'objet en tant que sens déterminé de la vie consciente, Husserl replace l'étude de tout objet dans la description du sens dans lequel il est posé et qui le constitue. L'idéalisme est donc une science universelle. Il est une invitation à la recherche philosophique et non pas une thèse qui la résume. Il n'est pas non plus une simple théorie de la connaissance appelée à assurer la certitude des procédés scientifiques. Découverte à propos d'une réflexion sur la logique des sciences objectives, assujettie à ces sciences qui lui fournissent chez Husserl un fil conducteur, la phénoméno-logie n'est pas auxiliaire des sciences, elle détermine le sens de l'objectivité et de l'existence des objets.

Dans ce sens la phénoménologie n'est pas seulement aussi vaste que l'ensemble des sciences, elle seule permet leur réali-sation en tant que science, c'est-à-dire en tant que discipline de connaissances n'admettant rien de non éclairci. Elle est la dernière réalisation du rêve de la *mathesis universalis* qui hantait Husserl dès la première page des *Logische Untersuchungen*.

34 | Nous montrerons toutefois que la phénoménologie n'a pas eu comme dernier mobile de son inspiration l'idéal cartésien de la science. Mais l'idéal de la science cartésienne est lui-même – nous en verrons plus loin la raison – dans la ligne de la destinée de l'esprit en tant que tel. C'est de cette destinée de l'esprit que la phénoménologie de Husserl veut avant tout être l'expression.

10. LA RÉDUCTION PHÉNOMÉNOLOGIQUE

Dans une étude retentissante, parue en 1910 dans le premier volume du périodique allemand *Logos* sous le titre de *Philosophie als strenge Wissenschaft*, Husserl, laissant prévoir les idées qu'il exprimera trois ans plus tard dans les *Ideen*, décrit le plan spécial où se meut l'analyse phénoméno-logique en tant que méthode universelle. Il montre d'une part l'inaptitude de la psychologie – traditionnelle ou moderne – à fournir la critique universelle des sciences et s'élève dans une deuxième partie de l'ouvrage contre l'historicisme qui, comme le psychologisme lui-même, aboutit à l'impossibilité d'une philosophie absolue, à sa relativité par rapport aux diverses époques de l'histoire humaine. La conception d'une philosophie phénoménologique qui se constituera comme la science elle-même, grâce aux efforts successifs des générations de savants et qui s'oppose à la *Weltanschauung*, vision du monde, dont l'homme a besoin pour son action immédiate mais qui ne remplace pas la science – reflète, d'une part, ce besoin de science si profondément ancré dans l'âme de Husserl ; mais, d'autre part et surtout, malgré tout ce qu'il peut y avoir d'exagéré dans certaines de ses formules et que l'évolution ultérieure de sa pensée adoucira dans quelque mesure, elle témoigne de sa méfiance à l'égard de l'histoire en tant que condition de la philosophie. Par là s'affirme déjà l'universalité de l'idée de la constitution transcendantale. L'histoire elle-même est constituée par une pensée, elle ne commande en aucune façon le fait même de l'intentionalité et de l'intellection. La phénoménologie génétique par laquelle Husserl cherchera plus tard à découvrir l'histoire « sédimentaire » de la pensée, déposée dans les choses constituées, ne surmontera pas cet antihistoricisme de Husserl. La phénoménologie génétique cherchera à faire comprendre le devenir de la conscience, mais le déroulement de ce devenir s'il n'est pas ramené à un processus logique ou dialectique, n'en sera pas moins un processus de *Sinngebung* et d'identification des moments par la pensée. Il s'identifiera, nous le verrons plus loin, avec le fait même d'avoir conscience. Et par là, le fond dernier de l'esprit apparaît chez Husserl comme étranger à l'histoire. Il est l'intimité d'un sens à la pensée et non pas un événement débordant la pensée ou supposé par elle.

35 | Par là, la *Philosophie als strenge Wissenschaft* annonce la théorie de la *réduction phénoménologique*. La conscience dont la phénoménologie fournit l'analyse n'est en aucune façon engagée dans la réalité, ni compromise par les choses ou par l'histoire. Elle n'est pas la conscience psychologique de l'homme, mais la conscience irréelle, pure, transcendantale. La critique que Husserl adresse dans cette étude au psychologisme ne concerne pas seulement sa méconnaissance du monde idéal, mais sa prétention de mettre la psychologie – elle-même science du monde – à la base de la critique des sciences.

L'établissement de la notion de la conscience transcendantale, du sens dans lequel elle doit être abordée par la réflexion – tel est le grand apport des *Ideen*. La première section en est consacrée à une mise au point de la théorie de l'intuition des essences dont les éléments principaux avaient déjà été fournis par les *Logische*. L'essence – l'*eidos*, comme Husserl l'appelle dans les *Ideen* pour des raisons de terminologie – est la condition idéale de l'existence de l'objet individuel. L'ensemble des genres dont dépend un objet individuel constitue une région de l'être. Celle-ci est explorée par une science eidétique, une ontologie régionale : la nature, l'animalité, l'humanité sont autant de régions de l'être. À côté d'elles, la forme vide de l'objet en général est la région de l'ontologie formelle dont les liens avec la logique sont les plus étroits.

Mais les perspectives ainsi ouvertes par la phénoménologie sur toute une série de nouvelles sciences *a priori*, n'est pas l'accomplissement de sa vocation véritable. Celle-ci tend à saisir le sens des objets en les replaçant dans les intentions où ils se constituent et en les saisissant ainsi à leur origine dans l'esprit, dans l'évidence.

La vie spirituelle est le fait de prêter un sens. Mais ne suis-je pas autre chose que cet acte ? En tant qu'être humain, je suis un être parmi d'autres êtres avec lesquels je suis en commerce, un esprit déjà aperçu dans un certain sens – et, par conséquent, objet par quelque côté. Dès lors, ma pensée d'être humain constitué, n'est plus le pur acte de prêter un sens, mais une opération accomplie sur le monde et dans le monde, un commerce avec le réel. L'intentionalité devient une activité entre êtres. Ma pensée ne se sait plus en tant que pensée. Elle se dirige sur les objets en tant qu'êtres et non pas en tant que synthèses de noèmes. Notre vie spirituelle se transforme en un exercice de la pensée. Elle devient une technique. Elle connaît de l'être, énonce des propositions sur lui sans se soucier du sens de son objectivité toujours naïvement admise. C'est cette attitude naturelle, ce « dogmatisme inné » de l'homme que la réduction phénoménologique devra renverser.

L'attitude naturelle est caractérisée beaucoup moins par le | réalisme que par la *naïveté* de ce réalisme, par le fait que **36** l'esprit s'y trouve toujours devant l'objet tout fait sans s'interroger sur le sens de son objectivité, c'est-à-dire sans la saisir dans l'évidence où elle se constitue. Attitude qui est celle de la perception, mais qui caractérise aussi les sciences. Peu importe d'ailleurs l'objet de ces sciences : concret ou abstrait, mathématique ou logique, sensible ou intellectuel ou même métaphysique comme Dieu. Toutes ces sciences sont dogmatiques : elles posent leur objet sans se soucier des évidences qui ont permis cette position et en les perdant de vue. Et dès lors elles sont insuffisantes comme science. L'attitude naturelle est à l'origine des équivoques et des crises où le sens même des opérations qu'en tant que technicien de la théorie le savant exécute avec certitude, lui échappe. De là vient, en particulier la naturalisation de la conscience que l'on situe sur le même plan de réalité que les choses ; de là l'hypostase de la nature, la naturalisation de la logique par le psychologisme, de là l'ignorance du sens objectif des vérités logiques et mathématiques[1]. Nous retrouvons ici la première inspiration

---

1. *L. U.*, I, p. 9-10 ; cf. *Form. und trans. Log.*

de la phénoménologie qui consiste à libérer la notion de l'existence de l'étroitesse de l'objet naturel, à rapporter cette notion au sens de la pensée qui pense l'objet dans l'évidence.

Pour résoudre les crises conditionnées par l'attitude naturelle, il convient de changer radicalement cette attitude. Si ma vie intellectuelle s'est transformée en technique et que j'exerce ma pensée sur certains objets au lieu d'avoir toute la clarté nécessaire à ma vie spirituelle, c'est que je me trouve dans le monde comme un être parmi d'autres êtres. Il faut donc que je retrouve la pensée originelle où cette situation s'est constituée ; il faut retrouver les premières évidences qui m'ont permis de me poser comme objet.

La réduction phénoménologique est une violence que se fait l'homme – être parmi d'autres êtres – pour se retrouver en tant que pensée pure. Il ne lui suffira pas pour se retrouver dans cette pureté de réfléchir sur soi ; car la réflexion comme telle ne suspend pas son engagement dans le monde, ne rétablit pas le monde dans son rôle de point d'identification d'une multiplicité d'intentions. Pour transformer une pensée « technique » de l'homme en activité spirituelle, il faudra donc ne pas supposer le monde en tant que condition de l'esprit. Toute vérité qui contient implicitement la « thèse de l'existence des objets » doit donc être suspendue. Le philosophe se refuse aux habitudes techniques de l'homme qu'il est, et qui se trouve installé dans le monde, chaque fois qu'il pose l'existence de l'objet. Mais ce qu'il découvre alors, c'est soi-même comme philosophe ; sa conscience en tant que conscience qui | prête un sens aux choses mais qui ne « pèse » pas sur elles ; les vérités suspendues elles-mêmes en tant que noèmes de sa pensée dont il envisage le sens et l'existence sans se laisser entraîner à la poser. Il se découvre en tant que conscience transcendantale. La réduction phénoménologique est donc une opération par laquelle l'esprit suspend la validité de la thèse naturelle de l'existence pour en étudier le sens dans la pensée qui l'a constituée et qui, elle-même, n'est plus une partie du monde, mais avant le monde. En revenant ainsi aux premières évidences, je retrouve à la fois l'origine et la portée de tout mon savoir et le vrai sens de ma présence dans le monde.

Mais la réduction phénoménologique est introduite dans les *Ideen* au moyen de considérations dans lesquelles nous pouvons distinguer deux thèmes : d'une part, la mise hors d'action ou la mise entre parenthèses de la thèse de l'existence du monde est fondée sur la relativité de notre connaissance du monde et corrélativement sur la relativité de l'existence même de ce monde. L'évidence de la réalité du monde n'est jamais achevée. Il y a toujours de l'anticipé – un horizon infini d'anticipé – dans la perception, et, par conséquent, le monde existe de telle façon qu'il n'est jamais garant de sa propre existence. Au contraire, la perception immanente de la réflexion est une pleine possession de son objet : l'anticipé et le donné se recouvrent entièrement. L'évidence du monde est donc incomplète. L'évidence de la conscience qui se trouve ainsi foncièrement distincte du monde et qui nous découvre par conséquent une conscience qui ne peut être que transcendantale – est seule certaine. Toute cette considération est extrêmement proche de la théorie du doute cartésien. Il s'agit de revenir au *cogito* qui demeure comme la seule certitude à partir de laquelle il conviendrait de reconstituer le monde avec certitude. C'est l'idéal de la science universelle. Dans la poursuite de cet idéal de certitude, Husserl en vient bientôt à se poser la question de la certitude de l'analyse phénoménologique elle-même, de la critique de la critique[1]. La régression à l'infini que la question semble imposer, se résout grâce à l'idée du retour sur soi, sans cercle vicieux, de toutes les sciences de principes : les principes se rapportent à eux-mêmes, mais pas en tant que prémisses. Se conformer à une

---

1. *Trans. und Form. Log.*, p. 255.

règle ne veut pas dire que l'on s'en sert comme d'une prémisse[1].

Mais il existe un autre motif : celui précisément qui détermine que la reconstitution du monde après l'ἐποχή qui suspend nos jugements sur lui, soit autre chose que la
38 déduction de la réalité | du monde extérieur à laquelle procède Descartes. Le monde qu'il s'agira de reconquérir après la réduction phénoménologique, sera un monde constitué par une pensée : une synthèse des noèmes de la noésis, laissant apparaître les évidences dont il tire son origine et dont il est le produit synthétique. Ce que poursuit ici l'analyse, c'est moins la certitude du monde objectif dans le sens que Descartes donne à ce terme, que le retour à la liberté de l'évidence où l'objet résistant et étranger apparaît comme jaillissant de l'esprit parce que compris par lui. C'est pourquoi après avoir suspendu la position du monde extérieur – qui est le seul dont Husserl décrive l'incertitude et l'éternel inachèvement – il exclut de la conscience transcendantale tous les domaines où la pensée, au lieu de conserver sa liberté, se transforme en simple technique opérant sur des objets déjà constitués[2].

C'est pourquoi la « mise entre parenthèses » du monde n'est pas une procédure provisoire qui doit permettre de rejoindre plus tard avec certitude la réalité, mais une attitude définitive. La réduction est ici une révolution intérieure plutôt qu'une recherche de certitudes, une manière pour l'esprit d'exister conformément à sa vocation et en somme à être libre par rapport au monde. La conscience de tout – et où le tout figure en tant que noème de la noésis, en quelque façon entre parenthèses – voilà ce qui reste après l'exclusion de tout. Elle n'a pas une existence du même genre que l'être exclu. « Le

1. *L. U.*, I, p. 58 ; et aussi p. 161, 166-167.
2. Cette idée d'activité technique opposée à la prise de conscience des principes qui y président est introduite par Husserl de bonne heure. Cf. *L. U.*, I, p. 9-10.

sens de ces notions est séparé par un véritable abîme »[1]. Son mode d'existence ne consiste pas à opérer sur un monde constitué et à s'engager en lui, mais à en avoir conscience dans l'évidence, c'est-à-dire dans la liberté. Dans ce sens plus profond, et non seulement dans le sens cartésien de l'indubitable ou du nécessaire, la conscience est une existence absolue. Elle n'est relative à rien, car elle est libre. Sa liberté se définit précisément par la situation de l'évidence qui est positive, qui est plus et mieux que le simple non-engagement. Elle est libre en tant que conscience. L'adéquation de la perception interne, source de sa « certitude » absolue, est en réalité fondée sur cet absolu de la conscience. La possession totale de soi dans la réflexion n'est que l'envers de la liberté.

La réduction phénoménologique devient dès lors une méthode de vie spirituelle. La phénoménologie qu'elle rend possible est une discipline qui, levant la naïveté de l'attitude naturelle, décompose l'opacité de l'objet sur lequel nous accomplissons des « opérations intellectuelles » en évidences qui l'ont constitué. Elle suit les diverses catégories d'objets qui lui servent de fils conducteurs | pour retrouver les actes qui **39** les ont constitués dans un processus de synthèse. Elle embrasse, en résolvant les problèmes de constitution que posent les objets, tout le champ des sciences de la nature et des sciences morales.

Mais en rendant intelligible, par l'éclaircissement de leur constitution, le sens même dans lequel ils sont visés, en décomposant le fait même qu'ils sont donnés en évidences qui les font apparaître comme une manière bien déterminée de jaillir du sujet, la phénoménologie confère à toutes les sciences un nouveau degré d'intelligibilité. Elles sont éclaircies à tous points de vue[2]. L'irrationalité du fait même que leurs objets sont, se trouve illuminée.

---

1. *Ideen*, p. 93.
2. *L. U.*, II, p. 22.

Par là la phénoménologie en tant que façon authentique pour l'esprit d'accomplir sa destinée d'esprit rejoint l'aspiration à une science universelle et absolue qui a toujours hanté Husserl. Les deux motifs qui semblaient si différents se rejoignent.

Il faut enfin noter – et par là Husserl se sépare de certaines traditions de l'idéalisme allemand – que la conscience transcendantale découverte par la réduction phénoménologique n'est pas une abstraction – n'est pas une *conscience en général*. C'est une possibilité concrète en chacun de nous, plus concrète, plus intime que notre nature humaine qui n'est, après tout, qu'un rôle que nous jouons et une relation extérieure que nous entretenons avec nous-mêmes, qu'une manière de nous apercevoir comme objet.

Comment cette individualité de la conscience en général, débarrassée cependant de toute « facticité » de la naissance et de la mort est-elle possible – c'est là un problème que Husserl ne pose pas, du moins dans ses œuvres publiées. Les analyses du « moi » et de la constitution du temps immanent demeurent des analyses de constitution, c'est-à-dire de la puissance du sujet sur lui-même, même sur son passé. L'œuvre de Heidegger est sur ce point révolutionnaire. – À moins de comprendre chez Husserl, le moi lui-même comme moment d'un événement impersonnel auquel les notions d'activité et de passivité ne s'appliquent plus. On peut trouver dans la notion d'*Urimpression* dont il est question plus loin, des indications dans ce sens.

L'intentionnalité rattachée à l'idée de l'évidence que l'on a trop souvent interprétée comme une affirmation de la présence de l'homme dans le monde, devient chez Husserl la libération même de l'homme à l'égard du monde. La *Sinngebung*, le fait de penser et de prêter un sens, l'intellection – n'est pas un engagement comme un autre. Elle est liberté. Tout engagement est, par contre, réductible en principe à un sens et par là – encore avant d'être assujettissement de l'esprit aux êtres – il est liberté et origine.

| 11. LE MOI, LE TEMPS ET LA LIBERTÉ   **40**

Les liens qui rattachent la notion de l'intentionalité à celle de l'évidence et, par là, à la liberté de l'évidence, apparaissent dans la théorie du moi transcendantal qu'apportent les *Ideen*. Dans cet ouvrage, Husserl revient sur les critiques qu'il avait adressées dans les *Logische* à la notion du « moi ». Le moi est inéluctable dans la description de la conscience.

C'est en effet à la notion d'un moi, support des états psychologiques, que se sont attaquées les *Logische Unter-suchungen*[1]. Dans les *Ideen* le moi ne joue pas ce rôle. Il n'est pas saisissable en tant qu'être. On ne peut rien dire de sa nature ni de ses qualités. Il est une manière de vivre les intentions qui se rapportent à lui de diverses façons. Seule la façon dont les intentions se rapportent au moi, ou plutôt, émanent de lui, peut être décrite. *Le moi est une forme et une manière d'être et non pas un existant.* Dans l'immanence des intentions, il est une transcendance *sui generis* qui ne saurait être comparée à la transcendance d'un objet. Non pas constituée, mais consti-tuante. Ce qui est constitué dans le moi en raison de son histoire même, c'est son caractère et ses habitudes. C'est par eux qu'il peut ressembler à un objet, encore que d'une structure spéciale, et devient personne. La personne n'est pas identique avec le « je » transcendantal qui est la source de tout acte. L'activité pratique volontaire en constitue une spécifi-cation et suppose l'activité pure du moi. « Moi éveillé » dans l'attention, il détermine aussi la passivité de la conscience non attentive, de la pensée implicite. Elle se réfère au moi puisque cette passivité comporte une marque positive – elle tient au fait que le moi s'est détourné de la pensée qui émane de lui.

1. *L. U.*, II, p. 354, 361.

Mais dans quel sens le moi est-il la source de tout acte? Dans la mesure où il s'affirme précisément, c'est-à-dire marque cet arrêt, cette *position*, cette thèse – qui sert de base à toute identification aboutissant à la constitution synthétique de l'objet dans l'évidence. Par là l'initiative du sujet dans l'évidence devient apparente. Le moi, c'est la liberté même de la conscience, le *fiat* qu'elle contient et dont l'évidence n'est que l'expression. Elle est un rayon de pensée qui vient de nous, un *Ichstrahl*. La pensée n'est donc pas simplement un domaine où le moi manifeste sa liberté : le fait d'avoir un sens – est la manifestation même de la liberté. L'opposition entre activité et théorie est levée par Husserl dans sa conception de l'évidence. C'est là toute l'originalité de sa théorie de l'intentionalité et de la liberté. L'intentionalité n'est que l'accomplissement même de la liberté.

41 | Si la pensée est manifestation de la liberté de l'esprit, elle doit aussi être liberté à l'égard de soi ou pensée de soi. Aussi toute pensée dirigée sur un objet, est-elle accompagnée de la présence et de l'évidence de cette pensée à elle-même. La conscience de soi détermine donc le sujet au même titre que l'intentionalité. À son tour, elle est intentionalité, bien que d'un autre type. La conscience de soi, mieux qu'une simple constatation de son exercice, est intellection et, par conséquent, lumière et liberté. Elle s'accomplit dans la conscience immanente du temps.

L'analyse de la conscience du temps qu'apporte le *Zeitbewusstsein*, se confond avec la description de la conscience de soi qui caractérise tout acte de la conscience. La constitution de la présence des contenus internes de la conscience à eux-mêmes, c'est leur durée et leur succession dans laquelle leurs moments sont identifiés, reconnus et peuvent être remémorés. Aussi le *Zeitbewusstsein* s'élève-t-il en premier lieu contre la doctrine qui fait du temps un simple contenu, une qualité comme la couleur par exemple (théorie de Brentano).

L'origine de toute conscience, c'est l'impression première « *Urimpression* ». Mais cette passivité originelle est à la fois la spontanéité initiale. L'intentionalité première où elle se constitue, c'est le présent. Le présent, c'est le jaillissement même de l'esprit, sa présence à lui-même. Présence qui ne l'enchaîne pas : l'impression passe. Le présent se modifie, perd de son acuité et de son actualité, n'est que retenu par un nouveau présent qui le remplace, qui à son tour recule et reste attaché dans une nouvelle rétention au nouveau présent. Et cette rétention est une intention. Elle pense en quelque manière le moment qu'elle retient au bord du passé où il va sombrer pour y être retrouvé par la mémoire, et elle l'identifie avec évidence. Ainsi se constitue la durée qui est renouvellement et liberté à chacun de ses instants. D'ores et déjà l'esprit est libre à l'égard de son jaillissement. Il est ouvert sur l'avenir par une protention, comme Husserl l'appelle. Le temps n'est donc pas une forme que la conscience revêt du dehors. Il est véritablement le secret même de la subjectivité : la condition d'un esprit libre. Tout comme l'intentionalité dirigée sur l'objet transcendant, le temps exprime la liberté même.

Le temps est donc essentiellement constitué. La constitution n'est pas ici ce qu'est la constitution d'un objet. Il n'y a pas lieu de voir derrière le temps un sujet plus profond qui contemple et réunit ses divers instants. Le temps est engendré par le mouvement même de la liberté du sujet que Husserl appelle le flux, et qui ne se constitue plus pour rien d'autre. Mais c'est déjà par rapport aux notions constituées et par analogie qu'on lui applique les termes de flux, d'écoulement, etc.

| Le temps phénoménologique – que Husserl distingue du **42** temps objectif (bien que cette distinction ne recouvre pas la distinction bergsonienne entre la durée pure et le temps

spatialisé) n'est donc pas la forme d'un courant de conscience qui serait comme un autre être en face de l'être du monde. Les intentions et les sensations qui sont immanentes au courant de la conscience ne sont pas une espèce de réalité psychologique dont la phénoménologie fournirait la description ; elles sont impliquées dans le sens de cette subjectivité profonde dont on ne peut plus dire qu'elle est un être.

Notons que l'antinomie de la spontanéité et de la passivité est levée dans l'esprit saisi au niveau de la *Urimpression*. Le présent avec ses rétentions et ses protentions est en même temps que la première impression, le premier jaillissement de l'esprit où à la fois il se pose et se possède, où il est libre. C'est sur le plan de la sensation et là où l'intentionalité dirigée sur un objet extérieur apparaît elle-même en tant qu'étendue dans le temps et par conséquent en tant que « contenu » – dans le domaine où l'empirisme est le plus chez lui – que Husserl découvre la manifestation d'un sens.

Enfin dans toute cette théorie du temps, il s'agit du temps de la pensée théorique, d'un temps formel, qualifié uniquement par les contenus qui le remplissent et qui participent à son rythme sans le créer. En cela encore Husserl reste fidèle à ses intentions métaphysiques fondamentales – l'esprit est l'intimité d'un sens à la pensée, la liberté de l'intellection. Le temps accomplit cette liberté ; il ne préexiste pas à l'esprit, ne l'engage pas dans une histoire où il pourrait être débordé. Le temps historique est constitué. L'histoire s'explique par la pensée. Si le sens du monde abstrait de la science se réfère pour Husserl au monde de « l'esthétique transcendantale », au monde concret et quotidien revêtu de tous les attributs de valeur, ce monde concret, monde de la culture et de l'histoire, se constitue dans un temps immanent qui est le temps de la théorie et de la liberté.

Tels nous semblent être les enseignements principaux du *Zeitbewusstsein*. L'ouvrage apporte sur plusieurs points des

vues très suggestives, sa théorie de l'image et de la mémoire,
les descriptions concrètes de la conscience du temps qu'il
fournit sont d'une rare finesse. Nous avons surtout en vue la
théorie qui fait du temps la manifestation même de la liberté et
de la spiritualité.

12. Phénoménologie et savoir

*Die Krisis der modernen Wissenschaft und die transcen-
dentale Phaenomenologie* – souligne d'une manière parti-
culièrement nette le | thème de liberté conçu sur le modèle de   43
l'évidence qui nous semble dominer toute sa philosophie et
que nous avons dégagé de sa théorie de l'intentionalité, du
temps et de la réduction phénoménologique.

Cet ouvrage justifie la phénoménologie transcendantale
par l'évolution de la science. La nécessité d'une critique
phénoménologique résulte des crises mêmes que traverse la
science et où elle perd le sens des propositions qu'elle établit
en se transformant en une technique intellectuelle[1].

Ces crises tiennent à la naïveté inhérente à toute pensée qui
se dirige sur un objet donné et qu'elle ne saurait surmonter
sans accomplir la révolution de l'ἐποχή phénoménologique.
Nous retrouvons, mais exprimée avec une force singulière,
l'opposition entre l'activité technique de la pensée et sa
fonction spirituelle de pensée, sur laquelle nous avons déjà
insisté. La pensée qui se dirige sur les objets donnés n'est pas
la pensée pure. C'est une technique intellectuelle, une pratique vitale[2]. Même la géométrie antique est une τεχνή[3]; elle
est susceptible de progrès, mais n'en demeure pas moins
obscure quant au sens qui l'anime[4]. Elle pose des objets

---

1. *Krisis,* p. 134.
2. *Krisis,* p. 118 et surtout p. 121 *sq.*
3. *Krisis,* p. 124.
4. *Krisis,* p. 131.

transcendants, opère à l'aide de notions de plus en plus abstraites, dérivées de plus en plus loin, qu'elle emprunte aux objets. Elle se désintéresse du sens dans lequel elle pose ses conclusions et dans lequel elles sont vraies. Il se produit dès lors ces phénomènes de « déplacement du sens » et de « videment de sens » (*Sinnesverschiebung und Sinnesentleerung*)[1] auxquels seul un changement radical d'attitude – qui mettrait en évidence le sens des actions intellectuelles accomplies – saurait remédier[2]. Changement d'attitude commandé donc par la science elle-même.

Car la science, dans son élan originel et authentique, n'est pas une technique. Le sens des vérités qu'elle établit lui importe ; si elle y renonçait, elle admettrait de l'obscur et, par conséquent, de l'impénétrable pour la raison qui pour Husserl s'identifie avec l'évidence. Et elle ne peut renoncer à l'évidence, car elle procède originellement du souci qu'a l'homme de constituer librement son existence[3]. L'évidence et la raison sont avant tout la manifestation même de la liberté. Husserl rappelle la signification que leur attribuait l'antiquité : le savoir était une manière d'être libre, de n'accepter pour règle que le raisonnable, c'est-à-dire rien d'étranger à soi ; et dans **44** un curieux hommage rendu au culte | de la raison au XVIIIᵉ siècle, Husserl retrouve également par-delà le mécanisme et le matérialisme simplistes du siècle des Lumières, une aspiration à se libérer par la raison. Le savoir est un instrument de libération. « La philosophie en tant que théorie ne rend pas libre le chercheur seulement, mais tous ceux qui ont une culture philosophique »[4].

Mais le lien entre savoir et liberté est plus étroit encore. La libération n'est pas seulement le résultat de la science. La science est l'accomplissement même de la liberté qui consiste

1. *Krisis*, p. 126-127.
2. *Krisis*, p. 126-127.
3. *Krisis*, p. 84.
4. *Ibid.*

dans le pouvoir que possède l'homme de conférer à son être un sens raisonnable, d'apercevoir l'être du monde en tant que raison qui « prête un sens aux choses, aux valeurs et aux fins »[1]. Un savoir qui ne laisse rien en dehors de la raison, un savoir *universel* est le seul moyen pour l'esprit d'être soi-même, libre à l'égard du monde. C'est pourquoi la science n'est elle-même que dans la mesure où elle demeure une branche de la science universelle[2]. L'en détacher c'est la fausser dans son élan essentiel[3]. Les exigences essentielles du cartésianisme sont retrouvées.

Husserl montre en effet l'aspiration à l'universalité à la base de la science de l'antiquité. Le rôle primordial de la géométrie en découle, car l'espace apparut comme la forme universelle de la réalité. La révolution de Galilée a consisté à ramener la connaissance scientifique à la géométrie. L'essor qu'il a ainsi donné à la physique détermine dès lors la conception de toutes les sciences sur le modèle de la physique[4]. Par une phénoménologie des notions qui ont rendu possible le progrès de la science, Husserl caractérise la signification de ces progrès, mais aussi ce qu'il y a d'incomplet dans ces notions, les crises qu'elles provoquent inévitablement dès qu'elles sont considérées comme des absolus. Surmonter la crise, c'est précisément replacer les notions dans les horizons de la vie subjective où elles ont été constituées[5]. La phéno-ménologie est une méthode de saisir « tout ce qu'implique une pensée comme ses propres horizons »[6]. Elle détermine dans quel sens et dans quelle mesure chaque type de vérité est intuitif[7]. Elle permet ainsi de reconstituer le monde tel qu'il

---

1. *Krisis*, p. 89.
2. *Krisis*, p. 80.
3. *Krisis*, p. 89.
4. *Krisis*, p. 137 *sq.*
5. *Krisis*, p. 128.
6. *Krisis*, p. 118-121.
7. *Krisis*, p. 121.

est dans la liberté de l'évidence. Nous pourrions dire un monde compatible avec la liberté.

La crise de la science est donc la crise de l'humanité en nous. Nous ne sommes pas nous-mêmes dans l'affirmation
45 brutale du | « je suis ». Le « je suis » n'est véritablement humain que s'il se découvre comme raison, c'est-à-dire comme une liberté. Le soi-même de l'homme n'est véritable que « dans la lutte pour la vérité ». Au lieu de constater brutalement le « je suis », le moi pour être libre doit être explicité comme un foyer d'évidence, comme sens de l'existence du moi en tant qu'esprit, en tant que pensée, n'est authentique que si elle est à son tour éclairée et comprise. La philosophie et plus spécialement la phénoménologie est une « lutte de l'humanité pour se comprendre elle-même », « la révélation de la raison universelle innée à l'humanité en tant que telle »[1].

La phénoménologie est donc à la fois le parachèvement de la science et la vie spirituelle authentique. Elle n'est pas un simple supplément de la science. L'élan de la philosophie ne se définit pas par celui de la science. C'est au contraire en fonction de la destinée de l'esprit et de son mode d'existence que naît la science elle-même. Elle est la manifestation de la dignité de l'esprit qu'est la liberté.

13. L'ESPRIT EST UNE MONADE

Si Husserl présente la phénoménologie comme motivée par la nécessité de ramener toute science à des principes absolument certains, de considérer tout objet en fonction de l'être absolu et indubitable de la conscience, il convient de se rappeler que la science première qu'il semble ainsi chercher est première dans un sens nouveau. Il apporte en somme une nouvelle notion du fondement scientifique qui revient à situer la science elle-même dans les perspectives d'une pensée

1. *Krisis*, p. 92.

entièrement maîtresse d'elle-même, responsable d'elle-même et par conséquent libre.

Dans les *Méditations cartésiennes*, Husserl montre comment par sa recherche d'une science absolument certaine à la base de tout savoir, la phénoménologie se rapproche du cartésianisme. Le doute qui entache la connaissance du monde reste, comme dans les *Ideen*, le motif fondamental qui incite à suspendre tout jugement portant sur le monde et à reconstituer les sciences à partir de l'existence absolument évidente du *cogito*. Toutefois, contre Descartes, il ne s'agit pas de faire jouer au *cogito* le rôle du premier axiome dont découlerait une théologie, une cosmologie, une psychologie et ultérieurement, une science strictement rationnelles. Seules les deux premières méditations de Descartes valent pour la phénoménologie. Il faut alors, d'après Husserl, reprendre l'analyse de tout ce que le *cogito* comporte de certain. L'objet de chaque pensée *en tant qu'objet de pensée* (existence objective de Descartes) appartient à la sphère de la certitude. Le monde que retrouvera | Husserl après la constatation du **46** *cogito* ne dépassera pas cette existence « objective ». La direction dans laquelle Descartes s'engage dans les deux premières méditations et dont il dévie à partir de la troisième lorsqu'il identifie le *cogito* avec l'« âme » – c'est-à-dire avec un objet se trouvant dans le monde – et lorsqu'il en déduit Dieu et l'existence « formelle » du monde, trouve d'après Husserl son prolongement naturel dans la phénoménologie qui poursuit la constitution du monde en tant qu'existence « objective ». Les *Méditations cartésiennes* de Husserl se donnent précisément pour tâche d'esquisser cette constitution du monde dans la sphère de la certitude absolue du *cogito*, de courir jusqu'au bout l'aventure cartésienne qui tient à la destinée même de l'esprit humain.

Est-ce à dire que dans son aspiration à la science absolument certaine, Husserl veuille nier purement et simplement la certitude de l'existence « formelle » du monde et soutenir que la pensée est rivée au doute de Descartes qui ne serait plus méthodique, mais définitif ? Ce serait méconnaître la signification du problème de la certitude et du fondement scientifique chez Husserl. S'il voyait dans le savoir un fait dernier dont il n'y aurait pas lieu de chercher plus loin la signification, si certitude et incertitude fonctionnaient comme indices des propositions exprimant ce savoir, nous pourrions dire que pour Husserl l'existence « formelle » du monde ne saurait être connue avec certitude.

Or, il n'en est rien. La certitude du *cogito* caractérise la situation d'un esprit qui, au lieu de se comporter comme un être parmi d'autres êtres, se retrouve au moment où il neutralise toutes ses relations avec le dehors. Le *cogito* est une situation où l'esprit existe en tant que commencement, en tant qu'origine. La certitude n'est pas en lui l'indice d'un savoir, mais d'une situation, de la situation qui s'appelle conscience. Elle consiste d'après les analyses de Husserl dans la parfaite adéquation de ce qui est visé et de ce qui est atteint par la perception interne. Mais cette adéquation tient elle-même au mode d'existence de la conscience[1], à une existence qui dans le présent est maîtresse d'elle-même. La liberté de la conscience dans le présent contient la raison profonde de l'absolue évidence du *cogito*. Ou plutôt, le savoir évident contenu dans le *cogito* s'identifie avec l'accomplissement même de cette liberté de l'esprit. L'évidence et la clarté apparaissent comme les modes d'existence de l'esprit. Le vrai savoir et le savoir vrai – c'est la liberté. Et dans ce sens il n'existe de savoir que de soi.

En quoi consiste, par contre, l'incertitude du monde
47 extérieur ? | En ce que l'expérience que nous en avons ne se compose jamais d'évidences pures. La lumière de l'évidence

---

1. *Ideen*, p. 80 ; p. 85-86 : « Nur für Ich und Erlebnisstrom in Beziehung auf Sich selbst besteht diese ausgezeichnete Sachlage, nur hier giebt es so etwas wie immanente Wahrnehmung, und muss es das geben ».

n'éclaire pas la totalité de ce qui a été visé dans la perception. La chose s'annonce dans une multiplicité d'aspects, multiplicité infinie. En principe, chaque nouvel aspect peut détruire en le contredisant ce qui semblait déjà acquis. L'incertitude de la perception externe tient donc à l'incertitude même de son présent, à l'asservissement essentiel de ce présent à l'égard d'un avenir infiniment ouvert. En posant l'existence de la chose comme un absolu, l'esprit s'engage au-delà de ses possibilités. Il aliène en quelque manière sa liberté. À travers l'immanence de son présent, il doit dans son existence authentique considérer toute transcendance. Rien ne peut *entrer* en lui, tout vient de lui.

Dans ce sens Husserl pose le sujet en tant que monade. Le sujet peut dans son for intérieur rendre compte de l'Univers. Toute relation avec autre chose s'établit dans l'évidence et a par conséquent en lui son origine. Sa coexistence avec autre chose, avant d'être un *commerce*, est une relation d'intellection. Le monde peut se traduire en termes de son expérience subjective, le moi détient les fils de toutes les couches de la réalité, de toutes ses formes, si éloignées qu'elles soient de la subjectivité. La vérité ne consiste pas pour la subjectivité à contempler naïvement cette réalité dont elle constitue le sens et à s'abandonner par conséquent purement et simplement à cette réalité comme à une base de son existence. La vérité, manière d'exister, consiste à situer cette réalité dans la configuration du sens qu'elle a pour le sujet, lequel peut entièrement en rendre compte. Dire que le sujet est une monade, c'est en somme nier l'existence de l'irrationnel. L'idéalisme de Husserl qui s'exprime le mieux par cette position du sujet en tant que monade ne consiste pas simplement à dire que le monde de notre perception se réduit à des contenus psychologiques comme le voudrait l'idéalisme berkeleyen. Car l'idéalisme berkeleyen n'explique pas au fond en quoi les contenus psychologiques sont plus subjectifs que le monde extérieur qui s'y ramène. L'idéalisme de Husserl essaie de définir le sujet en tant qu'origine, en tant que lieu où toute chose répond d'elle-même. Le sujet est absolu non pas parce qu'il est indubitable, mais il est indubitable parce qu'il répond toujours de lui-même et à lui-même. Cette suffisance à soi caractérise son absolu. La phénoménologie explicite cette réponse du sujet à lui-même. Elle met en action la liberté en nous.

Les *Méditations* de Descartes trouvent donc, d'après Husserl, leur achèvement dans la lucidité de la monade où se constitue le sens de toute réalité. Dans la cinquième section de l'ouvrage que Husserl leur consacre, il esquisse précisément 48 la constitution de | l'objectivité complète à partir du domaine rigoureusement mien de la monade. L'objectif étant ce qui a un sens intersubjectif, Husserl montre comment se constitue l'intersubjectivité à partir du solipsisme de la monade. Solipsisme qui ne nie pas l'existence d'autrui, mais décrit une existence, qui, en principe, peut se considérer comme si elle était seule.

Nous ne résumerons ni ne critiquerons les analyses de Husserl qui lui permettent de suivre la constitution de la relation sociale en tant que sens de la monade, la constitution de la relation complexe de la présence d'autrui pour moi, le sens de ma présence pour autrui qu'elle implique, la constitution de la notion même de l'objectif, c'est-à-dire de l'universellement valable dans lequel se constituent dès lors la réalité, les sciences et la phénoménologie elle-même. Notons simplement le rôle du corps et de ma relation spécifique au corps dans toutes ces analyses.

Il importe en conclusion de cet aperçu sur les *Méditations cartésiennes*, de marquer la position philosophique de Husserl qu'elles permettent de préciser. Il n'y a pas pour Husserl avant l'exercice de la pensée aucune force supérieure qui la domine. La pensée est une autonomie absolue. Il est très

difficile de prendre au sérieux les brèves indications sur Dieu
que Husserl donne dans les *Ideen* en cherchant dans la
merveilleuse réussite du jeu des intentions constituant un
monde cohérent, une preuve finaliste de l'existence de Dieu.
La monade invite Dieu lui-même à se constituer comme sens
pour une pensée responsable devant elle-même.

Cette activité originelle du sujet est une intentionalité,
c'est-à-dire une pensée ayant un sens. La relation sociale,
avant d'être un engagement du sujet antérieur à la pensée et
par conséquent une situation exceptionnelle de l'esprit, est le
sens d'une pensée. Le commerce avec autrui se constitue dans
un jeu d'intentions. Moi-même en tant qu'homme concret,
historique, je suis le personnage d'un drame qui se constitue
pour une pensée. Il y a en moi une possibilité de solitude
malgré ma socialité effective et la présence du monde pour
moi. En tant que pensée précisément, je suis une monade, une
monade toujours possible dans un recul toujours possible à
l'égard de mes engagements. Le tout où je suis, je suis
toujours en train d'aller vers lui, car je suis toujours dehors
retranché dans ma pensée.

Ici apparaît toute la différence qui sépare Husserl de
Heidegger. Pour Heidegger ma vie n'est pas simplement un
jeu qui se joue en dernière analyse pour une pensée. La
manière dont je suis engagé dans l'existence a un sens original, irréductible à celui qu'a un noème pour une noèse. Le
concept de conscience ne saurait en rendre compte. Pour
Heidegger cette existence a certainement un sens; et en
affirmant le sens de l'existence qui | n'a pas pour lui l'opacité **49**
d'un fait brutal, Heidegger reste phénoménologue, mais ce
sens n'a plus la structure d'un noème. Le sujet n'est ni libre ni
absolu, il ne répond plus entièrement de lui-même. Il est
dominé et débordé par l'histoire, par son origine sur laquelle
il ne peut rien, puisqu'il est jeté dans le monde et que cette
déréliction marque tous ses projets, tous ses pouvoirs.

Conclusion

La phénoménologie de Husserl est, en fin de compte, une philosophie de la liberté, d'une liberté qui s'accomplit comme conscience et se définit par elle ; d'une liberté qui ne caractérise pas seulement l'activité d'un être, mais qui se place avant l'être, et par rapport à laquelle l'être se constitue. La pensée elle-même en tant que réalité, en tant que fait temporel et historique, douée d'une épaisseur d'être, se constitue dans une synthèse. On ne peut appliquer au flux qui constitue le temps les catégories valables pour l'existence que dans un sens analogique. On ne peut dire en aucune façon que le monde extérieur, celui des essences et de la pensée elle-même, n'existent pas. Ils ont chacun un mode d'existence propre déterminé par leur sens évident. Détachés de ce sens, ils produisent de l'erreur, de l'équivoque, du non-être. Alors seulement ils se transforment en objets d'une pensée qui n'est que pensée (*vermeintliches Denken, blosses Denken*).

C'est dire que le réel – choses et pensées – n'a de sens que dans la conscience. La conscience est le mode même de l'existence du sens. Elle s'accomplit non pas dans une connaissance qui explique les choses, mais dans la phénoménologie qui se rend compte de leur sens évident. L'explication représente une forme dérivée de la conscience, dont le vrai épanouissement est la clarté. L'idéal de lumière, le soleil intelligible condition de toute existence : voilà les motifs platoniciens authentiques de la philosophie de Husserl, plutôt que le réalisme des idées par lequel on le rapproche de Platon.

L'homme, à même par la réduction phénoménologique de coincider absolument avec soi-même, y retrouve aussi sa liberté. La phénoménologie ne répond pas seulement à son besoin d'un savoir absolument fondé : celui-ci se subordonne à la liberté qui exprime la prétention d'être un moi et par rapport à l'être – origine. Dès lors le savoir qui repose sur des évidences, sans secret pour elles-mêmes, s'avouant leur

portée et leur sens, c'est le mode même de l'existence personnelle et libre. Le phénoménologue, en suspendant la thèse
générale de l'attitude naturelle, retrouve un monde et des
personnes constituées – constituées certes au moyen de toutes
les relations – pensées, sentiments, passions et actions qui l'y
rattachent dans la vie concrète mais il y accède dès lors | à **50**
travers ses noèses, il les touche comme siens jusque dans leur
extranéité. Pas de solipsisme, mais possibilité de solipsisme.
Elle caractérise une manière d'être où l'existence est à partir
d'elle-même. Aussi ne pensons-nous pas que l'on puisse
interpréter l'intentionalité de Husserl, c'est-à-dire le phénomène même du sens, comme l'*In-der-Welt-sein* de Heidegger,
encore moins comme la fuite de l'esprit hors de lui-même[1].
L'*In-der-Welt-sein* de Heidegger affirme en premier lieu que
l'homme de par son existence est d'ores et déjà débordé.
L'intentionalité au contraire caractérise une monade.
L'homme conserve le pouvoir de se réserver à l'égard du
monde et reste libre, de ce fait, d'accomplir la réduction
phénoménologique. Dans un certain sens l'intentionalité est
plutôt un *Ausser-der-Welt-sein* que l'*In-der-Welt-sein* de la
conscience. Nous ne sommes pas immédiatement dans la ville
sur la route au milieu des choses. La présence dans le monde
est avant tout un certain sens de notre pensée. Une relation
sinon théorique – car elle peut être, affective ou volontaire –
mais du moins une relation d'intellection, s'établit entre nous
et les choses en premier lieu. Avant de nous comporter à

1. *Cf.* l'article de Jean-Paul Sartre dans la N.R.F. de 1939. Il interprète
l'intentionalité comme la propriété de la conscience d'être hors d'elle-même.
Toutefois dans le mouvement de l'intention vers le dehors, il n'y a aucune
fuite devant soi, aucune prédilection pour le dehors parce qu'il est dehors, il
est entièrement conçu sur le modèle du sens de la pensée. Il va vers le dehors
dans la mesure où il pense, mais aussi vers le dedans dans la mesure où,
dans la pensée, le sens est appréhendé et compris. L'intentionalité permet
de comprendre «comment l'en soi de l'objectivité peut être représenté,
appréhendé dans la conscience et redevenir en fin de compte subjectif»,
L. U., II, p. 8.

l'égard des choses, nous les comprenons. Le comportement est une façon de comprendre, de poser et d'identifier. Certes parce que la compréhension d'un sens n'est pas la simple absorption d'un objet extérieur par un contenu intérieur, la vie de l'esprit est quelque chose d'ouvert et tous les engagements de l'homme dans le monde font partie de sa vie spirituelle; mais pour Husserl la vérité consiste précisément à retourner ces engagements en pensées; non point à les réduire à des structures «éthérées» et qui seraient pour cette raison plus assimilables – ni à les surmonter comme Spinoza en changeant de genre de connaissance, mais à découvrir en eux la spontanéité d'un esprit non engagé, le jeu d'évidences dont ils sont faits. La réduction phénoménologique n'a pas d'autre sens.

On a raison de voir dans l'intentionalité une protestation contre un idéalisme qui veut absorber les choses dans la conscience. L'intention vise un objet extérieur. La transcendance de l'objet est exactement ce qu'elle est conformément au sens intime de la pensée qui le vise, irréductible à des fonctions mathématiques quelconques. L'extériorité des objets découle du respect absolu porté à l'intériorité de sa constitution.

51 | Quelques brèves indications enfin sur les liens entre Husserl et les philosophes qui se détachèrent de lui.

Le réalisme platonicien du premier volume des *Logische* et des quatre premières *Untersuchungen* du 2ᵉ volume apparut comme quelque chose de nouveau, non pas tant en raison de la réhabilitation de l'idée qu'il représentait, qu'en raison des démarches par lesquelles Husserl y aboutissait. Elles consistaient en effet à déterminer la nature de l'idée en fonction du sens de la pensée qui la visait. La notion du sens apparut dès lors comme plus large que la notion d'une représentation d'un objet individuel. Dès lors fut ouverte la possibilité de poser une spiritualité qui, tout en ayant un sens, pouvait ne pas être objective, ne pas être une représentation.

Jusqu'alors les contenus de la pensée qui ne trouvaient pas de place dans un monde objectif déterminé par la représentation ne pouvaient être rangés que dans le subjectif. La méthode phénoménologique a permis d'échapper à ce dilemme.

Les recherches phénoménologiques des premiers disciples de Husserl consistent en somme à analyser les différents domaines de la réalité dans toute la plénitude de leur sens, et à décrire comme structures du monde des caractéristiques qui, avant Husserl, se classaient parmi les caractères du sujet. Ces caractères subjectifs, désormais pourvus de sens, se trouvèrent contenir des éléments qui se plaçaient au rang de l'existence comme les qualités secondes et même primaires. Les recherches de Scheler sur le monde objectif des valeurs procèdent de la même inspiration. Elles partent de l'émotion en tant qu'expérience des valeurs – c'est-à-dire en tant que pensée des valeurs. Parler de l'objectivité des valeurs, c'est surtout désigner leur non-subjectivité. L'essentiel pour un Scheler consistait certainement à affirmer que l'objectivité des valeurs n'a pas la même signification que l'objectivité des choses, que cette objectivité n'est accessible qu'à l'émotion, c'est-à-dire que le sens intime de l'émotion la caractérise.

C'est dans la philosophie de Heidegger que la séparation de la notion du sens de celle de l'objectivité s'accomplit d'une manière particulièrement nette. Pour lui, comprendre un sens, ce n'est pas sous une forme ou sous une autre tendre vers un objet. Comprendre n'est pas se représenter. Chaque situation de l'existence humaine constitue une façon de comprendre. Il n'y a pas là cependant d'appréhension objective.

L'universalité de la notion du sens dans la structure du sujet a ouvert à la fois la voie à la philosophie existentielle et l'a fait diverger profondément de celle de Husserl. La multiplicité de structures que le sens peut présenter, son irréductibilité à la pensée de l'objet a permis aux philosophes de l'existence de trouver un | sens inhérent à l'existence elle-même. **52**

Mais ce qui les oppose à Husserl c'est l'idée qu'ils se font du sens lui-même. Chez Husserl le phénomène du sens n'a jamais été déterminé par l'histoire. Le temps et la conscience demeurent en dernière analyse la « synthèse passive » d'une constitution intérieure et profonde qui, elle, n'est plus un être.

Pour Heidegger, au contraire, le sens se conditionne par quelque chose qui a d'ores et déjà été. L'intimité du sens à la pensée résulte de l'accomplissement du sens dans l'histoire, de ce quelque chose de plus qu'est son existence. L'introduction de l'histoire dans le fond de la vie spirituelle, ruine la clarté et la constitution en tant que modes d'existence authentiques de l'esprit. L'évidence n'est plus le mode fondamental de l'intellection : le drame de l'existence, avant la lumière, fait l'essentiel de la spiritualité.

Mais si la philosophie existentielle de Heidegger hérite de plus loin sa vision de l'existence et l'affirmation que l'existence est irréductible à la lumière de l'évidence, cette philosophie doit à Husserl le moyen même par lequel elle renouvelle la philosophie de l'existence.

Ce qu'elle apporte de nouveau par rapport au pragmatisme et aux philosophies de la vie – par rapport aussi aux philosophies biologiques qui, comme celles de Spencer, ont un aspect existentiel incontestable – c'est qu'elle interprète l'existence dans ses formes les moins intellectuelles comme un phénomène de sens, comme des actes de compréhension. Elle ne philosophe pas du dehors sur la signification de l'existence humaine qu'elle jugerait comme sur des symptômes. La signification de chaque situation humaine est immanente à cette situation qui en est à la fois la compréhension et l'accomplissement. Tout cela serait impossible sans la conception husserlienne de l'intentionalité. C'est par cette notion qui, du moins en droit, sépara le sens – de la représentation de l'objet et permit d'envisager l'objet lui-même comme déterminé dans sa nature et dans son mode d'existence par le sens – que la philosophie de Heidegger, malgré tout l'abîme qui la sépare de Husserl, malgré ses formules, son sentiment de la réalité, et la nouveauté de sa méthode, demeure tributaire de la phénoménologie husserlienne.

I

La notion de sujet, – l'opposition du sujet à l'objet et son rapport avec lui, la spécificité de ce rapport, irréductible aux relations comme ressemblance, égalité, action, passion, causalité – caractérise la philosophie moderne. Pensant jusqu'au bout la notion du sujet, la philosophie transcendantale, à travers ses variations, affirme que la condition de l'être n'est pas un être à son tour. Le fondement de l'objet par le sujet n'équivaut pas au fondement de la conséquence par le principe. Il n'est pas non plus un évènement temporel et qui dure; et cependant le rapport entre le sujet et l'objet s'accomplit dans l'actualité du *cogito* et, par là, s'insère dans la trame du temps. L'idéalisme a cherché à épurer le sujet de cette dernière contamination par le temps, de ce dernier mélange d'être au sein de l'évènement appelé à fonder l'être. Entreprise qui impose un escamotage ou une déduction du temps. Pour les néo-kantiens, comme pour Leibniz, le temps devient une perception obscure, étrangère à la nature profonde

---

1. Cette étude est une reproduction partielle d'un article paru en 1932 (numéro mai-juin), dans la *Revue Philosophique*. Modifiée et abrégée, elle porte cependant la marque d'une époque où la philosophie de Heidegger était seulement découverte en France et n'est pas exempte de certaines simplifications. Elles ne peuvent pas compromettre la compréhension de la pensée de Heidegger dans ses grandes lignes, qui demeure le but de ce travail.

du sujet ; pour Kant, c'est une forme phénoménale que le sujet se donne, mais où il ne se reconnaît pas ; pour Hegel, c'est quelque chose où l'esprit se jette pour se réaliser, mais dont il est originellement distinct.

La destruction du temps par les idéalistes permet ainsi de souligner le caractère *sui generis* du sujet, le fait paradoxal qu'*il est quelque chose qui n'est pas*. Le sujet n'est pas distingué de la chose par telle ou telle autre propriété – par le fait d'être spirituel, actif, non étendu et de s'opposer au matériel, inerte et étendu. La différence concerne l'*existence*, la manière même d'*être là*, si toutefois on peut encore parler ici d'existence. Le sujet se trouve derrière l'être, en dehors de l'être. Et c'est pour cela qu'il ne peut pas y avoir d'ontologie du sujet idéaliste. Il ne suffit pas, pour dépasser l'idéalisme et l'attitude gnoséologique qui est la sienne, d'affirmer purement et simplement que le sujet, à son tour, est un être d'une **54** dignité supérieure. Dans l'indifférence à l'égard | du temps que manifeste le rapport « sujet-objet », il y a comme une négation du caractère ontologique de la connaissance.

La philosophie antique ignorait la notion moderne du sujet et ne se demandait pas comment le sujet séparé du réel, arrive-t-il à rejoindre le réel. Pour Platon, par exemple, il est tout naturel que la pensée ait un objet. Toutes les difficultés que, dans le *Théétète*, il rencontre pour expliquer l'erreur, tiennent à l'absence d'une vraie notion de sujet. La cire plus ou moins molle qui recouvre l'âme et qui à un certain moment du dialogue, doit rendre compte de l'erreur, symbolise certes l'élément spécifiquement subjectif de la pensée, mais ne décrit pas sa nature véritable. D'autre part, lorsque Platon détermine le caractère du rapport sujet-objet, il le conçoit comme un rapport – lui-même emprunté au monde d'objets – de passion et d'action. Qu'il nous suffise de rappeler la théorie de la sensation visuelle du *Théétète* et les passages du *Parménide* et du *Sophiste* où la connaissance des Idées par nous, introduit un élément de passion dans les idées et diminue leur perfection.

La notion de sujet n'est cependant pas absente de cette philosophie. Seulement, contrairement à la philosophie moderne, la structure du sujet est déterminée à l'aide de notions ontologiques. Ce n'est pas en tant que la vue doit sortir d'elle-même pour atteindre son objet, qu'elle est subjective pour Platon, mais en tant qu'elle appartient à un être fini, déchu de l'Empyrée et enchaîné dans la Caverne. C'est en quelque manière l'histoire de l'âme qui la transforme en subjectivité susceptible d'erreurs et de douleurs. La subjectivité se définit par un *mode d'existence* inférieur, par le fait d'être engagé dans le devenir, par l'imperfection. Mais cette imperfection n'explique pas – et n'a pas la prétention d'expliquer – l'aspect de la subjectivité qu'a relevé la philosophie moderne, l'irréalité et la spécificité du rapport sujet-objet. Les chaînes de ceux qui sont emprisonnés dans la Caverne, déterminent certes la condition humaine, mais cette condition *coexiste* purement et simplement avec la faculté de vision que l'homme possède en même temps que ses chaînes. On ne nous montre pas comment la vision en tant qu'immanence qui se transcende est conditionnée par la structure ontologique de l'homme. Pour élever l'âme au-dessus de l'erreur – marque éternelle de la subjectivité – « tout l'art consiste à la tourner de la manière la plus aisée et la plus utile par elle. *Il ne s'agit pas de lui donner la faculté de voir, elle l'a déjà* » (*République*, Livre VII).

Sans rechercher dans cette introduction les motifs internes déterminés par les données personnelles et historiques de la philosophie heideggerienne – qui amènent Heidegger à philosopher de la manière qui est la sienne – nous pensons qu'on peut la | situer d'une façon assez caractéristique par rapport **55** aux deux possibilités de comprendre le sujet – que nous venons de décrire – la gnoséologique et l'ontologique. Heidegger poursuit en quelque manière l'œuvre de Platon en cherchant le fondement ontologique de la vérité et de la subjectivité, mais en tenant précisément compte de tout ce que la philosophie, depuis Descartes, nous a appris sur la place exceptionnelle de la subjectivité dans l'économie de l'être.

On peut en effet se demander si la relation sujet-objet est bien la forme originelle de la transcendance de l'âme. Ne faut-il pas remettre en question la notion d'être que de part et d'autre on utilisa sans critique, même quand on la rapprocha du temps, puisqu'on n'approfondit pas davantage cette dernière notion et que l'on rapproche l'être d'une notion de temps qui n'exprime peut-être pas, elle non plus, la structure originelle de ce phénomène ? Et ne comprendra-t-on pas mieux après ce travail préalable le voisinage des caractères ontologiques de la subjectivité – chute, enchaînement, devenir – avec son aspect gnoséologique d'une immanence aspirant à se transcender ? L'« irréalité » du saut qu'accomplit le sujet allant vers l'objet, loin d'être étranger au temps, n'en est-elle pas un mode ? La théorie de la connaissance ne s'absorbe-t-elle pas dans l'ontologie, la connaissance dans l'existence ? Voilà les problèmes qui vont se poser à Heidegger.

Son effort est diamétralement opposé à celui de la philosophie dialectique qui, loin de chercher le fondement ontologique de la connaissance, se préoccupe des fondements logiques de l'être. Hegel se demande : « Comment l'esprit tombe-t-il dans le temps ? ». Mais Heidegger lui réplique : « L'esprit ne tombe pas dans le temps, mais l'existence effective, en déchéance, est projetée hors du temps originel et authentique » (*Sein und Zeit*, p. 436).

II

La remise en question de la notion d'être et de son rapport avec le temps que nous avons indiquée plus haut, est le problème fondamental de la philosophie heideggerienne – le problème ontologique. La manière dont l'homme se trouve amené au centre de la recherche, est entièrement commandée par la préoccupation fondamentale qui consiste à répondre à la question « qu'est-ce qu'être ». Le privilège du problème concernant l'homme ne répond donc pas à un souci d'inspiration critique, cherchant à établir préalablement la validité de l'instrument qu'est la connaissance. C'est pourquoi, après avoir montré par des réflexions, dont nous allons suivre la marche, la place essentielle de l'homme dans la | recherche philosophique, Heidegger rappelle d'une **56** manière qui, d'abord, surprend la conscience moderne, non par la riche éclosion des études de la conscience qui date de Descartes, mais la phrase d'Aristote qui affirme la place privilégiée de l'âme dans la totalité de l'être : ἡ ψυχὴ τὰ ὄντα πώς ἐστι (*Sein und Zeit*, p. 14 : Arist. *De Anima* Γ 8, 431 b 21).

Partons donc du problème fondamental de la signification de l'être. Précisons-en les termes.

Heidegger distingue initialement entre ce qui est, « *l'étant* » (*das Seiende*) et « *l'être* de l'étant » (*das Sein des Seienden*). Ce qui est, l'étant – recouvre tous les objets, toutes les personnes dans un certain sens, Dieu lui-même. L'être de l'étant – c'est le fait que tous ces objets et toutes ces personnes *sont*. Il ne s'identifie avec aucun de ces étants, ni même avec l'idée de l'étant en général. Dans un certain sens, il n'*est* pas ; s'il était, il serait étant à son tour, alors qu'il est en quelque manière l'événement même d'être de tous les « étants ». Dans la philosophie traditionnelle s'accomplissait toujours insensiblement un glissement de l'« être de l'étant » vers l'« étant ». L'être de l'étant – l'être en général, devenait un être absolu ou Dieu. L'originalité de Heidegger consiste précisément à maintenir avec une netteté jamais en défaut, cette distinction. L'être de l'étant est l'« objet » de l'*ontologie*. Alors que les étants représentent le domaine d'investigation des sciences *ontiques*.

Serrons de plus près ces distinctions. Les attributs de l'étant font qu'il est ceci ou cela. En déterminant les attributs de l'étant on dit *ce* qu'il est, on aboutit à son *essence*. Mais à côté de l'essence de l'étant on peut constater, par une perception ou une démonstration, qu'il existe. Et, en effet, c'est à cette constatation de l'existence que se réduisait, pour la philosophie classique, le problème de l'existence qu'on posait en plus de celui de l'essence. Mais déterminer ce que cette existence constatée signifie, voilà ce qui a été considéré depuis toujours comme impossible, car, étant de généralité supérieure, l'existence ne saurait être définie. La philosophie du moyen âge, appelait « transcendant » cet être de l'étant. Kant connaissait également la spécificité de l'« être de l'étant » par rapport à l'étant et par rapport à tout attribut de l'étant, puisque, en réfutant l'argument ontologique, il fit précisément état de l'irréductibilité de l'être à un attribut de l'étant.

Or, Heidegger conteste précisément que le problème de la signification de l'être soit impossible et voit en lui le problème philosophique fondamental, – *ontologie* au sens fort du terme – auquel conduisent, à la fois, les sciences empiriques et les sciences « eidétiques » au sens husserlien (c'est-à-dire les

57 sciences *a priori* | qui étudient l'essence, εἶδος, des différents domaines du réel[1]) et vers lequel tendait la philosophie antique en voulant dans le *Sophiste* comprendre l'être et en posant avec Aristote le problème de ὂν ᾗ ὄν. Précisément parce que l'être n'est pas un étant, il ne faut pas le saisir « per genus et differentiam specificam ». Qu'on puisse le saisir autrement, voilà qui est prouvé par le fait que nous en comprenons la

---

1. Voir l'étude précédente, page 20.

signification à chaque moment. *La compréhension de l'être est la caractéristique et le fait fondamental de l'existence humaine*. Dira-t-on que, dans ce cas, la recherche est inutile? Mais le fait de la compréhension ne veut pas dire que cette compréhension soit explicite ni authentique. Certes, nous cherchons quelque chose que nous possédons déjà d'une certaine manière – mais expliciter cette possession ou cette compréhension, n'est pas, pour autant, un travail subalterne ni secondaire. Pour Heidegger, la compréhension de l'être n'est pas un acte purement théorique, mais comme nous le verrons, un évènement fondamental où toute sa destinée est engagée; et dès lors, la différence entre les modes, explicite et implicite, de comprendre, n'est pas une simple différence entre connaissance claire et obscure; elle concerne l'être même de l'homme. Le passage de la compréhension implicite et non-authentique à la compréhension explicite et authentique, avec ses espoirs et ses échecs, est le drame de l'existence humaine. Passer de la compréhension implicite de l'être à la compréhension explicite, c'est se proposer une tâche de maîtrise et de domination au sein d'une naïve familiarité avec l'existence qui fera peut-être sauter la sécurité même de cette familiarité.

Quoi qu'il en soit, retenons pour le moment, la caractéristique de l'homme posée au départ: *étant* qui comprend l'être implicitement (d'une manière pré-ontologique selon l'expression heideggerienne) ou explicitement (d'une manière ontologique). Et c'est parce que l'homme comprend l'être qu'il intéresse l'ontologie. L'étude de l'homme va nous découvrir l'horizon à l'intérieur duquel le problème de l'être se pose, car en lui *la compréhension de l'être se fait*.

Nous n'avons pas employé cette dernière formule par hasard. La compréhension de l'être qui caractérise l'homme n'est pas simplement un acte, essentiel à toute conscience, et qu'on pourrait isoler dans le courant temporel pour saisir en lui l'être qu'il vise tout en refusant à cet acte de viser – à la relation qu'il accomplit – toute temporalité. Une pareille conception reviendrait précisément à séparer de la dimension temporelle où se fait l'existence de l'homme le rapport sujet-objet et à voir dans la compréhension de l'être un acte de connaissance comme un autre. Or, | toute l'œuvre de Heidegger tend à montrer que le temps n'est pas un cadre de l'existence humaine, mais que, sous sa forme authentique, la « temporalisation » du temps est l'événement de la compréhension de l'être. *C'est véritablement la compréhension elle-même qui se fait.* Il ne faut donc pas commencer par se représenter la structure spécifique de la compréhension de l'être au moyen de notions qu'elle est appelée à dépasser. L'analyse de la compréhension de l'être montrera le temps à la base de la compréhension. Le temps s'y trouvera d'une manière inattendue et dans sa forme authentique et originelle, comme condition des articulations mêmes de cette compréhension.

Ces anticipations sur les résultats des analyses heideggeriennes, nous permettent de préciser dans quel sens la compréhension de l'être caractérise l'homme. Non point à titre d'attribut essentiel, mais comme le mode d'être même de l'homme. Elle détermine non pas l'essence, mais l'existence de l'homme. Certes, si l'on considère l'homme comme un *étant*, la compréhension de l'être fait l'essence de cet *étant*. Mais précisément – et c'est là le trait fondamental de la philosophie heideggerienne – *l'essence de l'homme est en même temps son existence. Ce* que l'homme est, est en même temps *sa manière d'être*, sa manière *d'être là*, de se « temporaliser ».

Cette identification de l'essence et de l'existence n'est pas un essai d'appliquer à l'homme l'argument ontologique, comme certains ont pu le croire. Elle ne signifie pas que dans l'essence de l'homme est contenue la nécessité d'exister – ce qui serait faux, car l'homme n'est pas un être nécessaire. Mais inversement, pourrait-on dire, la confusion de l'essence et de l'existence signifie que dans l'existence de l'homme est

incluse son essence, que toutes les déterminations essentielles
de l'homme ne sont rien d'autre que ses modes d'exister. Mais
un tel rapport entre l'essence et l'existence n'est possible
qu'au prix d'un nouveau type d'être qui caractérise le fait de
l'homme. À ce type d'être Heidegger réserve le mot *existence*
– que nous emploierons désormais dans ce sens – et il réserve
le nom de *Vorhandenheit*, présence pure et simple, à l'être des
choses inertes. Et c'est parce que l'essence de l'homme
consiste dans l'existence que Heidegger désigne l'homme par
le terme de *Dasein* (être ici-bas) et non pas par le terme de
Daseiendes (l'étant ici-bas). La forme verbale exprime ce fait
que chaque élément de l'essence de l'homme est un mode
d'exister, de se trouver là.

Et la forme verbale exprime encore autre chose qui est de
la plus haute importance pour l'intelligence de la philosophie
heideggerienne. Nous l'avons déjà dit : l'homme n'intéresse
pas l'ontologie pour lui-même. L'intérêt de l'ontologie va
vers le sens de | *l'être en général*. Mais *l'être en général* **59**
pour être accessible doit au préalable se dévoiler. Jusqu'à
Heidegger la philosophie moderne supposait à cette révélation un esprit connaissant ; elle était son œuvre. L'être dévoilé
était plus ou moins adéquat à l'être voilé. Que ce dévoilement
soit lui-même un événement de l'être, que l'existence de
l'esprit connaissant soit cet événement ontologique condition
de toute vérité – tout cela était, certes déjà soupçonné par
Platon quand il mettait la connaissance non pas dans le sujet
mais dans l'âme et quand il conférait à l'âme la même dignité
et la même substance qu'aux idées, quand il pensait l'âme
comme contemporaine des idées ou coéternelle à elles ; mais
que cet événement, ce retournement de l'être en vérité
s'accomplisse dans le fait de mon existence particulière
ici-bas, que mon ici-bas, mon *Da* soit l'événement même
de la révélation de l'être, que mon humanité soit la vérité
– constitue l'apport principal de la pensée heideggerienne.

L'essence de l'homme est dans cette œuvre de vérité; l'homme n'est donc pas un substantif, mais initialement verbe : il est dans l'économie de l'être, le « se révéler » de l'être, il n'est pas *Daseiendes*, mais *Dasein*.

En résumé, le problème de l'être que Heidegger pose nous ramène à l'homme, car l'homme est un étant qui comprend l'être. Mais, d'autre part, cette compréhension de l'être est elle-même l'être; elle n'est pas un attribut, mais le mode d'existence de l'homme. Ce n'est pas là une extension purement conventionnelle du mot être à une faculté humaine – en l'occurrence, à la compréhension de l'être, – mais la mise en relief de la spécificité de l'homme dont les « actes » et les « propriétés » sont autant de « modes d'être ». C'est l'abandon de la notion traditionnelle de la conscience comme point de départ, avec la décision de chercher, dans l'événement fondamental de l'être – de l'existence du *Dasein* – la base de la conscience elle-même.

Dès lors l'étude de la compréhension de l'être est *ipso facto* une étude du mode d'être de l'homme. Elle n'est pas seulement une préparation à l'ontologie, mais déjà une ontologie. Cette étude de l'existence de l'homme, Heidegger l'appelle « Analytique du *Dasein* ». Sous une forme, étrangère au problème de l'être *en général*, elle a déjà été amorcée et poursuivie, dans de multiples études philosophiques, psychologiques, littéraires et religieuses consacrées à l'existence humaine. Heidegger appelle *existentielle*, l'analyse de l'existence humaine qui ignore la perspective de l'ontologie. La replacer dans cette perspective – l'accomplir d'une façon explicite – est l'œuvre d'une analytique *existentiale* que Heidegger entreprend dans *Sein und Zeit*.

Nous allons résumer ici quelques développements de cette *analytique existentiale*. À partir de la structure purement formelle | que nous venons d'établir : « l'existence du **60** *Dasein* consiste à comprendre l'être » – toute la richesse de

l'existence humaine se trouvera développée, c'est-à-dire
toute la structure du dévoilement de l'être. Il s'agira d'y
retrouver l'homme tout entier et de montrer que cette
compréhension de l'être, c'est le temps lui-même.

III

L'homme existe de telle manière qu'il comprend l'être.
Cette formule équivaut à une autre qui, d'abord, semble en
dire beaucoup plus : « L'homme existe de telle manière qu'il y
va toujours pour lui de sa propre existence ». Ce seraient là
deux formules différentes, si l'on considérait que la *compréhension de l'être* est purement contemplative et s'ajoute,
comme une illumination au mode d'existence du *Dasein* qui,
initialement, ne se comprendrait pas. Or, ce serait précisément
effectuer la séparation entre existence et connaissance dont
nous avons parlé précédemment, séparation contre laquelle
Heidegger combat.

Pour faire mieux ressortir la légitimité de ce combat, il faut
renvoyer à l'idée de l'intentionalité, élaborée par Husserl, et
pensée jusqu'au bout par Heidegger. On sait que Husserl voit
dans l'intentionalité l'essence même de la conscience. La
nouveauté de cette vue n'a pas simplement consisté à affirmer
que toute conscience est conscience de quelque chose, mais
que cette tension vers quelque chose d'autre faisait toute
la nature de la conscience ; qu'il ne fallait pas se représenter
la conscience comme quelque chose qui *est* d'abord et qui
se transcende ensuite, mais que de par son existence la
conscience se transcendait. Si cette transcendance présentait
l'allure de la *connaissance* tant qu'il s'agissait de vie théorétique, elle avait, dans les autres ordres de la vie, une autre
forme. Le sentiment, lui aussi, *vise* quelque chose, quelque
chose qui n'est pas un objet théorique, mais d'adéquat
et d'accessible au sentiment seul. L'« intentionalité » du

sentiment ne signifie pas que la chaleur affective du sentiment
– et tout ce qui en fait le contenu – n'est qu'un noyau auquel
s'ajoute une intention dirigée sur un objet senti ; cette chaleur
affective elle-même et comme telle est ouverte sur quelque
chose et sur quelque chose auquel, en vertu d'une nécessité
essentielle, on n'accède que par cette chaleur affective,
comme on accède par la vision seule à la couleur.

Nous comprenons maintenant dans quel sens l'existence
du *Dasein* caractérisée comme une manière d'exister telle
« qu'il y va toujours dans son existence de cette existence
même » y équivaut à la compréhension de l'être par le *Dasein*.
En effet, l'être qui se révèle au *Dasein*, ne lui apparaît pas sous
61 forme de notion | théorique qu'il contemple, mais dans une
tension intérieure, dans le souci que le *Dasein* prend de son
existence même. Et, inversement, cette manière d'exister où
« il y va de l'existence », n'est pas un état aveugle auquel la
connaissance de la nature de l'existence devrait s'ajouter,
mais cette existence, en prenant soin de sa propre existence
– et de cette manière seulement – s'ouvre à la compréhension
de l'existence.

Nous comprenons maintenant mieux que tout à l'heure,
comment l'étude de la compréhension de l'être est une ontologie du *Dasein*, une étude de l'existence du *Dasein* dans toute
sa plénitude concrète, et non pas seulement la réflexion sur un
acte isolé de cette existence par lequel une existence s'écou-
lant dans le temps serait à même de quitter ce plan existentiel
pour comprendre l'être. La transcendance de la compréhension est un événement de l'existence.

IV

Comprendre l'être, c'est exister de manière à se soucier
de sa propre existence. Comprendre, c'est prendre souci.
Comment préciser cette compréhension, ce souci ? *Le*

phénomène du monde, ou, plus précisément, la structure de
« l'être-dans-le-monde » présente la forme précise sous
laquelle se réalise cette compréhension de l'être.

Si cette thèse pouvait se justifier, la « sortie de soi-même »
vers le monde serait intégrée dans *l'existence* du *Dasein*, car la
compréhension de l'être, nous le savons déjà, est un mode de
l'existence. La compréhension de l'être sous la forme de « il y
va de l'existence » – apparaîtra à Heidegger au terme de ses
analyses, comme la caractéristique fondamentale de la
finitude du *Dasein*. C'est donc sur la finitude de l'existence
du *Dasein* que sa transcendance vers le monde se trouvera
fondée. Et ainsi la finitude de l'existence humaine rendra
compte de la notion de sujet telle que nous l'avons depuis
Descartes. Elle ne sera plus une simple détermination du sujet
– on ne dira plus seulement « nous sommes une pensée, mais
une pensée finie » – la finitude contiendra le principe même de
la subjectivité du sujet. C'est parce qu'il y a une *existence* finie
– le *Dasein* – que la *conscience* elle-même se trouvera
possible. L'analyse du Monde devient donc la pièce centrale
de l'*Analytique du Dasein*, car elle va nous permettre
de rattacher la subjectivité à la finitude, la théorie de la
connaissance à l'ontologie, la vérité à l'être.

Certes, il faudra commencer par transformer la notion
traditionnelle du monde, mais ce procédé n'aura rien d'arbitraire. Ce que Heidegger va mettre à la place de la conception
habituelle du monde, c'est quelque chose qui rend celle-ci
possible. Procédé | de justification qui tient lieu de preuve. Le 62
phénomène du monde, tel que Heidegger le décrit rejoindra ou
expliquera l'opinion classique qui ne part pas toujours de
phénomènes initiaux ni authentiques.

Pour la conscience commune, le monde équivaut à
l'ensemble des choses que découvre la connaissance. Notion
ontique et dérivée. En effet, les choses, si l'on s'en tient à la
signification concrète de leur apparition pour nous, sont *dans*

le monde. Toute apparition d'une chose particulière suppose le monde. C'est à partir d'une ambiance que les choses nous sollicitent. Quelle signification donner à cette référence au monde que l'analyse phénoménologique ne doit pas laisser hors de considération ni effacer? Elle se révèle, à une première analyse, comme étroitement liée avec le *Dasein*: l'«ambiance», ce en quoi le *Dasein* vit, «notre monde», le «monde d'une époque, d'un artiste» etc. Cela nous invite à chercher dans un *mode d'existence* du *Dasein* lui-même le phénomène du monde qui apparaîtra ainsi comme *structure ontologique*. Certes, dans la notion de «monde ambiant» (*Umwelt*), la particule *ambi* (*Um*) est l'indice d'une spatialité. Seulement c'est la notion du monde qui déterminera la notion de l'espace, tout à l'opposé de Descartes qui voulait par l'espace saisir le sens même du monde. L'ambiance du monde ambiant n'est pas la spatialité nue et abstraite du monde, mais sa référence à l'existence du *Dasein*. C'est un être caractérisé par un engagement essentiel dans un monde, qui peut découvrir un fait tel que l'ambiance à partir duquel une notion infiniment plus pauvre comme l'espace, acquiert un sens. L'être-dans-le-monde, en tant qu'existence du *Dasein*, est la source de la notion du monde. Et l'être-dans-le-monde – nous l'avons déjà dit – n'est que l'articulation de la compréhension de l'être qui résume l'existence du *Dasein*.

Partons donc du monde ambiant pour en déterminer l'ambiance, pour décrire la «mundanité du monde» (*die Weltlichkeit der Welt*) selon l'expression de Heidegger. Les choses au milieu desquelles le *Dasein* existe sont, avant tout, objets de soins, de sollicitude (*das Besorgte*); elles s'offrent à la main, invitent au maniement. Elles servent à quelque chose: des haches pour fendre du bois, des marteaux pour marteler le fer, des poignées pour ouvrir des portes, des maisons pour nous abriter etc. Ce sont, au sens très large du terme, des *ustensiles* (*Zeuge*).

Quel est leur *mode* d'être? L'être de l'ustensile ne s'identifie pas avec celui d'un simple objet matériel se révélant à la perception ou à la science. La contemplation ne saurait saisir l'ustensile en tant que tel. « Le regard purement contemplatif, quelque pénétrant qu'il soit (*das schärfste Nurnoch – Hinsehen*), jeté sur | l'aspect de telle ou telle chose **63** ne saurait nous découvrir un ustensile » (*Sein und Zeit*, p. 69). C'est par l'usage, par le maniement que nous accédons à lui d'une manière adéquate et entièrement originale. – Mais non seulement le maniement accède d'une manière originale aux objets, il y accède d'une manière originelle : il n'est pas consécutif à une représentation. C'est par cela surtout que Heidegger s'oppose à l'opinion courante – opinion que Husserl partage encore –: avant de manier, il faut se *représenter* ce qu'on manie.

Les ustensiles sont donc des objets que le *Dasein* découvre par un mode déterminé de son existence : le maniement. Ils ne sont donc pas de simples choses. Le maniement est, en quelque manière, l'effectuation de leur être. Il détermine non pas ce qu'ils sont, mais la manière dont ils *rencontrent* le *Dasein*, *dont* ils sont. L'être des ustensiles, c'est la *maniabilité* (*Zuhandenheit*). Et c'est précisément parce que le maniement n'est pas consécutif à une représentation, que la maniabilité n'est pas une simple *présence* (*Vorhandenheit*) sur laquelle se grefferait une nouvelle propriété. Elle est entièrement irréductible et originelle.

Tout en refusant au maniement la structure de la représentation, nous disions que le maniement découvrait la maniabilité. C'est que le rapport de maniement est une compréhension, une vision *sui generis*, un pouvoir illuminé. Heidegger la fixe par le terme de circonspection (*Umsicht*). Le langage exprime d'ailleurs le fait de cette circonspection illuminant le pouvoir : en français on dit, par exemple, « savoir écrire », « savoir danser », « savoir jouer » etc.

Quelle est la structure de la *maniabilité*? Elle est essentiellement constituée par le «renvoi» (*Verweisung*). L'ustensile
est «en vue de» quelque chose. C'est pourquoi ce n'est pas un
être séparé, mais toujours en cohésion avec d'autres ustensiles. Il appartient même à son mode d'être de céder le pas à la
totalité de l'*œuvre* par rapport à laquelle il est. L'ustensile est
parfaitement dans son rôle – et la maniabilité caractérise son
être *en soi* – uniquement quand cette maniabilité n'est pas
explicite, mais se retire dans un arrière-fond et que l'ustensile
est compris à partir de l'œuvre. – Cette œuvre à son tour est un
ustensile: le soulier est *pour* être porté, la montre est *pour*
indiquer l'heure. Mais, d'autre part, la fabrication de l'œuvre
est une utilisation de quelque chose en vue de quelque chose.
Le maniable renvoie donc aux matériaux. Nous découvrons
ainsi à partir de l'ustensile, la nature, les forêts, les eaux, les
montagnes, les métaux, le vent etc. La Nature découverte de la
sorte est toute relative au maniement: «matières premières».
Nous n'avons pas de forêt, mais du bois, les eaux sont de la
houille blanche ou des moyens de | transport, la montagne est
la carrière, le vent est vent en poupe. Enfin l'œuvre est faite
non seulement *en vue de quelque chose*, mais aussi *pour
quelqu'un*. La fabrication s'oriente sur le consommateur; les
hommes en tant que «consommateurs» se révèlent avec le
maniable et, avec eux, la vie publique (*die Oeffentlichkeit*)
et tout l'ensemble des institutions, tout l'attirail de la vie
publique. L'ensemble des renvois qui constituent l'être de
l'ustensile nous conduisent donc bien au delà de la sphère
fort étroite des objets usuels qui nous entourent. Avec le
maniement, nous sommes donc présents dans le monde, dans
le «monde» au sens habituel du terme, compris comme
l'ensemble des choses. Mais par rapport à cet ensemble nous
ne sommes pas seulement spectateurs, ni un contenu. Le
maniement décrit notre inhérence au monde comme originale

et originelle et comme condition de la révélation même du monde à nous.

Mais une analyse encore plus précise du maniement va nous découvrir le phénomène originel du monde que Heidegger cherche. Nous avons souligné que l'ustensile se perd en quelque façon dans l'œuvre à laquelle il sert – c'est ainsi qu'il existe en soi. Cependant, lorsque l'ustensile est endommagé, il tranche sur le système par rapport auquel il *est*, et perd, pour ainsi dire son caractère d'ustensile pour devenir, dans une certaine mesure, une simple présence. Dans cette perte momentanée de la *maniabilité* le « renvoi à ce en vue de quoi l'ustensile est » se réveille, ressort, se met en lumière. Nous nous trouvons tournés de la sorte vers la totalité du système des renvois – toujours inplicitement comprise, mais non explicitée jusque-là. C'est là une série des renvois qui ne peut s'achever que dans un « ce en vue de quoi » qui n'est plus en vue d'autre chose, mais en vue d'un soi-même. Nous reconnaissons dans cette structure le *Dasein* lui-même. Autrement dit, la compréhension de l'ustensile ne se fait que par rapport à une compréhension initiale de la structure du *Dasein* qui, grâce au « renvoi à soi-même » qui lui est propre, permet de comprendre dans les ustensiles eux-mêmes leur maniabilité, leur usage possible, leur « en vue de ». Par là s'annonce le monde. Il n'est donc pas constitué par la somme des ustensiles car, précisément, la totalité des renvois ne rend possible les ustensiles qu'à condition de rester dans l'arrière-fond. Mais elle en est la condition ontologique.

Elle en est la condition. Car pour comprendre l'« en vue de » constitutif de l'ustensile, il nous faut comprendre « ce en vue de quoi il est » qui, à son tour, renvoie à autre chose et s'achève dans le *Dasein*.

Cette totalité est une condition ontologique. Car la maniabilité n'est pas une propriété, mais un *mode d'être* de

65 l'ustensile. Ce | par rapport à quoi la maniabilité elle-même devient possible ne peut être qu'une structure ontologique.

Cette structure, le *Dasein* la découvre de par son existence même. L'existence du *Dasein* consiste à exister en vue de soi-même. Cela veut aussi dire que le *Dasein* comprend son existence. Le *Dasein* comprend donc d'ores et déjà cet « en vue de soi-même » qui constitue son existence. C'est par rapport à cet « en vue de » initial que « l'en vue de » des ustensiles, leur maniabilité, peut apparaître au *Dasein*. Le Monde n'est rien d'autre que cet « en vue de soi-même » où le *Dasein* est engagé dans son existence et par rapport auquel peut se faire la rencontre du maniable.

Ainsi se trouve explicitée cette référence au *Dasein* que nous avons relevée dans la notion du monde. Remarquons en marge des enchaînements rigoureux des analyses heideggeriennes, que cette conception du monde qui l'identifie avec un événement fondamental de notre destinée, donne un sens fort à la notion du monde intérieur. Le monde intérieur, le monde d'une époque, le monde d'un Goethe ou d'un Proust, n'est plus une métaphore, mais l'origine même du phénomène du monde. Et cela non pas au sens idéaliste ; celui-ci identifie le monde avec l'ensemble des choses existantes dans l'esprit et passe à côté de la « mondanité du monde » distincte de la somme des choses.

On peut donc dire, que l'existence du *Dasein*, c'est l'être-dans-le-monde. Le *Da* – l'ici-bas –, inclus dans le terme, exprime cet état de choses. L'homme en tant que dévoilement de l'être, en tant que vérité, ne s'absorbe pas en un regard serein tourné vers les idées, affranchi des chaînes qui le fixent ici et fuyant « là-bas » ; le dévoilement de l'être n'est rien d'autre que l'accomplissement du phénomène même du *Da* ; la révélation de l'être c'est la condition humaine elle-même.

L'être dans le monde n'est donc pas l'affirmation du fait banal que l'homme se trouve dans le monde ; c'est une nouvelle expression de la formule initiale : le *Dasein* existe de telle manière qu'il comprend l'être. Elle nous montre aussi comment l'apparition du monde des choses et des ustensiles a sa condition dans l'existence du *Dasein* et en est un événement. L'acte de sortir de soi pour aller aux objets – ce rapport de sujet à objet que connait la philosophie moderne a sa raison dans un saut accompli par delà les « étants » compris d'une manière ontique vers l'être ontologique, saut qui s'accomplit de par l'existence du *Dasein* et qui est l'événement même de cette existence et non pas un phénomène qui s'y ajoute. C'est à ce saut par delà l'étant vers l'être – et qui est l'ontologie elle-même, la compréhension de l'être – que Heidegger réserve le mot de transcendance. Cette transcendance conditionne la transcendance de sujet à objet – | phénomène dérivé dont part **66** la théorie de la connaissance. Le problème de l'ontologie est pour Heidegger transcendantal et dans ce nouveau sens.

En résumé, être, pour le *Dasein*, c'est comprendre l'être. Comprendre l'être, c'est exister de telle sorte qu'« il y va, dans l'existence, de cette existence même ». « Il y va de l'existence même » – c'est être-dans-le-monde ou être là. Être là – c'est se transcender. Tout le paradoxe de cette structure où l'existence en vue de soi-même se présente comme essentiellement extatique est le paradoxe même de l'existence et du temps. Mais pour le voir encore mieux il nous faut pousser plus loin l'*Analytique* du *Dasein,* en développant la structure de la transcendance.

« Être-dans-le-monde » est un mode d'existence dynamique. Dynamique, dans un sens très précis. Il s'agit de la δύναμις, de la possibilité. Non point de la possibilité au sens logique et négatif en tant qu'« absence de contradiction » (possibilité vide); mais de la possibilité concrète et positive, de celle qu'on exprime en disant qu'on *peut ceci ou cela,* qu'on a des possibilités envers lesquelles on est libre. Le règne des ustensiles que nous découvrons dans le monde, ces ustensiles utilisables et propres à quelque chose, ont trait à nos possibilités – saisies ou manquées – de les manier. Possibilités, rendues elles-mêmes possibles par la possibilité fondamentale d'être-dans-le-monde, c'est-à-dire d'exister en vue de cette existence même. Ce caractère dynamique de l'existence, en constitue le paradoxe fondamental : l'existence est faite de possibilités, lesquelles cependant, précisément en tant que possibilités, s'en distinguent en la devançant. L'existence se devance elle-même.

Soulignons d'abord le caractère positif de la possibilité constituant l'existence. Le rapport de l'homme à ses possibilités ne ressemble pas à l'indifférence que manifeste une chose à l'égard des accidents qui pourraient lui arriver. L'homme est d'*ores et déjà* jeté au milieu des possibilités, à l'égard desquelles il est d'*ores et déjà* engagé, qu'il a d'*ores et déjà* saisies ou manquées. Elles ne s'ajoutent pas à son existence du dehors, comme des accidents. Mais, par ailleurs, elles ne se trouvent pas devant lui comme des objets de connaissance, comme des images toutes faites qu'on contemplerait en pesant le pour et le contre. Elles sont des modes de son existence, car, précisément, exister pour l'homme c'est saisir ou manquer ses propres possibilités. La base de l'existence ne peut donc être qu'un pouvoir de saisir ou de manquer ses propres possibilités : une possibilité fondamentale du retour sur soi-même. Mais ce retour soucieux sur soi-même, cette attitude initiale prise à l'égard de sa propre existence – attitude qui n'a rien d'une contemplation dégagée,
67 mais qui | est l'événement essentiel de l'existence humaine – nous la connaissons déjà. Nous ne venons en effet que d'effectuer une analyse plus serrée du phénomène que nous avions déjà rencontré en disant que le *Dasein* existe de telle manière que dans son existence il y va toujours, pour lui, de cette existence même ou encore, qu'*exister c'est être dans le monde.*

Pour traduire l'intimité de ce rapport entre le *Dasein* et ses possibilités, nous pouvons dire qu'il se caractérise, non pas par le fait d'*avoir* des possibilités, mais d'être ses possibilités ; structure qui dans le monde des choses serait inconcevable et qui détermine positivement l'existence du *Dasein*. *Être-dans-le-monde*, c'est être ses possibilités. Et le *dans*, l'« in-esse » enveloppe ce paradoxe du *rapport existentiel avec une possibilité* : être quelque chose qui n'est qu'une possibilité, sans que ce soit par une pure et simple représentation de cette possibilité. Qu'est-ce qu'*être ses possibilités* ?

Être ses possibilités, c'est les comprendre. Nous l'avons déjà dit au commencement en montrant que le fait qu'il y a pour le *Dasein* de son existence, revient à dire que le *Dasein* existe en comprenant l'être. Mais caractériser par la compréhension ce rapport intime entre l'existence et ses possibilités, ne revient pas à affirmer d'une manière déguisée qu'« être ses possibilités », c'est les connaître. Car la compréhension n'est pas une faculté cognitive qui s'ajouterait à l'existence pour lui permettre de prendre connaissance de ses possibilités ; la distinction entre le sujet connaissant et l'objet connu, inéluctable dans le phénomène de la connaissance, n'a plus de sens ici : l'existence humaine elle-même *se sait* avant toute réflexion introspective et rend possible cette dernière.

Mais cela ne signifie pas un retour à la notion de conscience interne (même si l'on distingue celle-ci de la notion de perception interne, entendue comme réflexion introspective et où, de toute évidence, la structure sujet-objet se retrouve). L'originalité de la conception heideggerienne de l'existence par rapport à l'idée traditionnelle de conscience interne consiste en ce que ce savoir de soi-même, cette illumination interne – cette *compréhension* – non seulement n'admet plus la structure sujet-objet, mais n'a plus rien de *théorique*. Ce n'est pas une *prise de conscience*, une constatation pure et simple de ce qu'on *est*, constatation capable de mesurer notre pouvoir sur nous-mêmes, cette *compréhension c'est le dynamisme même de cette existence, c'est ce pouvoir même sur soi.* Et dans ce sens la compréhension constitue le mode dont l'existence est ses possibilités : ce qui était prise de conscience devient prise tout court et, par là, l'événement de l'existence même. À la place de la conscience de la

68 philosophie traditionnelle, | laquelle, en tant qu'elle *prend conscience* reste sereine et contemplative, extérieure au destin et à l'histoire de l'homme concret dont elle prend conscience, Heidegger introduit la notion du *Dasein comprenant ses possibilités*, mais qui, en tant que *comprenant*, fait *ipso facto* son destin, son existence ici bas. Ainsi, avec la notion du *Dasein*, l'illumination interne que connaissaient les philosophes de la conscience, devient inséparable de la destinée et de l'histoire de l'*homme concret* : l'une et l'autre ne font qu'un. C'est l'homme concret qui apparaît au centre de la philosophie ; par rapport à lui, la notion de conscience n'est qu'une abstraction, séparant la conscience, – l'illumination en tant qu'illumination – de l'histoire, de l'existence. Nous pouvons déjà entrevoir comment la connaissance théorique elle-même dont la compréhension est le phénomène originel et le fondement, se trouve engagée dans l'existence, et comment la théorie de la connaissance se trouve intégrée dans l'ontologie sans que ce soit par pure convention, par une extension formelle du mot *être* à l'activité de la connaissance.

VI

Comment s'articule le pouvoir en tant que compréhension ? Comment le *Dasein est*-il ici-bas ?

Le *Dasein* se comprend dans une certaine disposition affective (*Befindlichkeit*). Le *Dasein* se tient ici-bas déjà disposé d'une façon déterminée. Il s'agit de ce phénomène, à première vue banal que la psychologie classique vise en insistant sur la tonalité ou la couleur affective qui se mêle à tout état de conscience : la bonne ou la mauvaise humeur, la joie, l'ennui, la peur etc. Pour Heidegger, ces dispositions ne sont pas des états, mais des *modes de se comprendre* c'est-à-dire, puisque cela ne fait qu'un, *d'être ici-bas*.

La disposition affective qui ne se détache pas de la compréhension – par laquelle la compréhension existe – nous révèle le fait que le *Dasein* est voué à ses possibilités que son « ici-bas » s'impose à lui. Elle n'est pas le symbole, ni le symptôme, ni l'index de cette situation – elle est cette situation ; la description de l'affectivité n'en prouve pas la réalité, mais en fournit l'analyse. En existant le *Dasein* est d'ores et déjà *jeté au milieu* de ses possibilités et non pas placé devant elles. Il en a d'ores et déjà saisi ou manqué. Heidegger fixe par le terme de *Geworfenheit* ce fait d'être jeté et de se débattre au milieu de ses possibilités et d'y être abandonné. Nous le traduirons par le mot déréliction. La déréliction est la source et le fondement nécessaire de l'affectivité. L'affectivité n'est possible que là où l'existence est livrée à son propre destin.

| La déréliction, l'abandon aux possibilités imposées, **69** donne à l'existence humaine un caractère de *fait* dans un sens très fort et très dramatique du terme : c'est un fait qui se comprend comme tel par son effectivité. Les faits empiriques de la science s'imposent à un esprit ; mais pour être constatés comme faits, il faut au préalable qu'une situation telle que l'*effectivité* soit possible. Elle est accomplie par un *Dasein* qui existe son *Da*, son ici-bas, qui est *jeté* dans le monde. Avoir été jeté dans le monde, abandonné et livré à soi-même, voilà la description ontologique du fait. L'existence humaine se définit pour Heidegger par cette « effectivité » (*Faktizität*). La compréhension et l'interprétation de cette effectivité, c'est l'ontologie analytique du *Dasein* elle-même. C'est pourquoi Heidegger et ses disciples définissent l'ontologie comme

« Herméneutique de l'effectivité » (*Hermeneutik der Faktizität*)[1].

Si la compréhension des possibilités par le *Dasein* se fait dans la déréliction, en tant que compréhension du possible, le *Dasein* existe dans une propension au delà de la situation imposée. D'ores et déjà le *Dasein* est au delà de soi-même. Être ainsi au delà de soi, – être ses possibilités – n'est pas contempler cet au-delà comme un objet, choisir entre deux possibilités comme entre deux routes qui se croisent au carrefour. Ce serait enlever à la possibilité, son caractère de possibilité, que de la placer devant un plan établi d'avance où elle serait déjà implicitement réalisée. La possibilité est la projection du *Dasein* lui-même de par son existence, l'élan vers ce qui n'est pas encore. Heidegger fixe ce mouvement par le terme *Entwurf* – projet esquisse. Dans la *Geworfenheit* et sans s'affranchir de la fatalité de la déréliction, le *Dasein* par sa compréhension est au delà de soi. La terminologie allemande *Geworfeneit-Entwurf* montre bien l'opposition de la déréliction au projet.

Le *Dasein* comprenant ses possibilités par l'existence – est à la fois, le *Dasein* se comprenant soi-même et découvrant les ustensiles dans le monde. En effet, la possibilité initiale du *Dasein* d'être en vue de soi-même conditionne le maniement des ustensiles. Seulement au lieu de se comprendre dans sa possibilité fondamentale d'être-dans-le-monde, c'est-à-dire – comme nous le savons déjà – dans sa possibilité d'être en vue de soi-même, tout livré au souci angoissé de sa propre finitude, le *Dasein* fuit ce mode authentique de se comprendre; il se disperse en compréhensions des possibilités secondaires que la possibilité fondamentale, implicitement toujours comprise, mais jamais explicite rend | seule possible. Le *Dasein* se comprend à partir des possibilités relatives aux

70

---

1. *Cf.* Becker: *Mathematische Existenz* dans le *Jahrbuch für Phänomenologie und phänomenologische Philosophie*, p. 425.

ustensiles, à partir des être intérieurs au monde. C'est le phénomène de la chute (*Verfallen*), troisième caractère de l'existence à côté de la *déréliction* et du *projet*. La chute, dont il faut éloigner tout souvenir moral ou théologique, est un mode d'existence du *Dasein* fuyant son existence authentique pour retomber dans la vie quotidienne (*Alltäglichkeit*). Il ne se comprend pas dans sa personnalité authentique, mais en partant des objets qu'il manie : *il est ce qu'il faut*, il se comprend à partir de sa profession, de son rôle social. Le *Dasein* déchu se perd dans les choses et ne connaît d'autre personnalité que l'*on*, le *tout le monde*. Il se comprend – et ce terme signifie toujours : il *est* ses possibilités – dans un optimisme qui masque sa fuite devant l'angoisse, c'est-à-dire devant une compréhension authentique de soi.

L'on retrouve toutes les structures de la compréhension, sous une forme altérée et déchue, chez le *Dasein* tombé dans la « vie quotidienne ». La parole qui, pour Heidegger, se rattache à la compréhension et que le *Dasein* authentique possède sous la modalité du silence – devient la *parlerie* et le *verbiage* introduisant l'équivoque dans l'existence. L'*analytique du Dasein* possède donc une forme parallèle – et une bonne partie de *Sein und Zeit* s'en occupe – l'analytique du *Dasein* déchu et plongé dans la *vie quotidienne*.

Mais le mode d'existence quotidien ne survient pas au *Dasein* de l'extérieur : la déchéance est une possibilité interne de l'existence authentique. Il faut d'autre part que le *Dasein* se possède authentiquement pour pouvoir se perdre. La remarque n'est pas sans importance. La compréhension authentique du *Dasein* se révélera comme conditionnée par le temps authentique et fini. Dès lors la chute dans la vie quotidienne à laquelle, selon Heidegger, se rattache l'apparition du temps des horloges, du temps infini des sciences, et, plus tard, de l'intemporalité elle-même, la chute se présente elle-même comme un événement temporel et du temps authentique : aller

vers l'intemporel et l'éternel, n'est pas se détacher du temps, car à titre de possibilité interne de l'existence authentique, ce mouvement vers l'éternel demeure un mode du temps. Le progrès vers l'éternel que la conscience occidentale croit accomplir avec le point de vue supratemporel des sciences, n'est pas une victoire remportée par l'esprit sur l'existence concrète et temporelle, mais un moment du drame même de cette existence. Ce saut vers l'éternel ne transcende pas ce drame pour donner une nouvelle naissance aux personnages, il ne les transfigure pas par un acte de grâce venu de l'extérieur. Mais à titre d'élément intégrant de l'existence, il est complètement dominé par ce drame. Il est important de
71 souligner cette réduction | au temps, de tout ce qu'on serait tenté de nommer supratemporel, la réduction à l'existence de tout ce qu'on voudra appeler rapport. C'est là l'ontologisme fondamental de Heidegger qu'il nous importe de mettre en relief dans ce travail.

VII

Dans la manière dont Heidegger développe sa pensée, la description du *Dasein* quotidien occupe une très grande place et les multiples pages qui y sont consacrées sont d'une grande beauté, d'une rare perfection d'analyse. Nous nous sommes bornés à de brèves remarques. Mais il nous faut dès maintenant expliquer l'importance que Heidegger leur attribue, car elle tient à l'essence même de son ontologisme.

Nos développements antérieurs nous ont rendu familière l'idée que l'existence de l'homme est comprise de par cette existence elle-même et non pas par un acte de contemplation, s'ajoutant à l'existence. Si la philosophie est une compréhension de l'être et si la compréhension de l'être ne peut se faire que par la compréhension de l'existence qui est le dévoilement de l'être – et si la compréhension de l'existence est une possibilité, de cette existence même – la philosophie ne se fait pas *in abstracto*, mais ne se trouve possible que comme possibilité concrète d'une existence. Faire de la philosophie équivaut donc à un mode fondamental de l'existence du *Dasein*. Mais dès lors la philosophie est une possibilité finie, déterminée par la déréliction, le projet-esquisse et la chute, par la situation concrète de l'existence philosophante. Or, si c'est dans l'état de chute que nous nous comprenons habituellement, toutes les catégories à l'aide desquelles nous nous efforçons à saisir le *Dasein* sont empruntées au monde des choses. La réification de l'homme, l'absence du problème même concernant la signification de la subjectivité du sujet – tout cela ne forme pas une contingente erreur due à la maladresse de tel ou tel philosophe : tout cela vient de la chute, de la situation même du *Dasein* philosophant installé dans la vie quotidienne. Mais c'est aussi pour cela que l'*analytique du Dasein*, appelée à *esquisser la possibilité authentique* de l'existence consiste, avant tout, *à remonter la pente* et, en premier lieu, à éclairer ontologiquement la situation même de la chute où le *Dasein* est initialement plongé. D'ailleurs, cette tendance vers la compréhension authentique de soi-même – c'est-à-dire vers un mode d'existence authentique – ne vient pas d'un scrupule abstrait et intellectuel, mais se manifeste sous forme d'appel qu'entend le *Dasein* déchu et | dispersé **72** dans les choses et qui équivaut pour Heidegger au phénomène originel de « la conscience morale » (*Gewissen*).

Ainsi s'explique l'importance et la nécessité des analyses de « l'existence quotidienne » ; le *Dasein* est d'ores et déjà déchu et la philosophie, en tant que possibilité finie, part de la vie quotidienne. Aussi la *via negationis* que suivent les phénoménologues pour se placer devant le phénomène recherché et pour le décrire n'est-elle pas une contingence de méthode. Elle tient à la structure de la chute, à la parlerie et à l'équivoque qu'elle introduit dans la compréhension.

Nous comprendrons, enfin, que l'analyse de la vie quotidienne à laquelle une si large place est laissée dans *Sein und
Zeit* ne répond pas au souci de justifier devant le sens commun
les « hypothèses » de l'analyse existentiale. Le fait que le
philosophe se sent obligé de partir des notions communes ou
de les rejoindre ne s'explique pas par un simple appel au
principe banal selon lequel toute vérité abstraite doit se
conformer aux faits de l'expérience. La prétendue évidence de
ce principe devient contestable si l'on entend par expérience,
l'expérience vague de notre vie quotidienne. Si néanmoins on
part de celle-ci, c'est que la philosophie dans son fond n'est
pas une connaissance contemplative au sujet de laquelle il y
aurait lieu de se poser des questions de méthode préalablement, mais que, conformément à l'ontologisme de Heidegger,
elle est, dans son essence la plus intime, la possibilité d'une
existence concrète, déjà « embarquée » comme dirait Pascal,
d'ores et déjà déchue, une possibilité finie au sens le plus fort
et le plus tragique de ce terme.

VIII

En résumé, l'existence du *Dasein* consistant à comprendre
l'être, apparue comme « être dans le monde », se précise
comme existence comprenant dans l'état de *déréliction* sa
possibilité fondamentale d'exister; comprenant une possibilité esquissée de par cette existence même, mais d'une
compréhension d'ores et déjà glissée vers les possibilités de la
« vie quotidienne », d'ores et déjà égarée dans les choses.

Quelle est l'unité de sa structure ?

Mais, d'abord, dans quel sens peut-on chercher ici l'unité ?
Les concepts que Heidegger a élaborés pour saisir le *Dasein*
n'en expriment pas la simple essence, comme la « couleur » ou
« l'étendue », traduisent la *quiddité* d'un objet matériel. Car le
propre du *Dasein* consiste à exister de telle manière que sa

quiddité est en même temps sa manière d'être, son essence coïncide avec son existence. L'unité que nous cherchons ne peut pas être un | concept, mais une *manière d'être concrète* **73** où les structures signalées ne sont pas dispersées et perdues de vue, comme cela arrive dans la chute, foncièrement aveugle lorsqu'il s'agit de voir le *Dasein* en tant que tel – mais ramassées et accentuées. Ce sera l'unité du fait même du *Dasein*, mais, encore, une fois, non pas l'unité empirique qu'on connaît de l'extérieur et en contemplant, mais l'unité effectuée intérieurement, l'effectivité du *Da* comprise de par cette effectivité même ; un fait qui ne s'impose pas seulement à l'esprit, mais qui se révèle à une compréhension qui est fait elle-même ; qui comprend dans la mesure où elle est fait et parce qu'elle est fait ; où toute l'effectivité est faite de cette compréhension. Quelle est donc la compréhension hors rang qui saisit le *Dasein* comme fait par excellence et qui à la fois accomplit cette effectivité ?

Cette compréhension est l'angoisse.

Toute compréhension se fait dans une disposition affective. L'affectivité est la marque même de l'engagement du *Dasein* dans son existence, de son effectivité. Ce qui caractérise l'affectivité, c'est une double « intention » : la joie, la peur, la tristesse etc. se dirige sur un objet se trouvant dans le monde, objet de la joie, de la peur, de la tristesse (*Wovor*), mais aussi sur soi-même, sur celui « pour qui » (*Worum*) on est attristé, joyeux ou effrayé. Ce retour sur soi transparaît d'ailleurs dans la forme réfléchie des verbes qui expriment les états affectifs – se réjouir, s'effrayer, s'attrister.

L'angoisse qui présente la même structure, offre cependant une particularité qui la place à part parmi les états affectifs.

Il faut d'abord la distinguer de la peur. Celui « pour qui » on a peur, c'est soi-même, c'est le *Dasein* atteint et menacé dans son « être dans le monde » ; par contre l'objet de la peur,

nous le rencontrons *dans* le monde à titre d'être déterminé. Il
en est autrement de l'angoisse : l'objet angoissant ne se trouve
pas à l'intérieur du monde, comme un «quelque chose de
menaçant», à l'égard duquel il y aurait à prendre tel ou tel
parti. L'objet de l'angoisse reste entièrement indéterminé.
Indétermination n'ayant rien de purement négatif : spécifique
et originale, elle nous révèle une sorte d'indifférence
qu'ont pour le *Dasein* angoissé tous les objets qu'il manie
habituellement. *L'angoisse est une manière d'être où la non-
importance, l'insignifiance, le néant de tous les objets intramondains devient accessible au Dasein.* Cela ne veut pas dire
que l'angoisse nous serve de signe d'insignifiance des choses,
ni que nous déduisions cette insignifiance à partir du fait de
l'angoisse, ni que nous éprouvions l'angoisse, *après avoir
pris connaissance* de cette non-importance des choses. C'est
l'angoisse *elle-même* qui révèle, comprend cette insigni-
74 fiance. | Et, corrélativement, cette insignifiance ne se révèle
pas comme quelque chose d'inoffensif, espèce de négation
théorique et théoriquement concevable; elle est essentiellement angoissante et, par conséquent fait partie du domaine
du *Dasein*, est quelque chose d'humain.

Mais avec les objets «intramondains» sombrés dans le
néant, le *Dasein* angoissé ne perd pas sa constitution
d'être-dans-le-monde. Bien au contraire, l'angoisse ramène
le *Dasein* au monde en tant que monde – à la possibilité d'être
en vue de soi-même – elle ne l'arrache qu'au monde en tant
qu'ensemble des choses, des ustensiles maniables. Dans
l'angoisse le *Dasein* se comprend d'une manière authentique
ramené qu'il est à la possibilité nue de son existence à son
effectivité pure et simple vidée de tout contenu, néant de toute
chose[1]. C'est cette effectivité de l'être-dans-le-monde, du *Da*

---

1. Le néant auquel la philosophie de Parménide à Bergson essayait
vainement d'accéder en le supposant de nature théorique – en tant que
négation théorique de l'être – se trouve essentiellement accessible à
l'angoisse. La négation théorique n'en est qu'une modalité.

pur et simple, qui est l'objet de l'angoisse ce qui menace, le *Wovor*.

L'objet de l'angoisse (le *Wovor*) s'identifie donc avec son « pour qui » (le *Worum*) : c'est *l'être-dans-le-monde*. En faisant disparaître les choses *intra-mondaines* l'angoisse rend impossible la compréhension de soi-même à partir des possibilités ayant trait à ces objets, et elle amène ainsi le *Dasein* à se comprendre à partir de soi-même, elle le ramène à soi-même. L'angoisse, en ramenant l'existence à elle-même, la sauve de sa dispersion dans les choses et lui révèle sa possibilité d'exister d'une manière particulièrement aiguë comme être-dans-le-monde. Elle doit donc constituer la situation où se ramasse en unité la totalité des structures ontologiques du *Dasein*.

Mais l'angoisse est compréhension. Elle comprend d'une manière exceptionnelle la possibilité d'exister authentique. Cette possibilité d'exister, Heidegger la fixe par le terme de *Sorge* – souci. Le souci angoissé doit fournir la condition ontologique de l'unité de la structure du *Dasein*.

En tant qu'angoissé, le souci est une compréhension. Il comprend sa possibilité fondamentale d'être dans le monde. En esquissant cette possibilité, il est au-delà-de-soi. Non pas en rapport avec les objets, mais avec sa propre possibilité d'exister. Le rapport avec l'objet extérieur, sous sa forme initiale de maniement, se trouve lui-même possible grâce à l'anticipation du souci qui est en vue de soi, c'est-à-dire qui est-dans-le-monde.

D'autre part, la possibilité comprise par l'angoisse, l'être dans le monde, se révèle dans l'isolement et l'abandon où le *Dasein* | est livré à cette possibilité. Le souci comprend sa **75** possibilité en tant que possibilité où l'on est *d'ores et déjà jeté*. Le *projet-esquisse* et la *déréliction – l'être-au-delà-de-soi* et *l'être d'ores et déjà dans* sont concrètement réunis dans le souci compris par l'angoisse.

Mais dans l'angoisse, le fait d'avoir d'ores et déjà été dans le monde se rattache étroitement à la chute. Habituellement le *Dasein* ne se comprend pas à partir de soi-même, c'est-à-dire, ne détermine pas ses possibilités à partir du fait nu de sa propre et individuelle existence ici-bas, mais sous forme d'existence quotidienne, il se perd dans les objets du monde et se détermine à partir de ces derniers. Le souci angoissé n'est que le mode d'existence où le *Dasein* sort de sa dispersion et revient à son isolement, à sa possibilité initiale d'être-dans-le-monde. Le phénomène de la chute, en tant que présence du *Dasein* auprès des choses et dont l'angoisse fait sortir, se révèle donc de par cette sortie comme une structure du souci, solidaire des précédentes.

La formule totale exprimant le souci se compose donc de ces trois éléments : être-au-delà de soi – avoir d'ores et déjà été dans le monde – être auprès des choses. Leur unité n'est pas celle d'une proposition qu'on pourrait toujours établir arbitrairement, mais celle du phénomène concret du souci révélé par l'angoisse.

C'est même là un excellent exemple du mode de penser heideggerien. Il ne s'agit pas de réunir des concepts par une synthèse pensée, mais de trouver un mode d'existence qui les comprend, c'est-à-dire qui saisit en existant les possibilités – d'être qu'ils reflètent.

La philosophie intellectualiste – empiriste ou rationaliste – cherchait à connaître l'homme, mais elle s'approchait du concept de l'homme, en laissant de côté l'effectivité de l'existence humaine et le sens de cette effectivité. Les empiristes, tout en parlant des hommes réels, passaient également à côté de cette effectivité : l'intellectualisme ne saurait se trouver que devant le fait. Il lui manque la notion heideggerienne de l'existence et de la compréhension, d'une connaissance qui se fait de par l'existence même. Cette dernière rend possible la fameuse « introspection », mais en est bien distincte, car l'introspection est déjà intellectualiste. Elle contemple un objet distinct d'elle. Heidegger apporte l'idée d'une compréhension dont l'œuvre n'est pas distincte de l'effectuation et de l'effectivité même du fait. Par là il a pu atteindre dans le fait de l'homme non pas l'« étranger », l'objet que révèle l'introspection des psychologues, mais l'existence effective se comprenant de par son effectivité.

C'est cette compréhension de l'existence qu'il a essayé de faire parler. Nous en avons essayé de résumer les premières articulation. | Déjà le fait que les structures étudiées sont des **76** « modes d'exister » et non pas des propriétés, nous fait deviner leur parenté avec le temps qui n'est pas un *étant*, mais l'être. Et, déjà les expressions comme « d'ores et déjà », « au delà de » et « auprès de » – chargées du sens fort qu'elles empruntent au souci – nous laissent entrevoir la racine ontologique de ce qu'on appelle dans la vie quotidienne plongée dans un temps banalisé et « inoffensif » – passé, avenir, présent.

1. La compréhension

Nous sommes habitués à distinguer la connaissance de toutes les autres relations que l'homme entretient avec le réel et avec ses semblables. Le savoir – dont la forme la plus complète est représentée par la connaissance rationnelle, est en fin de compte – j'évoque les thèmes et les termes qui sont si familiers à tout étudiant et à tout ancien étudiant de la Sorbonne – le savoir qui réside dans le jugement, par lequel l'esprit assimile quelque chose qu'il a rendu semblable à lui-même. Intellect et raison, l'esprit a découvert sa destinée véritable dans la pensée mathématique, prototype de tout savoir, royaume des idées claires et distinctes auquel il s'agit d'annexer des régions toujours nouvelles, toujours plus vastes. Cette relation avec l'idée claire et distincte du type mathématique où rien de temporel n'intervient, où nous entrons instantanément, comme une lumière qui se propage, tranche sur toute autre. Le monde physique et psychologique, historique et politique, auquel nous enchaîne la vie extra-rationnelle nous reste à jamais étranger. Il se dresse en face de nous, nous heurte et nous asservit comme un ennemi avec lequel aucune intimité n'est possible. Il n'est jamais notre

1. Cette étude, inédite en français, a été publiée en espagnol dans la revue argentine *Sur*, n° 167, 1948.

patrie. Pour le conquérir il faut transposer sur un autre plan que sur le plan temporel nos relations avec lui et s'élever du premier genre de la connaissance de Spinoza et, même de beaucoup plus bas, au troisième.

On caractérisera le plus nettement la façon même de philosopher de Heidegger et le style de sa pensée, en l'opposant à cette manière bien platonicienne de concevoir l'esprit comme exilé dans le monde. Non pas que Heidegger méconnaisse la place exceptionnelle de l'homme dans le réel. Mais pour lui le contact obscur avec la réalité et avec ses puissances, si hostiles qu'elles soient – le poids du réel sur nous, notre fuite devant lui – tout cela est déjà une intimité avec lui, une compréhension. Nous sommes d'ores et déjà dans un circuit d'intelligence avec le réel. Et rien ne peut y échapper. Toute incompréhension, tout ce qu'on pourrait appeler « le heurt de l'irrationnel » est un mode déficient de la compréhension.

78 | La compréhension rend possible et – chose essentielle – nécessaire l'incompréhension elle-même. Soulignons dès maintenant cette notion de « mode déficient », une des plus caractéristiques de la dialectique heideggerienne et qui tient à son intuition fondamentale du circuit fermé de la compréhension.

La notion de compréhension (*Verstehen*) est le pivot de toute sa philosophie. Quand il la met au fond de toutes nos relations avec le réel, il veut dire plus que l'idéalisme qui réduit le réel à nos représentations. La pure et simple représentation n'est pas encore un gage de compréhension. L'*esse percipi* de Berkeley, ne rend pas la totalité des choses situées dans l'âme plus perméable à l'esprit que leur présence dehors. La relation de contenu à contenant n'est qu'une métaphore spatiale. La compréhension est une façon d'accéder. Qu'on accède aux représentations ou aux choses le problème est le même : qu'est-ce qui rend possible cette accession, cette compréhension ? C'est d'après Heidegger le fait de rapporter l'objet perçu à une esquisse de sa structure que nous dessinons d'avance : les choses sont comprises dans un mouvement de l'esprit qui va, qui se projette vers elles. On retrouve encore semble-t-il, une idée familière : c'est grâce à un schéma *a priori* que nous arrivons à saisir un objet. La perception est toujours basée sur une préperception, vestige de l'activité antérieure, de la pensée.

La nouveauté de l'analyse de Heidegger consiste à préciser la nature de cette esquisse. Elle n'est pas objet à son tour, un contenu quelconque plus vague que les choses, ou abstrait de plusieurs choses ; c'est l'essence de la chose. L'essence c'est la structure par laquelle elle est ce qu'elle est. Toute accession à l'objet – toute connaissance ontique comme Heidegger l'appelle – n'est donc possible qu'à travers la connaissance de l'être de cette chose, la connaissance onto-logique. La connaissance ontologique – la compréhension à proprement parler – n'a pas affaire à un objet mais au projet d'un horizon où la chose apparaîtra.

Mais le moment le plus caractéristique de la conception heideggerienne de la compréhension est ailleurs. L'être de chaque existant qu'est son essence, ne saurait être compris, si nous n'avons pas saisi la signification même du verbe être.

La compréhension de l'être en général, la signification de ce verbe, telle est l'esquisse primordiale d'un horizon où chaque être particulier ou chacune de ses essences, peut poin-ter pour nous. La compréhension de l'être en général, relation qui à première vue semble la plus abstraite, mais qui est aussi la plus familière puisque nous l'avons toujours déjà compris – est la condition suprême de la compréhension des êtres parti-culiers. La condition de toute connaissance est une ontologie une compréhension de | l'être. Considérons ce que je suis, Moi **79** être humain. Tout ce que je fais, tout ce que je pense est une façon de saisir ou peut-être de manquer – manquer est un mode déficient du saisir – les pouvoir-être auxquels je suis voué. Exister pour l'homme est toujours une façon de se rapporter à ses pouvoir-être. «L'homme est un être pour qui dans son existence il y va toujours de cette existence». Ou encore l'homme existe en vue de son existence. Mais que signifie cette relation avec un pouvoir-être? Ce n'est pas la vision des possibilités qui s'offrent avec indifférence à un regard serein et détaché de tout. C'est par le fait même d'exister, en accomplissant notre existence que nous nous rapportons à nos pouvoir-être. D'autre part, le pouvoir-être auquel nous nous rapportons ainsi n'est pas une possibilité d'objet, un germe de chose ou un germe d'acte. C'est un possible qui n'a rien de commun avec la δυναμις aristotéli-cienne : ce n'est pas un moindre être, une forme en puissance. Le saisir ce n'est pas revêtir une forme pour s'achever et se définir. Le saisir c'est tout au contraire se placer devant de nouvelles possibilités d'être. C'est toujours « avoir à être ». La relation avec ses pouvoir-être qui caractérise l'existence humaine est donc le fait d'être exposé à l'aventure de l'être, avoir à la courir. Exister c'est se préoccuper de l'existence, exister c'est se soucier de l'existence. Dans ce souci l'existence humaine esquisse, d'ores et déjà, l'horizon de l'être en général, de l'être verbe, seul en question dans ce souci : elle l'esquisse précisément parce qu'il n'est pas un concept mais ce que nous avons à assumer; il est si j'ose dire un gérondif. Il est proposé : il est essentiellement problème. La relation avec ce qui nous semble le plus abstrait, le plus éloigné de nous – être en général – est aussi la relation la plus intime qui s'accomplit en nous. Nous sommes la question de l'être, nous sommes dans un monde et nous comprenons. Aussi l'intimité de la compréhension dont nous parlions au début prend-elle un sens précis. Son originalité par rapport à l'idée traditionnelle de conscience interne est évidente : la compréhension n'est pas une constatation pure et simple de ce qu'on *est*, constatation capable de mesurer notre pouvoir sur nous-mêmes, cette compréhension c'est le dynamisme même de notre existence, le pouvoir même sur soi. Comprendre a, à la fois, le sens de comprendre et de saisir.

La pensée n'est pas la relation d'un sujet libre et en quelque manière intemporel avec un objet dont il cherche à pénétrer le secret. C'est en existant que nous comprenons l'être. L'ontologie c'est notre existence même. En tant que fait – avec tout ce que ce participe substantifié comporte de passé et de temps – nous nous élançons vers nos pouvoir-être – c'est-à-dire esquissons la condition de toute connaissance. À la place de la conscience de la philosophie traditionnelle, laquelle en tant qu'elle prend | conscience reste sereine et **80** contemplative par rapport au destin et à l'histoire de l'homme concret dont elle prend conscience, Heidegger introduit la notion de la compréhension des pouvoir-être qui *fait ipso facto* ce destin.

Par là aussi la notion du «sens» et du «sens de l'existence» prend une nouvelle signification. S'il est vrai que cette notion est corrélative de celle de la compréhension, si le sens rend possible la compréhension, le sens est ce par quoi nous accédons à nos pouvoir-être, le pont même qui nous permet de franchir les abîmes de notre destinée. Le sens n'est pas un terme de finalité.

Toute cette doctrine de la compréhension n'est pas pour Heidegger une philosophie de l'action opposée à une philosophie de la théorie. Bien que la structure de «l'en vue de» qui la caractérise soit particulièrement visible dans l'acte, la compréhension en tant que manière de saisir nos pouvoir-être n'est pas une praxis. Elle rend possible la pratique comme elle rend possible la théorie. Mais elle est avant. C'est là même l'une des idées essentielles de la philosophie heideggerienne nous semble-t-il : en dehors des relations pratiques, théoriques, émotionnelles que nous pouvons entretenir avec les choses et les personnes, nous entretenons, par le fait même de notre existence, une relation constante avec l'être verbe. S'inscrire dans l'existence, ce n'est pas remplir le temps de nos faits de conscience, de nos pensées, de nos actes et de nos sentiments, c'est accomplir une relation préliminaire, irréductible qu'est l'ontologie. Le verbe exister prend ici en quelque manière un sens actif. On pourrait peut-être dire que toute la philosophie de Heidegger consiste à considérer le verbe exister comme verbe transitif. Et à la description de cette transition – de cette transcendance – est en somme consacrée toute son œuvre.

2. L'ONTOLOGIE ET LE *DASEIN*

Quand on classe la philosophie de Heidegger dans la riche floraison des philosophies dites existentielles qui l'ont précédée ou qui sont issues de lui, Heidegger ressent ce rapprochement comme un reproche. « La question qui me préoccupe, dit-il, n'est pas celle de l'existence de l'homme, c'est celle de l'être dans son ensemble et en tant que tel » [1].

Le problème philosophique fondamental est pour Heidegger ontologique et l'ontologie ne s'occupe que d'une seule question : qu'est-ce qu'être ? L'ontologie cherche à expliciter la compréhension implicite, pré-ontologique comme Heidegger l'appelle, que | nous en avons. Il s'agit de chercher quelque chose que nous possédons déjà. Ne confondons pas cette situation avec la réminiscence du Ménon. Elle a un sens rigoureusement anti-platonicien car il ne s'agit pas d'affirmer la liberté absolue du sujet qui tire tout de lui-même, mais de subordonner toute initiative à la réalisation anticipée de certaines de nos possibilités. Il y a d'ores et déjà de l'accompli en nous, et seul notre engagement à fond dans l'existence nous ouvre les yeux sur les possibilités de l'avenir.

81

1. *Bulletin de la société française de Philosophie*, octobre-décembre 1937, p. 193.

Nous ne commençons jamais, nous ne sommes jamais entièrement neufs devant notre destinée.

Le problème de l'ontologie n'est donc pas quelque chose qui flotte en l'air et vers quoi l'« esprit curieux » du philosophe se tourne à un moment donné. L'homme arrive à se le poser en raison de son existence même, du fait qu'il se trouve d'ores et déjà embarqué dans l'aventure de l'existence. Être pour l'homme c'est toujours avoir à être, saisir ou manquer ses pouvoir-être, c'est comprendre ou se demander : qu'est-ce qu'être ?

C'est là l'unique raison pour laquelle le problème de l'ontologie – le seul qui préoccupe Heidegger – le ramène à la question de l'existence humaine.

L'excellence de l'existence humaine parmi les objets qui nous entourent tient au fait que l'homme existe ontologiquement. Son essence, *Ce* qu'il est, sa quiddité, consiste à exister. Aussi Heidegger l'appelle *Dasein* et non pas *Daseiendes*. Toute traduction de ce terme masquerait ce caractère amphibique du verbe substantif auquel l'adjonction de la particule *Da* est d'ailleurs essentielle, comme nous le verrons plus loin. Nous le transcrivons donc purement et simplement.

Si l'essence du *Dasein* consiste à exister, ses états psychologiques sont des manières de se rapporter à des pouvoir-être. Ils sont des manières d'exister, ils répondent à la question comment, ils sont comme des adverbes qui s'appliquent au verbe transitif exister. Ils seront donc toujours analysés comme des façons de comprendre l'existence et à la fois comme les actes par lesquels s'accomplit l'existence. Il ne faut jamais oublier cette ambiguïté. Sans elle toutes les analyses de Heidegger ne seraient qu'une scolastique indigeste. Heidegger les appelle *existentiaux* et il les oppose aux catégories qui sont toujours de l'ordre de la chose simplement présente, distincte du *Dasein*.

Dès lors le plan dans lequel se poursuivent les analyses de l'analytique existentiale est clairement défini. Il s'agit de décrire l'existence humaine en tant que cette existence est une compréhension ou, si l'on veut, la question de l'être. L'analyse du *Dasein* ne saurait jamais avoir le style qui convient à la description d'un simple étant. Elle se meut dans une dimension ontologique.

82 | Mais à la fois verbe et substantif, l'homme n'en est pas moins un substantif. Il l'est le plus souvent. Sa vocation essentielle à exister lui est masquée. Il existe inauthentiquement. On est un être entre autres êtres avec lesquels on est au milieu des choses qui nous servent et qui nous sollicitent, au milieu desquelles on oublie ou on perd ou on fuit sa destinée d'existence. On s'interprète le plus souvent soi-même en partant de cet univers d'objets. L'homme tel qu'il est le plus souvent, l'homme de la vie courante – est Monsieur tout le monde, l'homme en général, le « on » qui se voit en quelque manière du dehors. Il ne se pose pas dans la relation la plus familière, la plus sienne, la plus intime – entre lui et l'existence qu'il doit exister. L'analyse du *Dasein* peut-elle encore être guidée par l'intérêt ontologique quand elle l'aborde dans la banalité quotidienne ? Oui. Elle est à son tour un mode d'existence du *Dasein* – c'est-à-dire une manière d'assumer la possibilité d'exister – une manière de comprendre et de saisir le pouvoir être.

En fuyant l'existence authentique vers ce que nous sommes « d'abord et le plus souvent » nous ne quittons donc pas cette existence authentique. La possibilité de fuite caractérise positivement le rapport entre l'homme et son existence. Il n'y a pas de fuite du cercle de l'existence authentique auquel tout se réfère. Si nous partons toujours de ce « d'abord et le plus souvent » le seul que l'on puisse décrire à proprement parler, nous chercherons dans l'analyse du *Dasein* la condition ontologique de la banalité quotidienne.

Mais pour cela il nous faudra accéder à une espèce de construction, accomplir comme un saut. Mais ce saut n'est pas une espèce d'hypothèse intellectuelle, il est à son tour un événement de l'existence – le passage à la manière d'exister authentique. Ce saut – cette transcendance – et Heidegger réserve précisément le mot de transcendance à ce passage de la compréhension de l'étant ou vérité ontique à la compréhension de l'être ou vérité ontologique – constitue essentiellement l'existence humaine. L'existence se caractérise essentiellement par la transcendance.

Si l'ontologie ou la philosophie consiste à comprendre l'être au lieu de comprendre l'étant – la transcendance définit la philosophie. Philosopher c'est transcender. Mais d'autre part, exister c'est transcender. Exister c'est philosopher. Le lien entre l'existence et la philosophie est donc des plus étroits. On ne peut plus dire *primum vivere*... La philosophie est la condition de la vie, elle en est l'événement le plus intime.

| 3. ONTOLOGIE ET SOUCI 83

Comment s'accomplit cette transcendance? Le *Dasein* existe à dessein de son existence, c'est-à-dire qu'il la comprend. Cet « à dessein de son existence » est caractérisé par le mot souci. Le *Dasein* assume son existence en en prenant souci. Le phénomène du souci se caractérise par trois moments. Le *Dasein* n'assume pas son existence en la commençant. Il s'y rapporte de telle manière qu'il y a d'ores et déjà existé. Cette manière de se comprendre, Heidegger la caractérise par le mot *Geworfenheit* (déréliction). Le *Dasein* a d'ores et déjà saisi et réalisé certaines de ses possibilités. Il est déjà là. Le *Da* du *Dasein* est le caractère fondamental de son existence. Existant en vue de son existence, le *Dasein* est d'ores et déjà dans un monde. Il est l'être-dans le monde – (*Das In-der-Welt-Sein*). Cette formule n'indique pas le simple fait que nous sommes toujours à l'intérieur du monde. Elle caractérise la manière dont nous nous inscrivons dans l'être c'est-à-dire dont nous comprenons l'existence. C'est une formule ontologique. C'est parce que nous la comprenons au milieu des possibilités d'ores et déjà saisies que nous pouvons effectivement être dans le monde. La compréhension à partir d'un monde dont nous parlions plus haut est commandé par la manière même dont le *Dasein* assume l'être.

La *Geworfenheit* est un existential, une façon de saisir les possibilités d'exister. Saisir la possibilité d'exister, exister en vue d'un possible tel est le deuxième moment du souci. Dans une existence qui a d'ores et déjà été, nous saisissons quelque chose qui n'est que possible. L'existence – jetée dans l'existence comprend cette existence comme une possibilité qu'elle saisit. Assumer l'existence dans la *Geworfenheit*, c'est en même temps se projeter pour saisir une possibilité. Le projet – l'*Entwurf* est un deuxième moment du souci. C'est encore un existential c'est-à-dire une manière d'exister. La compréhension – *Das Verstehen* – à laquelle Heidegger rattache le phénomène du discours, silence ou parole est elle-même un mode d'existence du *Dasein*. *Geworfenheit* et *Entwurf* ne sont pas d'ailleurs des moments successifs ou deux modes distincts de l'existence – ils caractérisent à la fois l'assomption de l'existence. Le projet est toujours projet d'un être jeté dans l'existence – il est *geworfener Entwurf*. L'unité de ces existentiaux est attestée par nos dispositions affectives. L'existence est toujours disposée d'une certaine manière, elle est triste, joyeuse, apathique, etc. L'indifférence elle-même n'est qu'un mode déficient de l'affectivité. Mais l'affectivité

84 n'est pas un simple état : elle est une manière | d'exister, c'est-à-dire de se rapporter à l'être. Il y a en elle la marque de la compréhension d'un être qui n'arrive à l'être qu'après avoir d'ores et déjà été, qui se trouve à l'intérieur du cercle de l'existence déjà disposé d'une certaine manière.

Mais la possibilité de la chute dans la banalité quotidienne et de l'interprétation de soi à partir du monde, est également rendu possible par la compréhension authentique de l'être dont nous venons d'analyser les structures. C'est l'« en vue de » caractérisé comme *Geworfenheit* qui constitue l'ouverture du *Dasein* sur un monde. Dans son mode d'existence le plus authentique il n'existe qu'en vue de soi – il s'est ramassé en quelque manière en excluant de la compréhension soucieuse de son existence tout ce qui n'est pas son existence. Mais cette exclusion désespérée n'est possible que parce que d'ores et déjà le *Dasein* a été dans le monde.

La notion ontologique du monde n'est pas la somme des objets et des hommes existants – car ces objets et ces hommes nous sollicitent à partir d'un monde où ils se trouvent toujours – mais un existential – un mode d'existence du *Dasein*, une projection du *Dasein* qui comprend ses possibilités de l'existence, une esquisse par rapport à laquelle les choses et les hommes entrent dans sa sphère d'existence. Ils sont revêtus constamment de cet indice de l'« en vue de » à travers lequel nous accédons à eux. Ce sont avant tout des ustensiles : des objets à la portée de la main, le maniable (*Zuhandenheit*) ; mais d'ores et déjà présent dans un monde, le *Dasein* peut saisir la possibilité d'y exister de différentes manières aussi bien en se ramassant et en sortant du monde qu'en s'y perdant. Cette possibilité de comprendre le monde en s'y perdant, d'exister en vue de soi de telle manière qu'il existe en vue de choses et qu'il s'y voit soi-même comme une chose entre choses, qu'il conçoit son soi-même comme un « on » comme un « tout le monde » cette possibilité de chute dans la vie quotidienne dans laquelle nous nous tenons d'abord et le plus souvent, Heidegger l'appelle le *Verfall* ou la chute. *Geworfenheit*, *Entwurf*, *Verfall* – tels sont les existentiaux fondamentaux du *Dasein*. Le *Dasein* comprend son existence

comme une possibilité projetée dans une disposition affective
où s'esquisse déjà sa chute dans le monde des objets.

Une disposition affective exceptionnelle – l'angoisse –
nous découvre la situation où cette triple structure du souci est
comprise et saisie dans son unité. Comme toute disposition
affective, elle est une compréhension. Mais ce qu'elle
comprend n'est pas un objet se trouvant dans le monde. On est
angoissé de rien. Ce rien est si l'on peut dire précis. C'est le
néant du monde. Dans l'angoisse la non importance, l'insigni-
85 fiance, le néant de tous les objets intramondains | devient
accessible au *Dasein*. L'inquiétude de l'angoisse tient précisément au néant de toute chose qui ramène le *Dasein* à lui-
même, à exister en vue de soi dans ce néant, à la possibilité nue
de son existence, livrée à elle-même. Compréhension de ses
possibilités d'existence, l'angoisse est projet *Entwurf*,
ramenée à l'« en vue de » fondamental ; elle est la possibilité
d'être dans le monde, elle y est en quelque façon en en
revenant ; livrée à elle-même, sa possibilité d'exister est une
possibilité à laquelle elle est d'ores et déjà vouée. C'est
l'angoisse qui nous découvre donc le souci dans l'unité de ses
structures. L'existence du *Dasein* – c'est-à-dire la façon dont
le *Dasein* se rapporte à son être s'accomplit dans le souci
angoissé.

4. LA MORT ET LE TEMPS

Mais l'analyse du *Dasein* en tant que souci avec sa
triple structure d'être devant soi (*Entwurf*), d'ores et déjà
(*Geworfenheit*) dans le monde et auprès de choses (la chute)
ne caractérise pas la totalité de l'existence du *Dasein*. Car
être en s'élançant en avant suppose un horizon infini de
possibilités d'exister. Il ne définit donc pas suffisamment la
nature du projet, s'il est vrai par ailleurs que l'existence
humaine est limitée dans ses possibilités. Dans sa manière

même de saisir ses possibilités d'existence ce caractère mortel de l'homme n'est-il pas reflété ?

La thèse de Heidegger consiste à soutenir que loin de s'ajouter du dehors au *Dasein* compris comme souci, la mort en est la condition même. En effet que signifie que l'existence se rapporte à ses pouvoir-être, que signifie se rapporter à une possibilité ? Dans la vie quotidienne – nous sommes constamment en relation avec les entreprises possibles. La relation consiste à les réaliser. C'est-à-dire à détruire la possibilité même du possible pour en faire une réalité. La relation ontologique de l'existence avec sa possibilité d'exister ne saurait donc avoir cette structure, si toutefois exister c'est comprendre le possible en tant que possible et si exister un possible n'est pas la même chose que le rendre réel. Quel est donc le comportement à l'égard du possible en tant que possible ? Heidegger le fixe par le terme de « s'élancer vers le possible ». Mais l'approche du but que l'élan comporte, est-ce autre chose que la réalisation ? Oui. À condition que lors de cette approche le possible demeure de plus en plus éloigné de la réalisation. Or une telle possibilité c'est la mort ; elle n'est que la possibilité de l'impossibilité même de l'existence. La mort en tant que possibilité ne donne « à la réalité humaine rien à réaliser, rien qu'il puisse être en tant que quelque chose de réel ». Si l'existence est | donc un comportement à l'égard **86** de la possibilité de l'existence, elle ne peut être qu'un être pour la mort.

« L'être pour la mort, en tant qu'il veut dire *s'élancer d'avance dans la possibilité* est ce qui tout d'abord rend possible la possibilité et ce qui la dégage comme telle ». (*S.U.Z.*, p. 262). La finitude de l'existence humaine est donc la condition de cette existence. L'analyse préliminaire de cette existence comme souci toute dominée par la notion de la compréhension soucieuse de notre possibilité d'existence dans le projet-esquisse, la déréliction et la présence dans le monde auprès des choses et de nos semblables s'explique dans sa structure de possibilité par le néant de toute son entreprise. L'existence est une aventure de sa propre impossibilité.

Propositions ontologiques. Elles ne décrivent pas la manière dont l'homme se comporte en pensant à sa fin. Elles caractérisent la manière dont il assume son existence. Il est pour la mort à chaque moment de son existence non pas par la pensée mais par l'accomplissement de son existence qui réside dans la compréhension de l'existence. Le souci dont nous avons esquissé plus haut la structure n'est possible que comme être pour la mort. Possibilité extrême du *Dasein*, l'être pour la mort est sa possibilité la plus propre ; la plus sienne. Celle pour laquelle il n'y a pas de remplacement, pas d'*Ersatz*, la plus authentique par conséquent. Le *Dasein* arraché à la vie impersonnelle de la banalité s'y comprend à partir de lui-même. Être pour la mort est la condition du soi-même, de l'ipséité qui caractérise le *Dasein*. Le moi n'est pas un sujet de l'idéalisme classique, il est rendu possible par la structure de l'existence qui, s'élançant vers sa mort – possibilité absolument sienne de ne pas être – esquisse les conditions de sa personne. « La mort n'appartient pas seulement indifféremment à chaque *Dasein*, elle le met en cause en tant que solitude (esseulé) ».

L'angoisse, compréhension de l'unité des structures de *Dasein*, est aussi l'être pour la mort. Elle est l'élancement même vers la possibilité du néant. En elle le *Dasein* se comprend à partir de lui-même et par conséquent est libre. Mais sa liberté est une liberté pour la mort. La mort seule rend possible sa liberté ou son authenticité.

Mais comment l'existence pour la mort est-elle saisie comme un pouvoir-être, c'est-à-dire comment la comprenons-nous ? Qu'est-ce qui la rend possible pour l'existence humaine ? Autrement dit quel est son sens ?

L'élan anticipé vers la mort, la compréhension décidée de ce pouvoir-être exceptionnel suppose que le *Dasein* peut en venir à soi-même en tant que cette possibilité et qu'il peut y demeurer, | c'est-à-dire exister. Cette manière d'en arriver, **87** d'en venir à soi, c'est l'avenir. Avenir non pas en tant que moment qui ne s'est pas encore réalisé – ce qui serait quitter la dimension ontologique où l'étant se rapporte à l'être pour se placer dans le plan ontique d'un écoulement d'instants. L'avenir est ici la condition de la relation avec la possibilité. Le *Dasein* ne serait pas un pouvoir-être s'il n'était pas d'ores et déjà avenir.

Mais dans la mesure où le *Dasein* a d'ores et déjà été son avenir – où il s'est d'ores et déjà engagé dans l'existence, c'est-à-dire dans une relation avec son pouvoir-être – il est un avenir qui se retourne en quelque manière en arrière, qui revient sur ses pas. Dans sa projection vers l'avenir, le *Dasein* assume un passé. Le phénomène du passé rend précisément possible la déréliction – la *Geworfenheit*. Par « l'avoir été » la possibilité d'exister est une possibilité d'ores et déjà assumée. Mais c'est par l'avenir que le *Dasein* la découvre.

Enfin en accomplissant le retour en arrière grâce à l'avenir, le *Dasein* existe le plus authentiquement son *Da*. Arraché à sa déperdition dans le monde qui lui reste ouvert il se ramasse dans l'instant. L'avenir qui revient en arrière permet donc au présent de se faire par la présentation du monde. C'est le phénomène originel du présent.

Cet avenir rendant possible l'avoir été et la présentation – Heidegger l'appelle le temps originel. Avenir, passé, présent, les trois moments qu'il inclut sont originels au même titre, mais l'analyse fait ressortir un certain primat de l'avenir. Et ce primat de l'avenir signifie que, malgré la déréliction et la facticité de l'existence humaine, qui laissent apparaître dans cette existence une limite au pouvoir et à la liberté; malgré la facticité et la déréliction qui décrivent une situation totalement ignorée de l'idéalisme – ne subordonnait-il pas à la conscience l'être assumé dans sa totalité? – le sujet ne coïncidait-il pas pour lui avec l'origine de l'être? – C'est l'extase de l'avenir, elle-même inscription dans le néant mais source de tout pouvoir humain, qui conditionne le passé de la facticité. Et par là, dans une certaine mesure, le thème de l'idéalisme en tant que philosophie du pouvoir sur l'être, est maintenu.

Le temps originel rend compte de l'élan vers l'avenir, du retour sur le passé de la sortie vers les choses. Il est le phénomène essentiel du dehors. Il est l'extase par excellence. Ce n'est donc pas le rapport entre sujet et objet qui recèle le secret de la transcendance. L'extase de l'avenir rend possible la relation avec l'objet.

Le temps originel a été développé à partir du souci dont il est le sens qu'il permet à la fois de comprendre et de saisir. L'esquisse de la compréhension de l'être c'est le temps 88 originel lui-même. | Mais par là nous arrivons à entrevoir la dimension où se situe le temps originel de Heidegger.

Il existe une relation entre l'étant et l'être et cette relation l'étant l'accomplit par son existence grâce au temps originel. Le temps originel n'est donc pas à son tour une espèce d'existence ou une forme d'existant – il est le mouvement même, le dynamisme (le mot est ici proprement employé) de cette relation d'étant à être. Voilà pourquoi Heidegger ne dit pas de lui qu'il est, mais qu'il se temporalise. Le temps originel ne s'étale pas entre objets ou entre moments psychologiques, mais entre l'homme et son existence entre l'étant et l'être. Exister pour l'être n'est certes pas un acte ou une pensée mais c'est un élan qui s'accomplit dans la dimension du temps originel. On pourrait dire que le temps c'est l'élan par lequel l'homme s'inscrit dans l'être, par lequel il l'assume. Il ne se trouve pas sur le plan d'une durée où nous passons d'un moment à l'autre et encore moins sur celui qui mène de l'instant vers l'éternité; dans le fait d'exister Heidegger perçoit une tension intérieure : le souci que l'existant prend de l'existence à laquelle il est voué et qu'il assume. C'est cette tension qu'est la temporalisation.

Se temporaliser à partir de l'avenir, est le propre de l'existence authentique de l'être pour la mort. Mais comme l'existence authentique le temps originel est la condition ontologique de l'existence quotidienne. La vie quotidienne et son temps – astronomique ou concret – ne peuvent donc être accessibles au *Dasein* que grâce à un nouveau mode de temporalisation. Ils découleront d'une façon bien déterminée d'exister, c'est-à-dire de comprendre l'existence, c'est-à-dire encore de se temporaliser. Nous n'en entreprendrons ici ni l'analyse ni la déduction.

Enfin l'analyse du temps tirée de l'être pour la mort aboutit à la thèse que le temps est fini. L'infini du temps des horloges n'est qu'un mode de la temporalisation du temps originel qui est fini. Seulement la finitude a ici un sens nouveau. Il ne s'agit pas de la finitude d'un *continuum*, la finitude ontologique n'a aucune signification quantitative. Elle signifie en somme qu'en nous inscrivant dans l'être nous nous inscrivons dans le néant. La finitude est sur le plan de la relation de l'être que nous sommes à l'être verbe. C'est la finitude qui est la condition de notre transcendance. Une fois pour toutes Heidegger abandonne la théorie de Timée d'après laquelle le temps est une image mouvante de l'éternité immobile et qui commandait la philosophie occidentale depuis les éléates. En aucune façon le temps de Heidegger ne se réfère à l'éternel.

La philosophie de Heidegger à la fois renoue avec la grande tradition de l'antiquité en posant le problème de l'être en général | et répond à la préoccupation de la pensée moderne **89** de rendre à la personne la maîtrise de son destin. Mais dans l'idéalisme occidental la souveraineté du moi n'a jamais été séparable du prestige du Transcendant, qu'il soit Dieu ou qu'il soit simplement l'éternel mais toujours un Existant. Dans une philosophie comme celle de Léon Brunschvicg qui se présente comme une philosophie de l'immanence, l'universalité du rationnel mathématique établit un ordre suprapersonnel où l'entreprise de la liberté personnelle trouve une assurance et qui tend un filet invisible sous le saut périlleux de la raison. À travers l'instant immobile elle communique avec l'éternel. C'est d'ailleurs le sort de toute philosophie qui déduit le sujet à partir de la pensée comme le *cogito* cartésien procédant du doute. Dans son aspiration à la vérité ontique toute pensée est une fenêtre sur l'éternel. En posant le problème de l'ontologie où à juste titre Heidegger voit l'essentiel de son œuvre il a subordonné la vérité ontique, celle qui se dirige sur l'autre, à la question ontologique qui se pose au sein du Même, de ce soi-même qui, par son existence a une relation avec l'être qui est son être. Cette relation avec l'être est l'intériorité originelle véritable. La philosophie de Heidegger est donc une tentative de poser la personne en tant que lieu où s'accomplit la compréhension de l'être en renonçant à tout appui dans l'éternel. Dans le temps originel, ou dans l'être pour la mort, condition de tout être, elle découvre le néant sur lequel elle repose, ce qui signifie aussi qu'elle repose sur rien d'autre que sur soi.

Royauté qui tient à notre indigence ; elle est sans triomphe et sans récompense. Par là, l'ontologie de Heidegger rend ses accents les plus tragiques et devient le témoignage d'une époque et d'un monde qu'il sera peut-être possible de dépasser demain.

Il existe une façon, rassurante pour le sens commun, de présenter la phénoménologie comme une botanique de l'esprit. La spéculation traditionnelle aurait brûlé les étapes de la recherche, sans décrire, sans classer, sans fixer les notions. L'invitation à une description systématique et patiente, mais préalable, un « retour aux choses elles-mêmes » constituerait l'apport incontesté de la phénoménologie, utile aux positivistes et aux métaphysiciens, point de départ nécessaire de tout idéalisme comme de tout réalisme, qui, pour beaucoup d'esprits, demeurent comme les coordonnées de la pensée.

Un précepte de bon sens, pratiqué, en réalité, par tous les philosophes du passé dignes de ce nom, explique-t-il l'impression de nouveauté que l'on ressent dès le premier contact avec la phénoménologie et les doctrines qui en procèdent ? Une simple méthode peut-elle tenir lieu de philosophie ? – Nous ne le pensons pas. Mais il ne serait pas sans intérêt de montrer comment une méthode renvoie à une philosophie ; comment celle-ci se trouve impliquée dans le « style » même de la recherche phénoménologique et jusque dans ses procédés. La fluctuation des thèses particulières ou leur évolution qui tentent l'historien prématuré, ne gêneront pas ainsi la vision claire du mouvement et de sa destination.

I

Sur la description, les phénoménologues ont mis l'accent.
La polémique contre le psychologisme, dans la première
partie des *Logische Untersuchungen* a épuisé les dernières
ressources de l'argumentation phénoménologique. La lecture
relativement facile du livre s'explique par son effort de mettre
des arguments en forme, de démontrer et de déduire
pour réfuter. C'est à partir du deuxième volume (à l'exception de l'*Untersuchung II*, d'allure encore polémique) que
la méthode prit sa forme caractéristique et divorça avec le
raisonnement. Les « parce que » se contentent d'établir la
primauté d'un phénomène par rapport à un autre, de décrire
l'ordre des phénomènes. Ils n'élèvent jamais au-dessus du
phénomène. « Parce que » la synthèse de la perception sensible ne s'achève jamais, l'existence du monde extérieure est
92 relative | et incertaine. L'argument n'aboutit pas à une thèse
ayant une signification indépendante de la description qu'elle
résume. La relativité et l'incertitude du monde extérieur ne
signifient rien d'autre que le caractère inachevé de la synthèse de la perception sensible. L'idéal d'existence absolue
par rapport auquel l'existence du monde se pose comme
relative est, à son tour, emprunté à la description de l'*adaequatio rei ad intellectus* dans l'accomplissement (*Erfüllung*)
de l'intention par une intuition, et à la description de la
perception interne de la réflexion. La conclusion résume. Elle
n'aboutit pas comme dans les preuves scolastiques et cartésiennes – ou même comme chez Kant, dans la *Réfutation de
l'idéalisme*, par exemple – par la combinaison d'un principe
rationnel et du donné, à une vérité supérieure. Pas même à une
intuition au sens bergsonien qui va au delà de la description
vers une vérité pressentie d'abord au contact des faits et
exprimée par la célèbre formule « tout se passe comme si »
avant qu'elle ne devienne donnée immédiate de la conscience
dans un instant exceptionnel. L'intuition bergsonienne

conserve un caractère de privilège, demeure quelque chose de mystique, une possibilité de transcender la condition humaine. Dans la phénoménologie, par delà le « retour aux choses », il y a le refus de jamais s'en détacher. Non seulement « zu den Sachen selbst », mais aussi « nie von den Sachen weg ».

Il serait facile de montrer dans toutes les analyses husserliennes cette façon pour chaque évidence de traîner derrière elle toutes les évidences dont elle est issue, de s'en alourdir. L'intuition des essences est foncièrement liée aux intuitions sensibles, tout comme l'« intuition catégoriale »; l'objet de la science ne nous introduit pas dans une sphère supérieure, dans une réalité vraie où la raison respirerait un autre air; il reste attaché aux perceptions sensibles qui permirent sa construction, reste inintelligible sans elles, s'expose aux paradoxes et au non-sens et aux crises de la science. La phénoménologie tout entière semble destinée précisément à retrouver dans ces évidences flottantes, toutes les évidences oubliées qui les soutiennent.

Dans la philosophie classique, l'analyse de la connaissance aboutissait à la description des limites de cette connaissance, mais s'expliquait par la nostalgie d'une connaissance absolue. L'idée du parfait donnée au philosophe permettait la description de la finitude. La description phénoménologique cherche la signification du fini, dans le fini lui-même, de sorte que les imperfections de la connaissance au lieu de passer à côté de l'objet visé, le définissent précisément. D'où le style particulier de la description. Chaque fois que la philosophie classique insiste sur l'imperfection d'un phénomène de connaissance, la phénoménologie | ne se contente pas de la **93** négation incluse dans cette imperfection, mais pose cette négation comme constitutive du phénomène. Si le sentiment est un fait obscur ou confus de la vie psychologique, la description phénoménologique prendra cette obscurité ou

cette confusion pour une caractéristique positive du sentiment : il n'est pas obscur par rapport à un idéal de clarté ;
l'obscurité, au contraire, le constitue en tant que sentiment. Si
le souvenir est toujours modifié par le présent où il revient et
par le savoir que nous avons de ce qui avait été encore avenir
au moment où le souvenir se fixait, mais qui dans le présent où
il est évoqué est déjà passé – la phénoménologie ne parlera pas
d'un souvenir faussé, mais fera de cette altération la nature
essentielle du souvenir. « Même pour Dieu » – c'est-à-dire
même pour un sujet de connaissance qui ne serait pas embar-
rassé par les défauts empiriques et contingents de l'homme.
Si l'angoisse n'a pas d'objet, cette absence d'objet, ce néant
– devient la détermination positive de l'angoisse en tant
qu'« expérience » privilégiée du néant.

II

Une distinction capitale s'impose quand on aborde
la méthode de Heidegger. Il faut y insister pour éviter
la confusion courante entre la philosophie de Heidegger
et l'anthropologisme philosophique ou philosophie de
l'existence qui n'en représente qu'un aspect. Confusion
d'autant plus répandue que seul ce dernier aspect de l'œuvre
heideggerienne a jusqu'à présent exercé une influence
dominante sur la spéculation contemporaine et en particulier,
sur l'existentialisme français.

La philosophie de Heidegger ne s'occupe pas de l'homme
pour lui-même. Elle s'intéresse initialement à l'être. Il s'agit,
d'ailleurs, comme tout le monde le sait maintenant, non pas
d'un *étant*, même absolu, avec lequel la tradition philosophique confondait l'être, mais de l'être verbe, de l'être-*Sein*
et non pas de l'être-*Seiendes*. Or, la question « qu'est-ce
qu'être ? » a une condition : la possibilité même pour l'être de
se révéler, de se dévoiler. Ce dévoilement originel de l'être

condition de tout rapport avec lui est la vérité de l'être. La
vérité n'est donc pas, pour Heidegger, quelque chose qui
s'ajoute à l'être du dehors, du fait de l'homme, mais un
événement de l'être. L'existence humaine ou le *Dasein* en tant
que transcendance ou extase accomplit la vérité. C'est donc
parce qu'il y a vérité qu'il y a pensée et que l'homme se place
au cœur du problème philosophique. La situation, sur ce point
du moins, fait penser à Platon : « n'est-ce pas une même
nécessité qui veut que si les choses (les idées) existent, nos
âmes existent aussi… et que si elles n'existent pas, nos âmes
non plus » | (*Phédon*, 76e). La vérité, contemporaine de l'être, **94**
ne résulte pas d'un rapport entre un esprit et un monde.

Sein und Zeit qui développe cette corrélation nécessaire
entre l'être et l'intelligence de l'être, se désintéresse donc
initialement d'anthropologie. Elle recherche les conditions
de la pensée, la vérité comme conditions de la pensée.
L'existence humaine n'apparaît que dans cette perspective. Il
ne s'agit pas de décrire la nature humaine, la conscience ou le
sujet, mais l'événement ontologique de la vérité qu'est
l'homme. Les particularités de l'analyse dépendent de cette
perspective.

Mais *Sein und Zeit* est également une anthropologie. Parce
que la compréhension de l'être qui s'accomplit dans le *Dasein*
n'a pas la structure d'une pensée théorétique. Non pas que la
pensée ne suffise point à la tâche et qu'il faille la compléter par
cette vie pathétique, émotionnelle et angoissée que tant
d'auteurs dénomment existence. Si la pensée n'atteint pas à
l'intelligence de l'être, c'est qu'elle tend à un objet, aboutit à
un quelque chose, à un étant ; alors que l'intelligence de l'être
devrait entretenir une relation avec l'être de l'étant dont on ne
saurait dire qu'à son tour, il est et qui, dans ce sens, est néant.
Existence opposée à pensée – signifie précisément cette
intelligence de l'être de l'étant. Dans la mesure, cependant, où
penser un étant suppose l'intelligence de l'être de l'étant,

toute pensée suppose existence. Comment s'accomplit l'existence ou l'intelligence de l'être que la pensée suppose ? La méthode phénoménologique que Heidegger emprunte à Husserl permet de l'articuler. C'est que déjà chez Husserl se trouvent réunies les données essentielles qui orientent la philosophie vers la notion de l'existence.

III

Dans la phénoménologie de Heidegger la méthode, de prime abord, semble mener plus loin que chez Husserl. Heidegger a employé un jour le terme hardi de « construction phénoménologique ». Par là il semble aller au delà de la simple description. Lorsque la notion du souci en effet apparaît comme condition de l'*être-dans-le-monde*, lorsque le temps apparaît comme condition du souci, nous assistons avec ce recul à partir du conditionné vers la condition, comme à un raisonnement. Toutefois le trait caractéristique d'une telle déduction réside en ce qu'elle n'est jamais l'application de la raison à des données. Le passage demeure un événement concret de l'existence humaine. La déduction philosophique ne devient jamais un événement intellectuel se produisant au dessus de l'existence ; elle ressemble plutôt à un événement 95 historique qui n'abolit aucune de ses attaches avec | les événements sur lesquels il tranche. Situation totalement opposée à celle qu'entrevoit le Phédon où le philosophe meurt pour le corps, renonce à une partie de son humanité. La marche de l'existence inauthentique de Heidegger vers l'existence authentique – qui équivaut à l'élévation philosophique, à l'œuvre même de la philosophie – s'accomplit par cette existence inauthentique elle-même ; et le retour à l'existence authentique conserve tous les possibles de la chute qui marquent invariablement l'élévation elle-même.

La possibilité de la philosophie reste intimement liée avec son impossibilité et son échec. Elle ne constitue pas seulement l'impasse où aurait abouti – d'après l'article de M. Koyré dans *Critique*, n° 1 et 2 – la conception heideggerienne de la vérité, cette contradiction souligne l'originalité fondamentale de l'esprit phénoménologique. Déjà, chez Husserl, méfiant à l'égard de la prétendue fonction libératrice de la raison déductive – la libération venait de la réduction phénoméno-logique en tant que pouvoir de réflexion totale. Chez Heidegger l'homme ne possède aucun instrument qui puisse le faire sortir de sa condition. En aucune façon la raison ne saurait assumer cette fonction. L'homme ne rencontre pas en lui-même le point absolu d'où il dominerait la totalité de sa condition, d'où il pourrait se considérer du dehors, où du moins il pourrait, comme Husserl, coïncider avec sa propre origine. Remonter vers la condition, est encore l'œuvre d'un être conditionné et non point d'un être mort pour quelque chose et allégé de ses chaînes comme chez Platon. Comme on ne peut, chez Husserl, séparer aucune notion de sa description ni de sa genèse, aucune démarche de la pensée, chez Heidegger, ne se détache de la condition humaine. D'où une première possibilité de situer la phénoménologie par rapport à l'idéalisme et au réalisme, à condition de séparer ces notions de leur signification scolaire.

En affirmant que le monde extérieur n'existe que pour la pensée, l'idéalisme n'a certes pas voulu contester les données de notre expérience quotidienne, mais seulement en découvrir la signification. Il refuse toute commune mesure entre l'esprit et les choses : l'esprit s'affirme comme point de repère de toute réalité laquelle dans la plus brutale de ses apparitions répond à des questions ; questions inexprimées, mais que l'analyse transcendantale dégage sous le nom de conditions ou de formes *a priori* de la connaissance. En affirmant l'antériorité de l'esprit par rapport aux choses, l'idéalisme est, en fin de compte, une doctrine de la dignité humaine.

Mais cette dignité, en vertu de laquelle l'homme ne saurait prendre rang parmi les choses – quelles que soient les relations qui l'y rattachent – se définit par la raison. La raison y joue un 96 | rôle central non seulement comme moyen de satisfaire la curiosité humaine et de fournir des garanties de certitude, mais comme le pouvoir de situer l'homme, en quelque manière, hors de soi. Si le réalisme affirme l'extériorité du monde par rapport à l'homme, on pourrait dire que l'idéalisme affirme l'extériorité de l'homme par rapport à soi. Aussi l'idéalisme est-il nécessairement poussé à chercher dans la pensée scientifique la relation authentique de l'esprit avec l'être, car la science sauvegarde l'extériorité absolue de l'homme par rapport à lui-même. Le savant se met en effet en dehors de la réalité qu'il étudie. À l'égard de ce qui est le plus intimement lié à lui-même, comme son corps ou ses passions, il adopte l'attitude de l'homme qui regarde, qui ne s'engage pas dans les événements sur lesquels il porte ses yeux. Il se réserve un pouvoir de recul. Chose paradoxale! L'idéalisme qui partait de l'homme avait toujours besoin – et jusque dans ses manifestations empiristes – d'un principe *a priori* sans lequel l'homme peut comprendre l'univers, mais ne peut se comprendre. Il impliquait toujours la raison au sens fort du terme, non seulement comme un «principe» produit par l'expérience en vue de l'expérience, mais comme un principe d'élévation, de «raisonnement» de mouvement, d'ascendance. L'idéalisme est foncièrement platonicien et cartésien: le point de départ se situe dans l'homme, mais l'homme se domine, dans la mesure où il se situe lui-même par rapport à l'idée du parfait qui tout en se trouvant dans l'homme, tout en ayant une signification pour lui, lui permet de sortir de l'immanence de sa signification. L'argument ontologique ainsi compris, définit la transcendance et demeure la pierre angulaire de l'idéalisme.

La raison dans ce sens manque dans la philosophie de Heidegger, elle manque dans la phénoménologie en général. La phénoménologie est le paradoxe d'un idéalisme sans raison. Idéalisme, car l'homme n'y acquiert pas de sens à partir d'un monde sans homme. Mais contrairement à l'idéalisme qui possède les instruments nécessaires pour dominer l'homme lui-même, Heidegger pose l'homme comme ne pouvant pas entièrement s'assumer. La *Geworfenheit* trace une limite à l'intellection. Au sein de l'homme apparaît un noyau inextricable qui transforme la conscience idéaliste en existence. Le monde acquiert un sens grâce à l'homme, mais l'homme n'a pas entièrement un sens. Et par là, le thème traditionnel du réalisme réapparaît, chez Heidegger : celui d'une réalité tranchant sur la compréhension. Pour Husserl, bien qu'il aspire à l'intelligibilité complète de l'homme par lui-même – et la possibilité de la réduction phénoménologique promet cette intelligibilité – celle-ci ne va pas au delà de la *coïncidence* avec l'origine. Et cette origine ne saurait | être dite en dehors d'une description 97 dont tous les termes acquièrent leur signification à partir de la vie concrète au sein du monde. L'idéalisme husserlien se passe de raison : il n'a pas de principe qui permette de se libérer de l'existence concrète en se plaçant en dehors d'elle. Sa libération n'est pas une réminiscence, n'est pas une mise en œuvre de germes de raison innée, venant en tout cas d'ailleurs que de la vie même dans le monde, – mais une description. L'acte de « raison » ne consiste pas à « décoller » – comme on dit aujourd'hui – mais à coïncider avec l'origine ; à refaire le monde et non pas à se placer derrière soi et derrière le monde par un acte semblable à la mort platonicienne. La philosophie n'éclate pas *dans* l'existence humaine, elle coïncide avec cette existence. Il n'y a pas de principe de lumière dont l'homme dispose et dans la lumière de qui il voit la lumière, il n'y a pas de lumière conditionnant celle de l'évidence. Ce débordement de l'évidence du *cogito* par la lumière infinie sur lequel se termine la troisième *Méditation* de Descartes, ce « valde credibile est... illam similitudinem, in qua Dei idea continetur, a me percipi per eandem facultatem, per quam ego ipse a me percipior... » – est absent de la philosophie husserlienne. La philosophie ne tranche pas sur la vie, dans un instant privilégié, mais coïncide avec elle, elle est l'événement essentiel de la vie, mais de la vie concrète, de la vie qui n'enjambe pas ses limites. On ne peut plus dire *primum vivere deinde philosophari*, ni renverser ces termes. La philosophie elle-même est existence et événement. Et par là s'annonce l'un des thèmes principaux de la philosophie de l'existence. Il s'agira seulement de montrer quelle est la structure de l'acte philosophique quand il ne s'accroche plus à l'idée du parfait.

IV

L'abandon de la transcendance conditionnée par l'idée du parfait, ramène à la transcendance caractérisée par l'intentionalité. Nous saisissons là un nouveau trait de la description phénoménologique qui annonce son évolution irrésistible vers une philosophie de l'existence. La possibilité pour l'idéalisme cartésien de concilier dans le sujet humain sa finitude avec l'infini auquel le sujet participe en sortant, ainsi, en quelque façon, de sa finitude, repose sur une distinction radicale entre l'être du sujet et ses Idées. Bien que Descartes ait défini la substance pensante exclusivement par la pensée et qu'en cessant de penser, le moi pour lui cesse d'être, le moi n'est pas purement et simplement une pensée. Comment, en effet, la substance pensante peut-elle avoir l'idée de l'infini **98** sans être infinie elle-même si exister et penser | coïncidaient ? Par l'idée du parfait la pensée s'enracine dans l'absolu, mais

l'existence d'une pensée enracinée dans l'absolu est *moins*
que l'absolu, n'est qu'une pensée, pas plus qu'une pensée.
– Ou encore si par l'idée du parfait l'existence de la pensée
se fonde dans l'être, le fait d'être fondé ne s'identifie pas
avec le fait d'être qui se joue au-dessus, dans une sphère où
existent des limites. La condition de l'existence se distingue
de l'existence elle-même. L'une est infinie, l'autre finie.
L'important c'est que l'existence finie n'est pas coupée chez
Descartes de l'infini et que le lien est assuré par la pensée ; que
la pensée, qui constitue toute l'existence du *cogito* s'ajoute
cependant à cette existence la rattachant à l'absolu. Par là,
l'existence humaine n'est pas pensée, mais une chose qui
pense.

La conception phénoménologique de l'*intentionalité*
consiste, essentiellement, à identifier penser et exister. La
conscience n'a pas la pensée comme attribut essentiel d'une
chose qui pense, elle est, si l'on peut dire, substantiellement
pensée. Son *œuvre d'être* consiste à penser. C'est en se
référant à la conception cartésienne de la pensée que nous
venons d'analyser et où la pensée ouverte sur l'idée du parfait
est dans l'être fini un surplus par rapport à ce qui demeure
strictement son être fini, que l'on peut mesurer le radicalisme
de la notion husserlienne de l'intentionalité. Quand Husserl
nie que l'on puisse dire que la conscience existe d'abord et
tend vers son objet ensuite – il affirme, en réalité, que l'*exister*
même de la conscience réside dans le penser. La pensée n'a
pas de condition ontologique ; la pensée elle-même est l'ontologie. Les réserves husserliennes sur le passage cartésien du
cogito à l'idée de la « chose qui pense » ne découlent donc
pas uniquement du souci d'éviter la « naturalisation » et la
« réification » de la conscience. Il s'agit aussi, dans la
structure ontologique de la conscience, de contester un renvoi
à un fondement, à un noyau quelconque servant d'ossature à

l'intention; de ne pas penser la conscience, comme un substantif.

Dire que l'acte de penser équivaut, pour le sujet, à l'acte d'exister – et la conception husserlienne est précise sur ce point – c'est modifier la notion même de l'être. La pensée n'est pas seulement un attribut essentiel de l'être; être, c'est penser. Dès lors la structure transitive de la pensée caractérise l'acte d'être. Comme la pensée est pensée de quelque chose, le verbe être a toujours un complément direct : je *suis* ma douleur, je *suis* mon passé, je *suis* mon monde. Il est évident que, dans ces formules, le verbe être ne joue pas le rôle de copule. Il n'exprime pas un rapport d'attribution, pas même une attribution où l'attribut recouvrirait la totalité du sujet jusqu'à s'identifier avec lui. Ce que l'on veut exprimer en 99 soulignant dans ces propositions le mot *est*, (comme | cela est fréquent dans la littérature existentialiste contemporaine), c'est le caractère transitif de ce verbe, l'analogie que le verbe être doit présenter avec le verbe penser. L'acte d'exister se conçoit désormais comme une intention. Certes, pour Husserl, la transitivité n'est pas le seul caractère de la pensée qui désormais détermine l'exister. Toutes les particularités de la vie théorétique apparaissent chez Husserl comme structure de l'être. Mais c'est la transitivité introduite dans la notion de l'être, qui a permis de préparer la notion de l'existence telle qu'on l'emploie depuis Heidegger et, depuis Sartre, en France.

V

On connaît la difficulté qu'on éprouve à définir l'«existentialisme». Dans le grand public des lecteurs de romans, on identifie volontiers l'existentialisme avec une certaine vision pessimiste de l'homme. La philosophie de l'existence s'attacherait maladivement aux formes dites inférieures de la vie humaine et préconiserait un néo-naturalisme.

Il est évident que ce jugement est grossier, déjà d'un point de vue purement littéraire. Partout où Zola demeure impassible témoin de la nature et ne relève son témoignage qu'en heurtant les conventions bourgeoises et l'optimisme de la mystification idéaliste, Sartre ne se complaît pas dans la clarté d'une peinture sans illusions, mais apporte une inquiétude et un vertige métaphysique. Le scatologique dans la littérature existentialiste s'achève en eschatologique.

C'est que le choix de ses thèmes littéraires s'impose à l'existentialisme non pas en vertu du souci d'imiter fidèlement la nature qui répond à toutes les questions. Il est dirigé par la notion d'une existence séparée de toute condition et qui cependant demeure transcendante comme la pensée. D'où, d'une part, abondance de situations pathétiques : mort, solitude, angoisse. Mais d'où aussi une signification prêtée à des formes d'existence qui au naturalisme semblaient purement matérielles. Décrites par celui-ci dans toute leur violence, elles permettaient de situer les personnages dans un univers qui existait en dehors d'elles, qui les englobait et expliquait. Pour l'existentialisme, ces formes d'existence constituent – dans leur effectuation même – un sens ; ne fournissent pas seulement un exemple ou une concrétisation d'un principe cosmologique ou scientifique – mais accomplissent l'événement même par lequel certaines structures ontologiques se situent dans l'être.

La philosophie de l'existence est en fin de compte, la mise en œuvre d'une nouvelle catégorie. L'exister cesse d'apparaître | comme une sphère immobile (où d'ailleurs il se confond **100** avec un substrat qui *est*) ; mais il n'est pas davantage conçu comme une relation telle que la suggère la dialectique platonicienne dans le *Parménide*. L'exister ne réside pas dans une relation pensée, à sa façon immobile puisqu'elle domine le temps. La relation platonicienne, en effet, n'est pas l'exister; elle existe d'une certaine façon, elle a l'être en plus. L'idée de transitivité introduite dans l'être par la philosophie de l'existence se concrétise beaucoup mieux dans la relation temporelle qu'elle ne se rapproche du « devenir » que depuis le *Parménide* Platon introduit dans le monde des idées. Déjà Bergson opère avec elle. Pour lui, un instant ne se rapporte pas seulement à un autre, mais *est* l'autre en quelque façon; sans cependant s'identifier avec lui. Le présent gros de l'avenir, c'est bien le présent qui *existe* l'avenir. L'exécution quelque peu sommaire de Bergson par Heidegger dans *Sein und Zeit* semble donc totalement injustifiée non seulement parce que le seul ouvrage de Bergson cité est sa thèse latine « *Quid Aristoteles de loco senserit* » et où d'une façon absolument inexplicable Heidegger attribue au philosophe français une thèse d'après laquelle le temps serait l'espace – mais parce que Bergson possède déjà, sous la notion de vie ou de durée, la notion d'une existence qui nous semble calquée sur la transitivité de la pensée et qui, d'après nous, constitue le grand apport de la philosophie phénoménologique et existentialiste au sens large du terme, à la philosophie.

On comprend dès lors les possibilités qui s'ouvrent à la philosophie de reprendre comme analyse de l'existence l'ensemble des « propriétés » de l'être humain. Tout ce qui faisait partie de la constitution humaine, tous les attributs « essentiels » et même accidentels de l'homme deviennent ses modes d'exister, des manières d'être ces propriétés; l'analyse se transforme en recherche des intentions dont ces propriétés sont accomplissements ou échecs. Les attributs « essentiels » de l'homme et toute sa nature concrète, constituent l'exister même de l'homme; non pas le résultat ou les éléments de sa définition, mais son œuvre même d'être.

VI

Sur le plan des catégories, la nouveauté de la philosophie de l'existence nous apparaît dans la découverte du caractère transitif du verbe exister. On ne pense pas seulement quelque chose, on existe quelque chose. L'existence est une transcendance non pas en vertu d'une propriété dont elle serait douée ou revêtue ; son exister consiste à transcender. Cet usage du verbe exister caractérise tout ce qui dans les écrits se rattache à la philosophie | de l'existence. Et la découverte de la possi- **101** bilité de parler et de penser ainsi constitue une découverte philosophique infiniment plus importante que les analyses même que cette possibilité permet d'opérer et qui varient désormais en fonction du talent des écrivains. C'est pourquoi Heidegger nous semble dominer de haut la philosophie de l'existence quels que soient les approfondissements ou les modifications qu'on apporte au contenu de ses analyses. On peut être par rapport à lui ce que Malebranche ou Spinoza avaient été par rapport à Descartes. Ce n'est pas déjà si mal, mais ce n'est pas le destin de Descartes.

Nous ne voulons certes pas dire que la notion heideggerienne de l'existence soit une découverte de grammaire ou de style. Le langage nouveau qu'elle introduit traduit certainement une intuition de l'être et tient métaphysiquement à une distinction entre le temps et toute relation participant de l'infini. Ou encore à l'analogie entre la structure de la pensée et la structure de l'existence.

Mais la philosophie de Heidegger n'est-elle pas aux antipodes de cette conception ? Sa nouveauté ne consiste-t-elle pas précisément à subordonner la puissance de la pensée, professée par l'idéalisme, aux conditions ontologiques ; à montrer que l'être détermine la conscience et que la pensée se heurte, dans son propre exercice, à un obstacle intérieur, plus radicalement encore, que ne le veut le réalisme qui ne trouve à la pensée que des obstacles extérieurs ?

Certes. Mais il y a dans la pensée transitivité et il y a prise sur l'infini. La pensée théorique avec laquelle nous identifions habituellement la pensée tout court se subordonne certes chez Heidegger à quelque chose qui n'est pas pensée théorique. Il semble de prime abord que la pensée perde ainsi son caractère désintéressé, que l'on insiste sur les éléments affectifs et actifs dans lesquels elle plonge et sur une tension qui est comme la séquelle de l'affectivité et de l'activité. On identifie ce caractère de tension purement et simplement avec l'existence et l'on s'imagine que la philosophie de l'existence équivaut à une accentuation du caractère concret laborieux et soucieux de notre vie. L'on envisage le caractère pathétique émouvant du souci de l'angoisse plutôt que l'originalité de la catégorie d'être que la nouvelle philosophie met en œuvre. Et c'est tout cela, certes, qui recommande l'existentialisme à la mode et au goût du jour.

En réalité l'impassibilité de la pensée théorique est précisément sa prise sur l'infini. La pensée théorique est impassible non pas parce qu'elle n'est pas action, mais parce qu'elle s'est détachée de sa condition et qu'elle est, si l'on peut dire, derrière elle-même. Dans ce sens la pensée du fini est 102 déjà la pensée de l'infini. | Descartes a raison. Toute prise de conscience est définition c'est-à-dire aperception de l'infini. Le propre de la philosophie de l'existence n'est pas de *penser* le fini sans se référer à l'infini – ce qui aurait été impossible ; mais de poser pour l'être humain une relation avec le fini qui précisément n'est pas une pensée. Une relation qui n'est pas un rapport entre le fini et l'infini, mais l'événement même de finir – de mourir. Cette relation avec le fini qui n'est pas une pensée – c'est l'existence. D'où dans toute la philosophie existentielle et déjà dans la phénoménologie de Husserl, une réflexion qui ne consiste pas à méditer sur la définition des faits humains ni à établir un rapport entre ces faits en fonction de cette définition, mais l'analyse de l'intention qui anime ces faits. Le fait n'est plus un indice, ni un symptôme d'un processus ontologique, ni la vérification d'une loi cosmique universelle – il est ce processus lui-même, il est cet événement.

D'où enfin cette manière particulière d'analyser les notions en y faisant intervenir ces notions elles-mêmes. Par exemple : exister c'est comprendre l'existence. D'où cette façon de définir la notion par l'impossibilité même de sa définition. Procédés qui n'expriment que la référence de toute notion à l'existence finie. Mais référence qui ne peut pas être intellectuelle, qui réside dans l'accomplissement de la pensée ; comme la mort n'est pas une idée de la fin, mais le fait de finir. Finitude qui dès lors n'est pas quantitative laquelle supposerait l'infini ; mais qualitative en quelque manière, qui n'est pas donnée mais accomplie par l'événement de finir, une « intention de la fin » qui n'est pas idée, mais existence.

Il faut remarquer jusqu'à quel point cette manière de priver la relation avec l'existence de la prétention essentielle de la pensée à une place dans l'absolu, est déjà indiquée par Kant vers qui la philosophie de l'existence ne se tourne pas par hasard. Un entendement séparé de la raison est la première intuition d'une pensée qui ne se réfère pas à l'infini ; et la notion d'une raison pratique et des vérités simplement pratiques, annonce déjà la notion de vérités existentielles, de la vérité dans l'accomplissement, distincte de la vérité théorique. Certes, la morale kantienne rejoint les réalités infinies et, par conséquent, ne fonde pas l'existence sur le néant – mais, du moins, la distinction constante entre vérités simplement pratiques et vérités théoriques – celles-là ne ressortant pas d'une pensée moindre que celles-ci – apporte déjà la notion d'une pensée n'ayant plus la structure de la pensée cartésienne.

Empruntant à la pensée sa transitivité, rejetant sa prétention à l'infini, – telle nous apparaît la notion existentialiste de l'existence. Quelle est la signification métaphysique de cette révolution dans le pays des catégories? 103 L'existence privée de toute possibilité | de se placer par la pensée derrière elle-même, privée de toute relation avec son fondement, de tout substitut idéaliste de l'idée de création, n'existe pas non plus comme une matière ou une chose, ne repose pas tranquillement dans son présent. Elle est pouvoir. Mais que l'existence soit pouvoir – cela serait compréhensible dans un être qui par la pensée se place déjà dans le parfait et l'infini. Quel sens peut avoir la notion du pouvoir si on la sépare de celle de la pensée? Comment exister peut-il signifier pouvoir, si exister c'est ne pas pouvoir se placer derrière l'exister? Incapable de se tourner vers l'absolu qui est l'acte par lequel elle remontait vers sa condition, c'est-à-dire essentiellement accomplissant l'équivalent d'un mouvement vers le passé et au delà de ce passé – (et l'absolu dans son intemporalité même signifie «déjà» – renvoie à un lieu situé derrière le passé, remonte vers le principe) – essentiellement réminiscence d'«un profond jadis, jadis jamais assez» – l'existence est un mouvement vers l'avenir. Et ce mouvement vers l'avenir qui conservera la transitivité de la pensée, sera la négation de la pensée dans la mesure où précisément cet avenir lui-même sera la négation de l'absolu, sera le non-être, sera le néant. *Le pouvoir qui n'est pas une pensée – c'est la mort.* Le pouvoir de l'être fini – c'est le pouvoir de mourir. Sans la transitivité vers la mort, la philosophie de l'existence serait revenue fatalement vers une philosophie de la pensée. Le «quelque chose», terme de sa transcendance ne peut se présenter que sur le fond infini dont il se détache, comme on le sait depuis Descartes. L'avenir ne serait que l'actualisation d'une puissance, soutenue, comme chez Aristote, par l'actualité préexistante de l'acte. Ou l'avenir serait passé. La notion bergsonienne de renouvellement et d'imprévu ne suffirait pas à l'en préserver. La philosophie bergsonienne où la notion d'existence est entrevue suppose les cadres cartésiens. Elle est encore une aspiration à remplacer la pensée en tant que séparation d'avec l'être par une pensée qui s'identifie avec lui, à remplacer la pensée qui dans un être fini n'est que pensée de l'être infini, par une pensée qui permet de coïncider avec lui – Heidegger développe jusqu'au bout la thèse kantienne qui fondait la pensée dans la finitude irréparable de l'existence.

C'est une opposition radicale à Platon et, en premier lieu, au *Phédon*. La philosophie du *Phédon* est une victoire sur la mort par la pensée ; mieux encore, c'est une conception de la mort comme condition de la pensée. Elle suppose que l'homme peut mourir pour son corps ; que quelque chose peut mourir en lui et que, par conséquent, l'homme peut se détacher de sa condition. Un principe supérieur à l'homme est accessible à l'homme et c'est pourquoi la mort n'est pas le suicide, n'est pas un pouvoir | de l'homme. Ce qui sous la **104** forme mythique du début du *Phédon* se présente comme la condamnation du suicide, est une impossibilité du suicide – si toutefois se suicider signifie forcer les portes du néant. Les principes conservent leur puissance sur la pensée – au fond il est impossible à la pensée de s'arracher à la contemplation des idées c'est-à-dire à l'être. Se donner la mort, c'est continuer à assumer tous les devoirs de l'existence, s'exposer aux aléas d'une survie non préparée et c'est pourquoi la philosophie est une obéissance à la magistrature suprême de l'Idée. Une mort passive est la vraie et la bonne mort. La vraie mort pour Platon n'est pas le néant. La mort est le contraire et non pas la contradictoire de la vie. Elle est encore de l'être. L'avenir de la mort est déjà moment d'un mouvement cyclique, c'est-à-dire, dans un certain sens, un passé. La transcendance vers le néant est la caractéristique fondamentale de la philosophie de l'existence. C'est par elle qu'exister sa douleur ou exister sa faim ou exister sa joie ne veut dire ni penser sa douleur, sa faim ou sa joie, ni en prendre conscience, ni s'identifier avec

elles, mais se transcender en elles c'est-à-dire mourir en elles
et, en fin de compte, pouvoir sur elles ou plutôt pouvoir en
elles. À la pensée qui se détache de l'être fini en apercevant sa
condition, s'oppose l'existence qui se détache de sa finitude
en l'assurant dans la mort. C'est pourquoi enfin la formule
heideggerienne « la mort est la possibilité de l'impossibilité »
est admirablement précise et ne doit pas être confondue avec
celle qui pose la mort comme l'impossibilité de la possibilité.
La première pose le néant comme assurant le pouvoir de
l'homme, l'autre comme heurtant simplement la liberté
humaine.

Ainsi donc l'ontologisme de la philosophie de l'existence
conserve à l'existence opposée à la pensée – la fonction du
pouvoir qui caractérise la pensée. C'est pourquoi la compréhension est ce que Heidegger démêle au fond de toutes les
structures de l'être humain. Ces structures ontiques – structures d'être – apparaissent comme ontologiques, comme faites
de compréhensions de l'être. La compréhension est constitutive de l'être non pas parce qu'elle se heurte à la résistance
de l'objet, ni même – ce qui revient au même – parce que la
pensée est assise sur la chose qui pense – mais parce que
l'élément existentiel de la pensée se trouve au niveau même de
la pensée, dans sa finitude. L'existence faite d'impuissance
sur l'origine, est assumée dans la compréhension de la mort.
La base ontologique de la « pensée-compréhension », n'est
pas dans l'idée de l'infini mais dans le fini qui n'est plus idée
et qui n'est pas à proprement parler un fondement et qui
marque toutes les démarches de la philosophie. Nous l'avons
105 dit plus haut en parlant de l'idée du conditionnement | chez
Heidegger et de l'idée de la description chez Husserl. Le
pouvoir de l'existence ne consiste pas à défaire son impuissance sur l'origine en remontant par un acte de réminiscence
en deçà de cette origine, mais à pouvoir dans le fini même, à
pouvoir finir. L'extase de l'avenir a chez Heidegger une

prééminence sur les deux autres. Et cette extase est une extase d'un être fini – en même temps que Heidegger affirme sa prééminence il insiste sur le fait que les trois extases n'en demeurent pas moins originelles au même titre, c'est-à-dire que l'extase de l'avenir n'arrive pas à surmonter le caractère fini de la *Geworfenheit*, mais à l'assumer seulement par son pouvoir de mourir.

VII

Il ne s'agit pas dans cette étude de justifier, ni de défendre contre les critiques, l'attitude de la philosophie de l'existence ; nous avons cherché seulement à en dégager l'aspiration fondamentale. Il existe toutefois une objection qui sous des formes différentes lui avait été faite et sur laquelle nous aimerions nous arrêter avant de terminer.

Si la notion d'existence remplace l'ancienne notion de la pensée – telle que depuis Platon elle domine la philosophie – et qui consiste à situer l'être fini par rapport à l'infini ou par rapport au parfait – la philosophie de l'existence ne se dément-elle pas elle-même dans la mesure où elle est philosophie c'est-à-dire un discours sur l'existence ? Ne s'arrache-t-elle pas par ce discours du moins à cette existence elle-même prenant pied dans l'absolu ? S'il en était ainsi nous en reviendrions à la situation critiquée par le premier volume des *Logische Untersuchungen* de Husserl. C'est en effet l'argumentation de ce livre que l'on est forcé de reprendre quand on reproche à la philosophie de l'existence la contradiction qu'il y a à refuser absolument l'absolu ou comme le fait M. Koyré dans son article de la revue *Critique* (1 et 2), quand il reproche à Heidegger de prétendre à cette vérité que l'on doit désespérer de la vérité, d'ores et déjà mêlée de mensonge.

Nous pensons que la philosophie de l'existence pourrait d'abord répondre que cette contradiction n'est pas identique à celle qui entache de nullité une pensée dirigée sur un objet. Elle ne résulte pas ici de deux actes de pensée dirigés sur un objet donné, mais oppose une pensée à une réflexion sur cette pensée. Le recul de la réflexion n'est pas dans la philosophie de l'existence un acte simplement théorique, mais demeure lui-même enchaîné à l'existence comme un événement daté et **106** par conséquent | constitue une démarche nouvelle du souci qui peut de la sorte se mettre en question et avouer son échec et en fin de compte sa mort. La contradiction devient ainsi comme la marque de la finitude humaine. La philosophie – discours d'une existence qui ne possède plus de place dans l'absolu, qui n'est plus pensée au sens cartésien – se déroule comme une spirale qui vainement cherche à s'envelopper elle-même et qui n'arrive pas à se fermer. C'est qu'en réalité la philosophie de l'existence ignore la réflexion qui la situerait dans l'absolu et que la réflexion pour elle est encore une démarche qu'elle fait en tant qu'existence, c'est-à-dire que ce mouvement même d'inflexion ou de recul conserve un sens temporel. Heidegger ne parle d'ailleurs pas de réflexion. La philosophie est pour lui une façon explicite de transcender basée sur la transcendance implicite de la préphilosophie ou de la préontologie de l'existence même et par conséquent les attaches de la philosophie explicite avec l'existence ou avec la chute dans le quotidien comme possibilité, ne sont jamais rompues et l'explicitation elle-même – le passage de l'implicite à l'explicite – conserve une signification existentielle, c'est-à-dire temporelle – n'est pas un saut dans l'absolu, n'est pas le retour à la pensée au sens que nous lui avions donné plus haut.

Ce n'est pas vers un retour à la pensée qui serait réminiscence et vers une existence reliée à l'infini par la pensée que nous semble devoir s'orienter une philosophie soucieuse de sortir de l'existence. Ce serait en effet ne pas tenir compte de l'impuissance de la pensée sur l'existence, de l'inefficacité

de la raison sur l'âme, de l'échec du *Phédon* prétendant
triompher de l'angoisse de la mort.

La mort qui pour Heidegger est ce concept absolument
nouveau et en fin de compte contradictoire de la pensée ou
du logos de l'*avenir* – demeure pensée dans la mesure où
elle est compréhension c'est-à-dire pouvoir. C'est en termes
de compréhension – de ses échecs et de ses succès – que
Heidegger décrit finalement l'existence. La relation d'un
existant avec l'être est pour lui ontologie – compréhension de
l'être. Et par là il rejoint la philosophie classique. Et l'idéalisme et le réalisme demeurent des ontologies. Participer à
l'être c'est le penser ou le comprendre. L'idéalisme est la
compréhension totale. Pour le réalisme, être c'est se refuser à
la compréhension. Mais aucune signification positive ne vient
compléter cette signification négative. C'est uniquement par
rapport à la connaissance que l'être réaliste affirme son
épaisseur et son poids.

Mais le rapport de l'homme avec l'être est-il uniquement
ontologie ? Compréhension ou compréhension inextrica-
blement mêlée à l'incompréhension, domination de l'être sur
nous au sein même | de notre domination sur l'être ? **107**
Autrement dit est-ce en terme de domination que s'accomplit
l'existence ? La relation qu'implique par exemple l'idée de
création est-elle épuisée par l'idée de cause comme le pensait
la philosophie médiévale dominée encore par les préoccupa-
tions cosmologiques de l'antiquité – ou par l'idée d'origine
incompréhensible qui prive l'homme de sa maîtrise sur le
monde et sur lui-même ? L'homme en tant que créature ou en
tant qu'être sexué n'entretient-il pas avec l'être une autre
relation que celle de la puissance sur lui ou de l'esclavage,
d'activité ou de passivité ?

ESSAIS NOUVEAUX

La philosophie n'est pas devenue une science rigoureuse, poursuivie par une équipe de chercheurs, aboutissant à des résultats définitifs. Très probablement, la philosophie se refuse à ce mode de vie spirituelle. Mais certains des espoirs husserliens se trouvent réalisés. *La phénoménologie unit des philosophes*, sans que cela soit à la façon dont le kantisme unissait les kantiens ou le spinozisme, les spinozistes. Les phénoménologues ne se rattachent pas à des thèses formellement énoncées par Husserl, ne se consacrent pas exclusivement à l'exégèse ou à l'histoire de ses écrits. Une manière de faire les rapproche. Ils s'accordent pour aborder d'une certaine façon les questions, plutôt que pour adhérer à un certain nombre de propositions fixes.

Ce serait, certes, insister sur un lieu commun que de présenter la phénoménologie husserlienne comme méthode. Tel n'est pas exactement notre propos ; nous voulons simplement relever quelques procédés, presque techniques, mis en œuvre quasi spontanément par ceux qui ont été formés, fût-ce en partie, par l'œuvre husserlienne. La phénoménologie est méthode d'une façon éminente, car elle est essentiellement ouverte. Elle peut se pratiquer dans les domaines les plus

---

1. Paru dans le recueil : *Husserl*, Cahiers de Royaumont, Philosophie n° III, Paris, Minuit, 1959.

variés, un peu comme la méthode de la physique mathématique après Galilée et Descartes, comme la dialectique
après Hegel et surtout Marx ou comme la psychanalyse après
Freud. On peut faire une phénoménologie des sciences, du
kantisme, du socialisme, comme une phénoménologie de la
phénoménologie elle-même. Mais la façon dont elle fut
pratiquée depuis les *Logische Untersuchungen* qui l'avaient
« prouvée en marchant », le style qu'elle a pris, les renver-
sements et les rétablissements qu'elle imposa à la pensée, ne
coïncident pas toujours avec ce que Husserl entend rigoureusement par méthode. Sur ce point, son œuvre ne semble pas
avoir agi par les considérations méthodologiques qui la
112 remplissent. | D'ailleurs la plupart du temps, elles expriment
déjà des positions, des réponses à des problèmes, plutôt que
des règles sur l'art de les traiter.

Nous ne voulons pas dire que ces thèses ne soient pas
essentielles à l'exercice de la méthode. Mais les théories de
l'intuition, des idées, de la réduction, de l'intersubjectivité
constituée et constituante – sans lesquelles, d'après Husserl,
l'analyse phénoménologique ne s'élèverait pas à la dignité
philosophique – sont, en réalité, les éléments d'un système
plutôt qu'une voie menant à sa découverte. Elles valent pour
la méthode comme toute connaissance de l'être vaut pour la
méthode. Si on les prend pour règles de méthode, elles
apparaissent comme trop formelles.

La réduction phénoménologique ouvrirait derrière la
vision naïve des choses, le champ d'une expérience radicale
– laissant apparaître la réalité dans sa structure ultime. Il
suffirait, dès lors, de l'accueillir, telle qu'elle se donne. Jamais
les philosophes ne cherchaient et ne promettaient autre chose
que la vision du réel vrai derrière l'expérience vulgaire et
abstraite. Ce champ de faits transcendantaux qu'ouvrirait la
vision des essences ou la réduction phénoménologique,
demande une façon d'être traité qui constitue, comme le

« phrasé » de la recherche phénoménologique. De cette *façon* l'œuvre husserlienne fournit plutôt le prototype que la technologie.

Nous voudrions, en toute modestie – malgré la richesse d'analyses et la profondeur de vues que tant d'œuvres remarquables de phénoménologie ont apportées, depuis la guerre, en France, en Allemagne et ailleurs – mentionner quelques-uns de ces élémentaires mouvements de pensée qui leur viennent de la manière husserlienne. Il ne s'agit donc pas de juger des systèmes en montrant leur facture et, encore moins, de mesurer par la technique le système husserlien, tel qu'il apparaît dans l'œuvre publiée de sa vie et dans son évolution à travers l'œuvre posthume. Ce procédé d'historien jouant au plus malin avec l'auteur qu'il expose, est vain et indigne. Je voudrais simplement relever une série de gestes qui fixent, pour le spectateur extérieur, la physionomie d'un penseur et prêtent à plusieurs d'entre eux un air de famille.

Nos réflexions, sans aucun esprit de système, concernent les notions de la description, de l'intentionalité, de la sensibilité et de la subjectivité. Je m'excuse du caractère disparate de ces réflexions.

1) En phénoménologie on ne déduit plus, au sens mathématique ou logique de ce terme. D'autre part, les faits qu'ouvre la réduction phénoménologique, ne sont pas là pour suggérer ou pour confirmer des hypothèses. Ni déduction, ni induction. Les faits de la conscience | ne conduisent à aucun **113** principe qui les explique. Les « parce que » qui apparaissent dans les textes, se contentent d'établir la primauté d'un fait par rapport à un autre ; ils n'élèvent jamais au-dessus du phénomène. « Parce que » la synthèse de la perception sensible ne s'achève jamais, l'existence du monde extérieur est relative et incertaine. Mais la relativité et l'incertitude du monde extérieur ne signifient rien d'autre que le caractère inachevé de la synthèse ou de la perception du sensible. Les notions

abstraites qu'expriment les termes relativité et incertitude – ne se *séparent* pas des phénomènes et de leur déroulement que ces termes résument. Sans ces phénomènes, ces termes deviennent abstraits et équivoques.

L'idéal d'existence absolue par rapport auquel l'existence du monde se pose comme relative est, à son tour, empruntée à la description du « remplissement » d'une intention « signitive » par une intuition. La conclusion n'aboutit pas, comme dans les preuves scolastiques ou cartésiennes, à une vérité supérieure aux faits qui la suggèrent. Pas même à une intuition, au sens bergsonien, qui va au delà de la description vers une vérité exprimée par la formule « tout se passe comme si ».

L'expérience des faits de la conscience est l'origine de toutes les notions qu'on peut légitimement employer. La description – et c'est là la prétention exceptionnelle par laquelle elle revendique sa dignité philosophique – n'a recours à aucune notion, au préalable *séparée* et qui serait, soi-disant nécessaire à la description. Ainsi, chez Descartes, la description du *cogito* – dans son imperfection de doute – avoue, en fin de compte, sa référence à l'idée de l'infini et du parfait : l'idée du parfait, donnée d'avance, rend la description de la finitude possible. La description phénoménologique cherche la signification du fini, dans le fini lui-même. D'où le style particulier de la description. Chaque fois qu'un philosophe du type classique insiste sur l'imperfection d'un phénomène de connaissance, la phénoménologie ne se contente pas de la négation incluse dans cette imperfection, mais pose cette négation comme constitutive du phénomène. Si le sentiment est un fait obscur de la vie psychologique, la description phénoménologique prendra cette obscurité pour une caractéristique positive du sentiment – elle ne la pensera pas comme une clarté simplement diminuée. Si le souvenir est toujours modifié par le présent où il revient, la phénoménologie ne parlera pas d'un souvenir faussé, mais fera de cette altération la nature essentielle du souvenir. Le souvenir exact en soi et indépendant du présent qui le modifie – est une *abstraction*, source d'équivoque. La notion légitime du souvenir doit être empruntée à la situation concrète de la mémoire vécue. Même pour Dieu, le souvenir a cette structure qui ressort de la description. « Même pour Dieu », la formule est remarquable. | Nous n'avons pas besoin de l'idée de Dieu **114** – de l'infini et du parfait – pour prendre conscience du fini des phénomènes ; l'essence du phénomène, telle qu'elle se manifeste au niveau du fini, est son essence en soi. Même pour Dieu – tout l'être de l'objet est dans sa vérité, dirions-nous aujourd'hui.

Ce retournement en « positivité » et en « structure essentielle » de ce qui restait échec, défaut ou contingence empirique pour une philosophie mesurant le donné de la hauteur de l'idéal (mais que déjà Kant dénonçait comme illusion transcendantale), donne une allure résolument dialectique à ces descriptions. Ce qui semblait de prime abord un échec – l'inachèvement d'une série d'aspects de la chose – est un mode d'achèvement de la chose ; ce qui déforme le souvenir, constitue précisément la fidélité *sui generis* du souvenir. Bientôt les doutes qui traversaient et brisaient la foi kierkegaardienne authentifieront cette foi ; le dieu qui se cache sera précisément, dans sa dissimulation, le dieu qui se révèle. L'ambiguïté contradictoire des notions (à distinguer de l'équivoque des mots) constituera leur essence. Des philosophies – fort belles – de l'ambiguïté deviendront possibles. Le lien immédiat entre concepts sera symptôme d'oublis et d'abstractions, d'inauthentique. On marchera avec une précaution extrême. Heureux trébuchements ! – ils porteront le plus près de son but une pensée qui veut surtout se saisir sans se dépasser – car tout dépassement procède, pour elle, le plus souvent d'irréflexion, de préjugé et d'opinion, de non-philosophie.

Il y a dans cette indépendance du fini à l'égard de l'infini la marque d'une philosophie post-kantienne.

Tout idéalisme pré-kantien comportait un rôle essentiel de la raison permettant de survoler l'expérience et de la juger ; ou si l'on veut encore, c'était toujours un idéalisme avec l'idée de l'infini. La phénoménologie est le paradoxe d'un idéalisme sans raison. La raison pour Husserl ne signifie pas un moyen de se placer d'emblée au-dessus du donné, mais équivaut à l'expérience, à son instant privilégié de la présence « leibhaft », « en chair et en os », si l'on peut dire, de son objet.

2) La phénoménologie est une destruction de la représentation et de l'objet théorétique. Elle dénonce la contemplation de l'objet – (que cependant elle semble avoir promu) – comme une abstraction, comme une vision partielle de l'être, comme un *oubli*, pourrions-nous dire en termes modernes, *de sa vérité. Viser l'objet, se représenter, c'est déjà oublier l'être de sa vérité.*

Faire de la phénoménologie – c'est dénoncer comme naïve la vision directe de l'objet. La phénoménologie husserlienne qui trouve, dans les régions des sciences eidétiques, le fil 115 conducteur | de l'analyse intentionnelle (ce qui a été souvent dénoncé comme logicisme ou objectivisme), part donc de l'objet, mais en amont du courant qui le constitue. Elle part de l'extrême limite de l'abstraction qui, dans le réalisme naïf (naïf pour cette raison précisément) se prend pour l'être lui-même.

Cette position se manifeste très tôt, dès le deuxième volume des *Logische Untersuchungen*. Elle se dit, certes, dans un langage bien différent du nôtre et bien moins pathétique. Mais le nôtre amplifie seulement le rayonnement de la phénoménologie husserlienne, tout entière sortant des *Logische*.

Aller aux choses elles-mêmes – signifie d'abord : ne pas s'en tenir aux mots lesquels ne visent qu'un réel absent. Cette imperfection de la visée *signitive* – Husserl la reconnaît à l'équivoque qui se glisse inéluctablement dans la pensée verbale. L'équivoque, défaut en apparence mineur et que l'on semble pouvoir conjurer avec un peu de clarté dans la pensée – se pose aussitôt comme inévitable, ou comme essentielle à la pensée qui s'en tient aux mots. Equivoque, enfant du vide ou de l'atmosphère raréfiée de l'abstraction. Mais le recours à la pensée intuitive – à l'*Einfüllung* opposée à la pensée *signitive* – ne met pas fin à ces équivoques qui menacent *toute vision braquée sur l'objet*. Le retour aux actes où se dévoile cette présence intuitive des objets, est nécessaire pour mettre fin à l'équivoque – c'est-à-dire à l'abstraction et à la partiellité du rapport avec l'objet. *Le retour aux actes où se dévoile la présence intuitive des choses est le vrai retour aux choses.* C'est là certainement le grand choc donné par les *Logische Untersuchungen* – précisément parce que le premier volume de cet ouvrage – les *Prolégomènes* – et tout ce qui dans *Untersuchung II* et *III* se dit en faveur de l'objet et de son essence – empêchait qu'on donnât à ce recours aux actes de la conscience une signification psychologiste. Dès les *L. U.*, s'affirme donc ce qui nous semble dominer la façon de procéder des phénoménologues : *l'accès à l'objet fait partie de l'être de l'objet.*

Qu'importe si les actes où l'objet apparaîtra à titre de simple pôle transcendant, continuent à être décrits par Husserl, comme des actes théorétiques. Ce qui aura marqué toutes les analyses, c'est ce mouvement régressif de l'objet vers la plénitude concrète de sa constitution où la sensibilité jouera le premier rôle.

Il est évident que Kant a le premier opéré de la sorte en déformalisant l'idée abstraite de simultanéité (en la rattachant à l'idée d'action réciproque) ou l'idée de la succession (en la subordonnant à la causalité physique). Une idée en appelle une autre qu'elle ne contient pas analytiquement. Mais la constitution husserlienne ne jouera pas, quoi qu'on en ait dit, le rôle qu'elle joue chez Kant et que le terme commun évoque.

116 La constitution de | l'objet chez les phénoménologues n'a pas pour but *la justification d'emploi des concepts ou des catégories*, ou comme Kant l'appelle, leur déduction. La constitution husserlienne est une reconstitution de l'être concret de l'objet, un retour vers tout ce qui a été oublié dans l'attitude braquée sur l'objet, laquelle n'est pas une pensée, mais une technique. Et cette distinction entre pensée et technique qui revient dans la *Krisis* a été faite très tôt par Husserl. Déjà d'après les *Prolégomènes* (p. 9-10) le savant n'est pas obligé de comprendre entièrement ce qu'il fait. Il *opère* sur son objet. La pensée théorétique est, dans ce sens, technique. En découvrant l'objet, elle ignore les voies qui y ont mené et qui constituent le lieu ontologique de cet objet, l'être dont il n'est qu'une abstraction. La manière phénoménologique consiste à retrouver ces voies d'accès – toutes les évidences traversées et oubliées. Elles mesurent le poids ontologique de l'objet qui semble les dépasser.

L'être d'une entité est le drame qui – à travers rappels et oublis, constructions et ruines, chutes et élévations – a mené à l'abstraction, à cette entité se prétendant extérieure à ce drame. Au stade suivant et post-husserlien de la phénoménologie, on fera intervenir dans ce drame des événements plus pathétiques encore et rien de moins que toute l'histoire européenne. L'objet de notre vie théorétique n'est qu'un fragment d'un monde qu'il dissimule. Le drame doit être retrouvé par les phénoménologues, car il détermine le sens de cet objet abstrait, car il en est la vérité.

Sur ce point d'ailleurs, les démarches de la phénoménologie husserlienne rappellent certaines distinctions de la phénoménologie hégélienne : la pensée abstraite est celle qui vise l'en-soi – l'entendement. Il faut la rapporter à l'absolu et au concret – à la Raison. Mais peut-être, tout au contraire, la distinction kantienne entre concept de l'entendement et idée de la raison – cette dernière séparée du sensible, mais visant pour cela même une illusion nécessaire – a-t-elle préparé la notion phénoménologique d'une pensée qui reste abstraite malgré ses certitudes ?

3) La mise à nu, dans l'objet abstrait, de ses façons d'apparaître, implique, d'une part, une correspondance essentielle entre les objets et les actes subjectifs nécessaires à leur apparition. Nous en parlerons maintenant. D'autre part, la phénoménologie se caractérise par le rôle considérable, mais original qu'elle fait jouer à la sensibilité dans l'œuvre de la vérité. Nous y reviendrons tout à l'heure. Les notions examinées par les phénoménologues ne sont plus des entités auxquelles mèneraient des voies, en principe, multiples. La façon dont une notion ou une entité est accessible – les mouvements de l'esprit qui la conçoivent – ne sont pas seulement rigoureusement fixés pour chaque notion (au nom de quelque | législation arbitraire, mais cohérente). Ces mouvements 117 accomplis pour permettre la manifestation de la notion à un esprit – *sont comme l'événement ontologique fondamental de cette notion même*. Le rôle que joue chez Hegel une situation historique donnée, hors laquelle telle ou telle autre idée n'est même pas pensable – ce rôle est joué, chez Husserl par la configuration, tout aussi nécessaire et tout aussi irremplaçable, de démarches subjectives. L'aimé ou l'ustensile ou l'œuvre d'art existent et sont « substance », chacun à sa façon. Et cette façon ne peut se séparer des « intentions » qui précisément l'esquissent.

Dès les *L. U.* la révélation des êtres – en l'espèce des entités logiques – constitue l'être même de ces entités. L'être des étants est dans leur vérité : *l'essence des êtres est dans la vérité ou la révélation de leur essence*.

De sorte que la phénoménologie en tant que révélation des êtres est une *méthode de la révélation de leur révélation*. La phénoménologie n'est pas seulement le fait de laisser apparaître les phénomènes tels qu'ils apparaissent ; cette apparition, cette phénoménologie – est l'événement essentiel de l'être.

L'être des objets étant dans leur révélation, la nature même des problèmes change en phénoménologie. Il ne sera plus question de preuves de l'existence. *Nous sommes d'emblée dans l'être, nous faisons partie de son jeu,* nous sommes partenaires de la révélation. Il ne reste qu'à décrire ces modes de révélation qui sont des modes d'existence. Déjà l'ontologie, au sens heideggerien, se substitue à la métaphysique. La révélation est en effet l'événement principal de l'être. La vérité est l'essence même de l'être, dirait-on aujourd'hui. Les problèmes concernant la réalité consistent à décrire la façon dont elle reçoit une signification qui l'éclaire ou la révèle, ou la façon dont cette signification lui est prêtée.

Le fait que l'être est révélation – que l'essence de l'être est sa vérité – s'exprime par la notion de l'intentionalité. L'intentionalité ne consiste pas à affirmer la corrélation entre le sujet et l'objet. Affirmer l'intentionalité, comme thème central de la phénoménologie, ne consiste même pas à concevoir la corrélation entre le sujet et l'objet, comme une espèce d'intentionalité. La représentation de l'objet par un spectateur braqué sur l'objet est au prix d'abandons et d'oublis multiples. Elle est abstraite, au sens hégélien. Parce que l'être consiste à se révéler, il se joue comme intentionalité. L'objet, par contre, est une façon où, par excellence, l'être qui se révèle laisse oublier l'histoire de ses évidences. L'objet, corrélatif de la considération théorétique, produit l'illusion qu'il signifie par lui-même. Voilà pourquoi chez Husserl la phénoménologie part de l'objet et de la Nature, quintessence de l'objectivité, et remonte à leurs implications intentionnelles.

118 |4) Le procédé caractéristique de la phénoménologie consiste à laisser, dans la constitution, une place primordiale à la sensibilité. Même en affirmant l'idéalité des concepts et des relations syntaxiques, Husserl la fait reposer sur le sensible. Et on connaît le texte célèbre : « L'idée d'un intellect pur inter-prété comme faculté de pure pensée (d'action catégoriale), entièrement détaché d'une faculté de la sensibilité, n'a pu être conçue qu'avant l'analyse élémentaire de la connaissance » (*L. U.*, III, p. 183).

La sensibilité n'est pas considérée comme simple matière brutalement donnée à laquelle s'applique une spontanéité de pensée soit pour l'informer, soit pour en dégager, par abstraction, des relations. Elle ne désigne pas la part de la réceptivité dans la spontanéité objectivante. Elle n'apparaît pas comme pensée balbutiante vouée à l'erreur et à l'illusion, ni comme tremplin de la connaissance rationnelle. Le sensible n'est pas une *Aufgabe* au sens néo-kantien, ni une pensée obscure, au sens leibnizien. La façon nouvelle de traiter la sensibilité consiste à lui conférer dans son obtusité même, et dans son épaisseur, une signification et une sagesse propres et une espèce d'intentionalité. Les sens ont un sens.

Toute construction intellectuelle tiendra de l'expérience sensible qu'elle prétend dépasser, le style et la dimension même de son architecture. La sensibilité n'enregistre pas simplement le fait. Elle tisse un monde auquel tiennent les plus hautes œuvres de l'esprit et dont elles ne pourront s'évader. Avec les fils enchevêtrés dans le « contenu » des sensations se tissent des « formes » qui marquent, – comme l'espace et le temps chez Kant – tout objet qui s'offrirait ensuite à la pensée.

Mais un tissage d'intentionalités se reconnaît dans les données hylétiques elles-mêmes. Ces intentionalités ne sont pas une simple répétition de l'intentionalité qui mène au non-moi et où s'oublie déjà la localisation, le poids du moi, son *maintenant*. Les relations que l'*Erfahrung und Urteil* laisse apercevoir dans la sphère prédicative ne sont pas simple préfiguration. La sensibilité marque le caractère subjectif du sujet, le mouvement même du recul vers le point de départ de tout accueil (et, dans ce sens, principe), vers l'*ici* et le *maintenant* à partir desquels tout se produit pour la première fois. L'*Urimpression* est l'individuation du sujet. « La *Urimpression* est le commencement absolu, la source première, ce à partir de quoi tout le reste s'engendre. Elle-même n'est pas engendrée, elle ne surgit pas par engendrement, mais *genesi spontanea*, elle est engendrement premier (*Urzeugung*)… elle est la création première (*Urschöpfung*) » (*Zeitbewusstsein*, p. 451).

La sensibilité est ainsi intimement liée à la conscience du temps : elle est le présent autour duquel l'être s'oriente. Le temps n'est pas conçu comme une forme du monde, ni même 119 comme | une forme de la vie psychologique, mais comme l'articulation de la subjectivité. Non pas comme une scansion de la vie intérieure, mais comme le dessin des relations premières et fondamentales qui lient le sujet à l'être et qui font que l'être surgit du *maintenant*. Dialectique de l'engagement et du dégagement, par l'effectuation du *maintenant* où à la fois Husserl distingue la passivité de l'impression et l'activité du sujet. Mais là, contrairement à Hegel, s'effectue l'arrachement du sujet à tout système et à toute totalité, une transcendance en arrière, à partir de l'immanence de l'état conscient, une rétro-cendance.

Le temps – marque essentielle de la sensibilité dans la philosophie depuis Platon – devient, comme existence du sujet, source de toute signification. Tous les rapports qui façonnent la structure de la conscience comme subjectivité – se décrivent, depuis Husserl, par le temps autant que par l'intentionalité. À la définition d'une notion, se substitue sa structure temporelle – le mode de sa temporalisation.

La sensibilité n'est donc pas simplement un contenu amorphe, un fait, au sens de la psychologie empiriste. Elle est « intentionnelle » – en ce qu'elle *situe* tout contenu et qu'elle se situe, non pas par rapport à des objets, mais par rapport *à soi*. Elle est le point *zéro* de la situation, l'origine du fait même de se situer. Les relations pré-prédicatives ou vécues s'accomplissent comme des attitudes initiales prises à partir de ce point zéro. Le sensible est modification de la *Urimpression*, laquelle par excellence est l'*ici* et le *maintenant*. Il est difficile de ne pas voir dans cette description de la sensibilité, le sensible vécu au niveau du *corps propre* dont l'événement fondamental est dans le fait de *se tenir* – c'est-à-dire de se tenir soi-même comme le corps qui se tient sur ses jambes. Fait qui *coïncide* avec celui de *s'orienter*, c'est-à-dire de prendre une attitude à l'égard de… Il y a là une nouvelle caractéristique du subjectif. Le subjectif ne conserve pas le sens arbitraire, de passif et de non-universel. Il inaugure l'origine, le commencement et – dans un sens très différent de cause ou de prémisse – le principe. Cette notion de sensibilité est certainement aperçue par Kant (elle préside peut-être déjà à l'esthétique transcendantale) quand dans le fameux article « Was heisst sich im Denken orientieren » – il attribue à la distinction de la main droite et de la main gauche la possibilité de s'orienter dans l'espace géométrique. Cette distinction, il la rapporte au *Gefühl*. *Gefühl* – sensibilité – qui implique un géomètre incarné et non pas un simple reflet de cet espace-objet, appelé, par convention, sujet.

La phénoménologie husserlienne inaugure depuis les *Logische Untersuchungen,* à travers le *Zeitbewusstsein* jusqu'à *Erfahrung und Urteil* – cette nouvelle notion de sensibilité et de subjectivité. | Les historiens sont frappés du **120** fait que la description de cette conscience sensible et passive est aussitôt bouleversée quand elle est mise en rapport avec l'activité du sujet dont elle serait l'accomplissement. En réalité on peut se demander si cette ambiguïté n'en est pas l'essentiel, si la référence à l'activité du sujet ne confère pas à la sensibilité précisément ce rôle de subjectivité-origine. Elle anticipe en effet sur ce que seront, dans la phénoménologie contemporaine, les spéculations sur le rôle du corps dans la subjectivité. L'ambiguïté de la passivité et de l'activité dans la description de la sensibilité fixe en réalité ce type nouveau de conscience que l'on appellera corps propre, corps-sujet. Sujet comme corps et non pas comme simple parallèle de l'objet représenté.

C'est dans la mesure où le concept du sujet est rattaché à la sensibilité, où l'individuation coïncide avec l'ambiguïté de l'*Urimpression*, où l'activité et la passivité se rejoignent, où le *maintenant* est antérieur à l'ensemble historique qu'il va constituer – que la phénoménologie préserve la personne. Celle-ci ne se dissout pas dans l'œuvre constituée ou pensée par elle, mais demeure toujours transcendante, en deçà. Et dans ce sens nous pensons que la phénoménologie se situe aux antipodes de la position de Spinoza et de Hegel où le pensé absorbe le penseur, où le penseur se dissout dans l'éternité du discours. La sensibilité fait que « l'éternité » des idées renvoie à une tête qui pense, à un sujet qui est présent temporellement. C'est là que s'accomplit le rattachement de l'être au temps chez Husserl. C'est là que réside la parenté profonde entre la phénoménologie et le bergsonisme.

Le moi comme le *maintenant* ne se définit par rien d'autre que par soi, c'est-à-dire ne se définit pas, ne côtoie rien, reste en dehors du système. Voilà pourquoi toute l'analyse de la passivité pré-prédicative est affirmée, en dernier lieu, comme activité d'un sujet. Il est toujours une transcendance dans l'immanence, il ne coïncide pas avec l'héritage de son existence. Même à son œuvre sensible, le moi est antérieur. Il n'est en aucune façon une qualité. Il l'est cependant dans un certain sens – mais il est la possibilité de se ressaisir dans cette qualité. La dialectique du sensible sur laquelle s'ouvre la phénoménologie de l'esprit de Hegel ne s'applique pas au sensible husserlien, absolument sujet. L'universalité est constituée à partir d'un sujet qui ne s'y absorbe pas. Ce qui certes n'indique nullement que l'universel soit un mode d'existence où l'humanité s'est simplement égarée. Mais que, séparée du moi qui la constitue et qu'elle n'épuise pas, elle est un mode abstrait d'existence.

Le moi phénoménologique n'apparaît pas, en fin de compte, dans l'histoire qu'il constitue, mais dans la conscience. Et ainsi il est arraché à la totalité. Et ainsi il peut rompre avec le passé et | n'est pas, dans la rupture avec le 121 passé, malgré lui, continuateur de ce passé qu'une sociologie ou une psychanalyse retrouvera. Il peut rompre et peut par conséquent parler.

5) L'ancienne métaphysique distinguait l'apparition des phénomènes de leur signification. La notion ne se mesurait pas par le sens qu'elle avait pour la conscience. Son rapport avec la conscience n'était que l'une des péripéties de son être. On embrassait en quelque façon du dehors – et la notion, et la conscience – d'un regard respectueux des normes logiques tirées de la pensée contemplative. Ainsi par exemple la *relation* entre l'absolu et la conscience qui le pense compromet dans le *Parménide* de Platon, cet absolu même, un absolu en relation étant contradictoire. *En phénoménologie l'être d'une entité est déterminé par sa vérité* – par sa phosphorescence et par le sens des intentions qui y accèdent et par l'histoire « intentionnelle » qu'il résume.

On parle dès lors de structures d'être sans se référer aussitôt aux normes logiques, on accueille les notions dans leur paradoxe, tel le fameux cercle de la compréhension où le tout suppose les parties, mais où les parties renvoient au tout; telle la notion du *Zeug* où la structure de l'*en vue de* ne s'adosse à aucune catégorie de substance; telle la référence au néant en fonction de l'angoisse, mais contrairement à tous les principes éléates; tels – chez Husserl lui-même –

l'inachèvement essentiel de la sphère objective, les concepts inexacts, l'idéalité des essences.

Des situations dont l'intention ne se réduit pas à la connaissance peuvent être posées comme conditions de la connaissance, sans que cette position prenne l'allure d'une décision irrationnelle. C'est une façon bien phénoménologique de procéder que de découvrir aux rapports de connaissance des fondements auxquels manque à proprement parler la structure du savoir – non pas parce que ces fondements s'imposent sans certitude mais parce que, antérieurs et conditionnants, ils sont plus certains que la certitude, plus rationnels que la raison.

Certes, dans l'œuvre même de Husserl, les intentions visant l'objet ne reposent jamais sur du non-objectivant. Mais la sensibilité et la passivité, les « données hylétiques » jalousement maintenues à la base d'une conscience dont Husserl mieux que quiconque a su montrer le mouvement vers le dehors – enlèvent à la subjectivité husserlienne le rôle de simple réplique de l'objet et nous mènent en deçà de la corrélation sujet-objet et de son privilège.

De même la réduction à la connaissance égologique primordiale par laquelle commence, dans la cinquième méditation cartésienne de Husserl, la constitution de 122 l'intersubjectivité n'aboutit pas à | des évidences structurées comme connaissances objectives (en raison de leur caractère monadologique même). C'est cependant là une situation fondant l'objectivité.

Les phénoménologues se meuvent avec aisance dans ces rapports entre le sujet et l'être, qui ne se réduisent pas aux savoirs, mais qui, cependant, en tant que révélation de l'être, comportent la vérité. Le mode d'être ainsi révélé se dit en fonction des intentions subjectives auxquelles il se révèle. Rien n'est plus caractéristique de la réflexion phénoménologique que l'idée de relations intentionnelles entretenues avec les corrélats qui ne sont pas des représentations et qui n'existent pas comme des substances.

Et là Kant a encore été parmi les précurseurs, dans sa théorie des postulats de la raison pratique qui dispose « de principes originels *a priori*... qui se refusent à toute intuition possible de la raison théorique » (*Critique de la raison pratique*).

Il y a vérité sans qu'il y ait représentation : « Dieses Fürwahrhalten... dem Grade nach keinem Wissen nachsteht, ob es gleich der Art nach davon völlig verschieden ist » (*Was heißt sich im Denken orientieren*, éd. Cassirer, p. 360).

6) La réduction phénoménologique a été une façon radicale de suspendre l'approche naturelle du monde posé comme objet – la lutte radicale contre l'abstraction que l'objet résume.

Mais elle n'a pas réussi à mettre l'ensemble de l'univers entre parenthèses du côté des noèmes. La réduction est devenue, dans une bonne partie de la phénoménologie contemporaine, un échelonnement des réalités qui pour l'attitude naturelle avaient été objets, dans une perspective où elles apparaissent comme *modes d'appréhension*. La réduction devient une *subjectivation* de l'être, l'aperception de ci-devant objets comme conditions *subjectives* d'objets, comme leur origine et principe. Nous assistons, dès lors, non seulement à cette extraordinaire subjectivation du corps et des organes corporels ; nous découvrons comme moyens d'accès à l'être et comme moments de la subjectivité, la terre, le ciel, le pont et le temple. Dès les *Ideen*, la perception sensible ne fournit pas seulement un point de départ à la construction scientifique, mais le lieu que ne quittera jamais l'objet intelligible construit. À ce lieu il faudra rapporter l'objet de la science pour le saisir dans son être concret. On peut dire que la phénoménologie revendique le privilège imprescriptible du monde perçu par l'homme concret qui vit sa vie. C'est bien cette thèse des *Ideen* que Heidegger reprend en affirmant que le lieu dessiné par le *bâtir* contient l'espace géométrique, lequel ne saurait rien contenir.

La subjectivation de ce que furent naguère les réalités empiriques ne consiste pas à les transformer en *contenus* de la conscience | ou en données, mais à les découvrir comme *contenants* et comme *donneurs*. Rien n'est définitivement qualité donnée, toute qualité est rapport. Son intelligibilité ne tient plus à la réductibilité d'une notion à un principe ou à une fin – ni au système où elle occuperait sa place – mais à sa fonction dans la transcendance de l'intentionalité. Toute donnée, même la terre et le corps et les choses sont des moments de l'œuvre de la *Sinngebung*. D'où une déformalisation de la réalité objective et scientifique. Elle est engagée en des rapports d'*objet à condition*. Rapports qui ne sont ni analytiques, ni synthétiques, ni dialectiques, mais intentionnels.

Et dans ce lien nouveau entre données et d'autres données qui leur servent de condition « subjective » – réside, pour un spectateur qui reste au dehors, une nouvelle manière d'égrener les concepts.

Rencontrer un homme, c'est être tenu en éveil par une énigme. Cette énigme, au contact de Husserl, était toujours celle de son œuvre. Malgré la relative simplicité de son accueil et la sympathie active qu'on pouvait trouver dans sa maison, on rencontrait en Husserl toujours la Phénoménologie. Mes souvenirs remontent à une jeunesse à laquelle Husserl apparaissait déjà dans tout son mythe; ils n'embrassent que deux semestres de rapports personnels. Mais la timidité respectueuse, l'« emballement » et le penchant pour la mythologie de nos 20 ans mis à part, je pense que, rarement, un homme s'identifiait davantage à son œuvre et séparait davantage cette œuvre de soi. Se référant, sans doute, à tel ou tel groupe de ses manuscrits inédits, dormant au fond de quelque caisse et consacrés à la phénoménologie de la rétention, du sensible ou du moi – il disait avec un naturel parfait : « Wir haben schön darüber ganze Wissenschaften ». Et ces sciences ignorées, il avait plutôt l'air de les avoir reçues que données. De son œuvre même, fût-ce en privé, Husserl ne parlait qu'en termes mêmes de cette œuvre. Ce fut de la phénoménologie sur la phénoménologie et, de mon temps, presque toujours un monologue qu'on n'osait interrompre.

---

1. Paru dans *Edmund Husserl 1859-1959*. Recueil commémoratif publié à l'occasion du centenaire de la naissance du Philosophe, « Phaenomenologica », La Haye, Nijhoff, 1959.

Aussi la dette à l'égard de l'homme se confond-elle, pour moi, avec la dette à l'égard de l'œuvre[1].

126 | Cet homme d'allure assez grave, mais affable, d'une tenue extérieure sans défaillance, mais oublieux de l'extérieur, lointain, mais non hautain et comme un peu incertain dans ses certitudes, soulignait la physionomie de son œuvre éprise de rigueur et cependant ouverte, audacieuse et sans cesse recommençante comme une révolution permanente, épousant des formes qu'on eût aimé, à l'époque, moins classiques,

---

1. Sur les relations personnelles avec Husserl, d'autres que moi apporteront des anecdotes intéressantes. Je voudrais seulement consigner trois points. – Pendant les deux semestres de mon séjour à Fribourg (été 1928, hiver 1928-1929), Madame Husserl, prétextant son prochain voyage à Paris, prenait chez moi des cours de « perfectionnement en français ». Ils avaient pour but d'ajouter à la bourse de l'étudiant plutôt que d'enrichir le vocabulaire de l'éminente élève. Ces gestes de bonté dissimulée furent fréquents à la maison de Husserl et eurent des bénéficiaires illustres. – Fin juillet 1928, j'ai fait un exposé au séminaire de Husserl. Ce fut la dernière séance, du dernier séminaire de sa carrière. De cet exposé, il ne fut pas question, bien entendu dans l'allocution d'adieux qui suivit; Husserl disait que les problèmes philosophiques lui apparaissaient enfin dans toute leur clarté, maintenant que le temps lui était ménagé par l'âge, pour les résoudre. – Dernier point enfin que j'hésiterais à relater, si le problème, récemment soulevé, du judaïsme de Husserl, ne m'incitait pas à le verser au dossier. Husserl et sa femme, on le sait, étaient des juifs convertis au protestantisme. Les dernières photos du maître accusent les traits de sa physionomie juive (on a peut-être tort de dire qu'elle commençait à ressembler à celle des prophètes, car personne ne possède, après tout, le portrait de Jérémie ou de Habacouc). Madame Husserl me parlait de juifs rigoureusement à la troisième personne, pas même à la deuxième. Husserl ne m'en parlait jamais. Sauf une fois. Sa femme devait profiter de son passage à Strasbourg pour faire un très important achat. Rentrant de courses qu'elle avait faites en compagnie de Madame Hering, mère du théologien et du philosophe strasbourgeois, elle a déclaré en ma présence : « Nous avons trouvé une maison sérieuse. *Die Leute obgleich Juden, sind sehr zuverlässig* ». Je n'ai pas caché ma blessure. Alors Husserl : « Laissez cela, M. Levinas, je proviens moi-même d'une maison de commerçants et... » Il n'a pas continué. Les juifs sont durs les uns pour les autres, bien qu'ils ne tolèrent pas les « histoires juives » que les non-juifs leur racontent, comme les clercs qui détestent les facéties anticléricales venant des laïcs, mais qui doivent, entre eux, s'en conter. La réflexion de Husserl m'a apaisé.

moins didactiques et un langage qu'on eût préféré plus dramatique et même moins monotone. Œuvre dont les accents vraiment nouveaux ne résonneront jamais qu'aux oreilles fines ou exercées, mais, obligatoirement, à l'affût.

Tout autre se présentait alors la philosophie de Heidegger, d'emblée éclatante. La confrontation de ces deux pensées fournissait, à Fribourg, un sujet important de méditations et de discussions à une race déjà alors finissante d'élèves, formés par Husserl avant de connaître Heidegger. Eugen Fink et Ludwig Landgrebe en furent. Pour ceux qui arrivèrent avec Heidegger en hiver 1928-1929, Husserl, retraité dès la fin du semestre d'hiver 1928-1929 et qui avait enseigné à mi-temps pendant le semestre de transition d'été 1928, n'était plus qu'un ancêtre. Par le biais de ces discussions, j'entrais moi-même dans la phénoménologie et me formais à sa discipline. Je vais essayer dans ces pages d'évoquer les thèmes qui me parurent déterminants dans la pensée husserlienne sous l'angle où ils se sont présentés en ces années lointaines. Retient-on d'une philosophie qui vous marque les vérités d'un « savoir absolu » ou certains gestes et certaines « inflexions de voix » qui forment pour vous le visage d'un interlocuteur nécessaire à tout discours, même intérieur ?

I

La phénoménologie, c'est l'intentionalité. Qu'est-ce à dire ? Refus d'un sensualisme qui identifiait la conscience aux sensations-choses ? Certes. Mais le sensible joue un rôle important en phénoménologie | et l'intentionalité réhabilite le **127** sensible. Corrélation nécessaire entre sujet et objet ? Sans doute. Mais on n'a pas attendu Husserl pour protester contre l'idée d'un sujet séparé de l'objet. Si l'intentionalité signifiait uniquement que la conscience « s'éclate » vers l'objet et que nous sommes immédiatement auprès des choses, il n'y aurait jamais eu de phénoménologie.

Nous posséderions une théorie de la connaissance pour la vie naïve de la représentation qui rencontre des essences permanentes, arrachées à tout horizon – abstraites dans ce sens – et offertes dans un présent où elles se suffisent. Le présent de la vie est précisément une forme insoupçonnée, mais primordiale, de l'abstraction où les êtres se tiennent comme s'ils y commençaient. La re-présentation aborde les êtres comme s'ils se soutenaient entièrement par eux-mêmes, comme s'ils étaient des substances. Elle a le pouvoir de se désintéresser ne fût-ce que pendant un instant, l'instant de la représentation de la condition de ces êtres. Elle triomphe du vertige de l'infini conditionnement qu'ouvre en eux la vraie pensée et la pensée vraie. Sans traverser la série infinie du passé, à laquelle se réfère cependant ma journée d'aujourd'hui, je cueille cette journée, en toute réalité, et tiens mon être même à partir de ces instants fugitifs. Kant, en montrant que l'entendement peut poursuivre son œuvre théorique sans satisfaire à la Raison, a déjà mis en lumière l'éternelle essence de ce « réalisme empirique » qui se passe de principes inconditionnés.

La phénoménologie, comme toute philosophie, enseigne que la présence *immédiate* auprès des choses ne comprend pas encore le sens des choses, et, par conséquent, ne remplace pas la vérité. Mais nous devons à la façon dont Husserl nous invite à dépasser l'immédiat, de nouvelles possibilités de philosopher. Il apporte avant tout l'idée d'une analyse des intentions, capable de nous apprendre sur l'être (que ces intentions auraient dû seulement saisir ou refléter) plus que la pensée *entrant* dans ces intentions. Comme si l'événement ontologique fondamental, déjà perdu dans l'objet saisi ou reflété, était, plus objectif que l'objectivité, un mouvement transcendantal. Le renouvellement du concept même du *transcendantal*, que masque, peut-être, le recours au terme « constitution », nous apparaît comme un apport essentiel de la phénoménologie. D'où, sur le plan de ce qu'on pourrait appeler « raisonnement philosophique », une nouvelle façon de passer d'une idée à l'autre. D'où modification du concept même de la philosophie qui s'identifiait à l'absorption de tout « Autre » par le « Même » ou à la déduction de tout « Autre » à partir du « Même » (c'est-à-dire, au sens radical du terme, à l'idéalisme) et où désormais une *relation* entre le Même et l'Autre ne vient pas invertir l'éros philosophique. Enfin, d'une façon plus générale, nouveau style en | philosophie. Elle **128** n'est pas devenue science rigoureuse comme corps de doctrines s'imposant universellement. Mais la phénoméno-logie a inauguré une analyse de la conscience où le plus grand souci concerne la structure, la façon dont un mouvement de l'âme s'intègre dans un autre, la façon dont il repose et s'imbrique et se loge dans le tout du phénomène. On ne peut plus analyser en énumérant les ingrédients d'un état d'âme. Les points de repère de ces « formules de structure » tiennent, certes, aux présupposés ultimes de la doctrine. Mais un nouvel esprit de rigueur s'est instauré : la pénétration ne consiste pas à toucher le fin ou l'infiniment petit dans l'âme, mais à ne pas laisser sans structure ces éléments fins ou leurs prolon-gements. Voilà les points qui nous paraissent essentiels pour toute la pensée post-husserlienne et le bénéfice que, pour notre modeste part, nous avons retiré d'une longue fréquen-tation des travaux husserliens. Ils s'imposent à la pensée dès les *Logische Untersuchungen* qui définissent si mal la phénoménologie, mais qui la prouvent si bien, car elles la prouvent, comme on prouve le mouvement – en marchant.

II

Pourquoi la logique qui établit les lois idéales régissant les formes vides du « pensé », exigerait-elle, pour son fondement, une description des démarches de la pensée intentionnelle ? Question d'exégèse, qui inquiètera d'autant plus qu'on professera l'idéalité des formes logiques et l'impossibilité de les confondre avec les « contenus réels » de la conscience, avec les actes de se représenter ou de juger et, encore moins, avec les « contenus primaires » ou sensations. Question que l'on rencontre avant que les *Ideen* ne troublent toute une génération de disciples par la formulation explicite de l'idéalisme transcendantal, apparemment soutenu contre le réalisme des essences formelles et matérielles dont la transcendance constitue cependant, sans conteste, le grand thème de toute l'œuvre husserlienne et auquel on se rallie dès le premier volume des *Logische Untersuchungen,* le volume le plus convaincant de la littérature philosophique.

Pourquoi ce retour à la description de la conscience ? Serait-il « intéressant » ou « instructif » de connaître, en dehors des essences idéales les actes subjectifs qui les saisissent ? Mais en quoi cette recherche, supplémentaire et intéressante, permettrait-elle d'éviter certaines confusions ou équivoques de la logique pure, science de nature mathématique et nullement psychologique ? Husserl cite, parmi ces confusions, le psychologisme, comme si, terrassé depuis les *Prolégomènes*, il justifiait encore tant d'efforts nouveaux. Husserl | invoque, certes, dès l'introduction au deuxième volume des *Logische Untersuchungen* le besoin de projeter la clarté d'une théorie de la connaissance – qui serait aussi une clarté philosophique – sur les notions de la logique pure. La phénoménologie de la conscience découvrirait « les sources d'où jaillissent les concepts fondamentaux et les lois idéales de la logique pure et auxquelles il faut les ramener pour leur conférer *la clarté et la distinction* nécessaires à la logique pure sur le plan de la théorie de la connaissance ». Mais la théorie et la critique de la connaissance, au sens que ces disciplines ont pris depuis Kant, déterminent bien les sources de l'activité scientifique et, partout, les limites du légitime emploi de la raison. Elles n'ont pas à clarifier les concepts mêmes dont se sert la science ni, en tout cas, à réviser les concepts de la logique pure, constituée, depuis Aristote, dans sa perfection. La nouveauté de la phénoménologie husserlienne, dans ses prétentions gnoséologiques consiste à recourir à la conscience pour éclairer les concepts d'une science et pour les préserver contre des équivoques inévitables dont ils seraient chargés pour une pensée qui, dans l'attitude naturelle, reste braquée sur les objets : « Elle est indispensable au progrès de ces recherches » (de la logique pure). – Enfin, le fait que l'« *en soi* de l'objet puisse être représenté et, dans la connaissance, saisi, c'est-à-dire en fin de compte devenir subjectif » serait, à la rigueur, problématique dans une philosophie qui pose le sujet comme une sphère immanente, enfermée en elle-même ; ce problème est d'avance résolu avec l'idée de l'intentionalité de la conscience, puisque la présence du sujet auprès des choses transcendantes est la définition même de la conscience.

À moins que tout l'intérêt de la recherche annoncée, au lieu de se porter sur la corrélation sujet-objet qui définirait l'intentionalité, ne découle d'un autre dynamisme qui anime l'intentionalité. Sa vraie énigme ne consisterait pas dans la présence auprès des objets, mais dans le sens nouveau qu'elle permet de donner à cette présence.

Si l'analyse de la conscience est nécessaire à l'éclaircissement des objets, c'est que l'intention qui se dirige sur eux ne saisit pas leur sens, mais seulement une abstraction dans un malentendu inévitable ; c'est que l'intention, dans son « éclatement vers l'objet » est aussi une ignorance et une méconnaissance du sens de cet objet, car oubli de tout ce que l'intention ne contient qu'implicitement et que la conscience voit sans voir. Telle est la réponse à la difficulté que nous venons de rappeler. Husserl la donne en caractérisant au chapitre 20 des *Méditations Cartésiennes* l'originalité de l'analyse intentionnelle : « ... Son opération originale, dit-il, est de dévoiler les potentialités "impliquées" dans les actualités (états actuels) de la conscience. Et c'est par là que s'opère du point | de vue noématique, l'explication, la précision et l'élucidation éventuelle de ce qui est "signifié" par la conscience, c'est-à-dire de son sens objectif ».

130

L'intentionalité désigne ainsi une relation avec l'objet, mais une relation telle qu'elle porte en elle, essentiellement, un sens implicite. La présence auprès des choses implique une autre présence auprès d'elles, qui s'ignore, d'autres horizons corrélatifs de ces intentions implicites et que la plus attentive et la plus scrupuleuse considération de l'objet donné dans l'attitude naïve, ne saurait découvrir. « Tout cogito en tant que conscience est, dans un sens très large "signification" de la chose qu'il vise, mais cette "signification" *dépasse*, à tout instant, ce qui, à l'instant même, est donné comme "explicitement visé". Il le dépasse, c'est-à-dire qu'il est gros d'un "plus" qui s'étend au-delà... *Ce dépassement de l'intention dans l'intention elle-même*, inhérent à toute conscience doit être considéré comme essentiel (*Wesensmoment*) à cette conscience » (p. 40). « Le fait que la structure de toute intentionalité implique un "horizon" (*die Horizontstruktur*) prescrit à l'analyse et à la description phénoménologique une méthode absolument nouvelle » (p. 42).

La classique relation entre sujet et objet, est une présence de l'objet et une présence auprès de l'objet. La relation est comprise, en fait, de telle manière que le présent y épuise l'être du sujet et de l'objet. L'objet y est, à tout instant, exactement ce que le sujet le pense actuellement. Autrement dit, la relation sujet-objet est toute conscience. Malgré le temps qu'elle peut durer, cette relation recommence éternellement ce présent transparent et actuel et demeure, au sens étymologique du terme re-présentation. Par contre, l'intentionalité porte en elle les horizons innombrables de ses implications et pense à infiniment plus de « choses » qu'à l'objet où elle se fixe. Affirmer l'intentionalité, c'est aper-cevoir la pensée comme liée à l'implicite où elle ne tombe pas accidentellement, mais où, par essence, elle se tient. Par là, la pensée n'est plus ni pur présent, ni pure représentation. Cette découverte de l'implicite qui n'est pas une simple « défi-cience » ou « chute » de l'explicite, apparaît comme mons-truosité ou comme merveille dans une histoire des idées où le concept d'actualité coïncidait avec l'état de veille absolue, avec la lucidité de l'intellect. Que cette pensée se trouve tributaire d'une vie anonyme et obscure, de paysages oubliés qu'il faut restituer à l'objet même que la conscience croit pleinement tenir, voilà qui rejoint incontestablement les conceptions modernes de l'inconscient et des profondeurs. Mais il en résulte non pas une nouvelle psychologie seulement. Une nouvelle ontologie commence : l'être se pose non pas seulement comme corrélatif d'une pensée, mais comme fondant déjà la pensée même qui, cependant, le | constitue. Nous allons y revenir. Remarquons, pour le **131** moment, que le conditionnement de l'actualité consciente dans la potentialité, compromet la souveraineté de la repré-sentation bien plus radicalement que ne le fait la découverte dans la vie sentimentale d'une intentionalité spécifique, irréductible à l'intentionalité théorique, plus radicalement que l'affirmation d'un engagement actif dans le monde, antérieur à la contemplation. Husserl met en question la souveraineté de la représentation à propos des structures de logique pure, à propos des formes pures du « quelque chose en général » où ne joue aucun sentiment, où rien ne s'offre à la volonté et qui, cependant, ne révèlent leur vérité que replacées dans leur horizon. Ce n'est pas un irrationalisme du sentiment ou de la volonté qui vient ébranler le concept de la représentation. Une pensée qui oublie les implications de la pensée, invisibles avant la réflexion sur cette pensée, *opère* sur des objets au lieu de les penser. La réduction phénoménologique arrête l'*opération* pour remonter vers la vérité, pour montrer les êtres représentés dans leur surgissement transcendantal.

L'idée d'une implication nécessaire, absolument imperceptible au sujet se dirigeant sur l'objet, ne se découvrant qu'après coup, dans la réflexion, ne se produisant donc pas dans le présent, c'est-à-dire se produisant *à mon insu* – met fin à l'idéal de la représentation et de la souveraineté du sujet, met fin à l'idéalisme où rien ne pouvait entrer subrepticement en moi. Dans la pensée se révèle ainsi une *passion* foncière qui n'a plus rien de commun avec la passivité de la sensation, du donné – dont partaient empirisme et réalisme. La phénoménologie husserlienne nous a appris non pas à projeter dans l'être des états de conscience, ni, encore moins, à réduire en états de conscience des structures objectives, mais à recourir à un domaine « subjectif plus objectif que toute objectivité ». Elle a découvert ce domaine nouveau. Le moi pur est une « transcendance dans l'immanence » constitué en quelque façon lui-même en fonction de ce domaine où se joue le jeu essentiel.

III

Dépasser l'intention dans l'intention même, penser plus qu'on ne pense, serait une absurdité, si ce dépassement de la pensée par la pensée, était un mouvement de même nature que celui de la représentation, si le « potentiel » n'était qu'un « actuel » diminué ou relâché (ou ce serait la banalité des degrés de la conscience). Ce que Husserl illustre par ses analyses concrètes, c'est que la pensée qui va vers son objet enveloppe des pensées qui débouchent sur des horizons

noématiques lesquels *supportent* déjà le sujet | dans son   132
mouvement vers l'objet, l'étayent, par conséquent, dans son
œuvre de sujet, *jouent un rôle transcendantal* : la sensibilité et
les qualités sensibles ne sont pas l'étoffe dont est faite la forme
catégoriale ou l'essence idéale, mais la situation où le sujet se
place déjà pour accomplir une intention catégoriale ; mon
corps n'est pas seulement un objet perçu, mais un sujet
percevant ; la terre n'est pas la base où apparaissent les choses,
mais la condition que le sujet requiert pour leur perception.
L'horizon impliqué dans l'intentionalité n'est pas donc le
contexte encore vaguement pensé de l'objet, mais la *situation*
du sujet. Un sujet en *situation* ou, comme, le dira Heidegger,
au monde, est annoncé par cette potentialité essentielle de
l'intention. La présence auprès des choses qu'exprime
l'intentionalité est une transcendance ayant déjà comme une
histoire dans le monde où seulement elle entre. Si Husserl
revendique pour ces implications une lumière complète, il ne
la revendique que dans la réflexion. Pour Husserl, l'être ne
révèle pas sa vérité dans l'Histoire plutôt que dans la
conscience, mais ce n'est plus la conscience souveraine de
la représentation qui s'en saisit.

La voie est ouverte aux philosophies de l'existence, qui
peuvent quitter le terrain du pathétique et du religieux où elles
se cantonnaient jusqu'alors. La voie est ouverte à toutes les
analyses husserliennes, si obstinément par lui préférées, du
sensible et du pré-prédicatif, remontant à l'*Urimpression*, à la
fois premier sujet et premier objet, donneur et donné. La voie
est ouverte à la philosophie du corps propre, où l'intentionalité révèle sa vraie nature, car son mouvement vers le
représenté s'y enracine dans tous les horizons implicites
– non-représentés – de l'existence incarnée ; laquelle tire son
être de ces horizons que, cependant, dans un certain sens elle
constitue (puisqu'elle en prend conscience), comme si, ici,
l'être constitué conditionnait sa propre constitution. Structure

paradoxale que Heidegger mettra partout en évidence et en
œuvre : la subjectivité, la dimension même du subjectif, est
par l'être, comme suscitée pour que puisse s'accomplir ce qui
s'inscrit dans la révélation de l'être, dans la splendeur de la
« physis » où l'être est en vérité.

La présence auprès des choses se référant aux horizons, de
prime abord et le plus souvent, insoupçonnés qui, cependant,
guident cette présence même – annonce, en effet, aussi la
philosophie de l'être au sens heideggerien. Toute pensée qui
se dirige sur l'*étant*, se tient déjà dans l'être de l'étant que
Heidegger montre irréductible à l'étant, horizon et site qui
commande toute prise de position, lumière d'un paysage,
guidant déjà l'initiative du sujet qui veut, qui travaille ou qui
juge. Toute l'œuvre de Heidegger consiste à ouvrir et à
133 explorer cette dimension, inconnue | dans l'histoire des idées
et à laquelle il donne cependant le nom le plus connu de *Sein*.
Par rapport au modèle traditionnel de l'objectivité, c'est un
terrain subjectif, mais d'un subjectivisme « plus objectif que
toute objectivité ».

L'activité transcendantale n'est ni le fait de réfléchir un
contenu, ni la production d'un être pensé. La constitution de
l'objet est déjà abritée par un « monde » pré-prédicatif que
cependant le sujet constitue ; et, inversement, le séjour dans un
monde n'est concevable que comme la spontanéité d'un sujet
constituant, sans laquelle ce séjour aurait été simple appartenance d'une partie à un tout et le sujet, simple produit d'un
terrain. Le flottement entre le dégagement de l'idéalisme
transcendantal et l'engagement dans un monde qu'on
reproche à Husserl, n'est pas sa faiblesse, mais sa force. Cette
simultanéité de la liberté et de l'appartenance – sans qu'aucun
de ces termes soit sacrifié – est peut-être la *Sinngebung* elle-
même, l'acte de prêter un sens qui traverse et porte l'être tout
entier. L'activité transcendantale reçoit, en tout cas, dans la
phénoménologie cette nouvelle orientation. Le monde n'est

pas seulement constitué, mais aussi constituant. Le sujet n'est plus pur sujet, l'objet n'est plus pur objet. Le phénomène est à la fois ce qui se révèle et ce qui révèle, être et accès à l'être. Sans la mise en lumière de ce qui révèle – du phénomène comme accès –, ce qui se révèle – l'être – demeure une abstraction. L'accent nouveau et l'éclat de certaines analyses phénoménologiques – cette impression de déformaliser notions et choses, qu'elles laissent – tiennent à cette double perspective, où les entités se replacent. Les objets sont arrachés à leur terne fixité pour scintiller dans le jeu de rayons qui vont et viennent entre le donneur et le donné. Allée et venue où l'homme constitue le monde auquel cependant déjà il appartient. L'analyse ressemble à un ressassement d'une éternelle tautologie : l'espace suppose l'espace, l'espace représenté suppose une certaine implantation dans l'espace, laquelle, à son tour, n'est possible que comme projet de l'espace. Dans cette apparente tautologie, l'essence – l'être de l'entité – éclate. L'espace devient expérience de l'espace. Il ne se sépare plus de sa révélation, de sa vérité où il ne se prolonge pas seulement, mais où, plutôt, il s'accomplit. Ce retournement où l'être fonde l'acte qui le projette, où le présent de l'acte – où son actualité – vire en passé, mais où, aussitôt, l'être de l'objet se parfait dans l'attitude qui se prend à son égard et où l'antériorité de l'être se place, de nouveau, dans un avenir – ce retournement où le comportement humain est interprété comme expérience originelle et non pas comme le fruit d'une expérience – c'est la phénoménologie elle-même. Elle nous mène hors des catégories sujet-objet et ruine la souveraineté de la représentation. Sujet et objet ne sont que les pôles de cette | vie intentionnelle. La réduction phénoméno- **134** logique ne nous a jamais paru se justifier par l'apodicticité de la sphère immanente, mais par l'ouverture de ce jeu de l'intentionalité, par le renoncement à l'objet fixe, simple résultat et dissimulation de ce jeu. L'intentionalité signifie que toute conscience est conscience de quelque chose, mais surtout que *tout objet appelle et comme suscite la conscience par laquelle son être resplendit et, par là-même, apparaît.*

L'expérience sensible est privilégiée, parce que, en elle, se joue cette ambiguïté de la constitution, où le noème conditionne et abrite la noèse qui le constitue. Même prédilection en phénoménologie pour les attributs culturels que la pensée constitue, mais dont elle se nourrit déjà dans la constitution. Le monde culturel, en apparence tardif, mais dont l'être même consiste à prêter un sens, soutient, dans les analyses phénoménologiques, tout ce qui, dans les choses et les notions, semble simplement contenu et donné.

Les notions qui jusqu'alors demeuraient sur le plan de l'objet forment, dès lors, une série dont les termes ne se rattachent les uns aux autres ni analytiquement, ni synthétiquement. Elles ne se complètent pas mutuellement comme les fragments d'un puzzle, mais se conditionnent transcendantalement. Le lien entre la situation et l'objet qui s'y réfère ainsi que le lien entre les phénomènes constituant l'unité d'une situation (révélé dans la description réflexive) sont aussi nécessaires que les liens de déduction. La phénoménologie les rapproche malgré leur isolement strictement objectif. Rapprochements que jusqu'alors ne se permettaient que les poètes et les prophètes, par la métaphore et la « vision » et que les langues accumulaient dans leurs étymologies. Ciel et terre, main et outil, corps et autrui conditionnent *a priori* connaissance et être. Méconnaître ce conditionnement c'est produire des abstractions, équivoques et vides dans la pensée. C'est peut-être par cette mise en garde contre la pensée claire, oublieuse de ses horizons constituants, que l'œuvre husserlienne aura été le plus immédiatement utile à tous les théoriciens et, notamment, à tous ceux qui s'imaginent spiritualiser la pensée théologique, morale ou politique en méconnaissant les conditions concrètes et, en quelque façon, charnelles où puisent leur vrai sens les notions en apparence plus pures.

IV

Mais le fait que la pensée est implicite essentiellement, que l'idéal d'une actualité totale ne peut venir que d'une vue abstraite prise sur la pensée elle-même, marque, peut-être, la fin de toute une orientation de la philosophie. La philosophie surgie dans une opposition à l'opinion, tendait à la sagesse comme à l'instant de | pleine possession de soi où rien **135** d'étranger, rien d'autre ne vient plus limiter l'identification glorieuse du Même dans la pensée. Aller à la vérité, consistait à découvrir une totalité où le divers se retrouvait identique, c'est-à-dire déductible, sur le même plan ou sur le plan du Même. D'où l'importance de la déduction qui, de l'expérience partielle, tirait la totalité (que cette déduction ait été analytique, mécaniste ou dialectique). La pensée qui rendait explicite ce qui dans le *représenté* était implicite, était, en droit, ce pouvoir d'actualisation totale, l'acte pur lui-même.

Et voilà que la pensée dirigée sur l'objet dans toute la sincérité de son intention, ne touche pas l'être dans sa sincérité naïve, pense plus qu'elle ne pense et autrement qu'elle ne pense actuellement et, dans ce sens, n'est pas à elle-même immanente, même si, par son regard, elle tient « en chair et en os » l'objet qu'elle vise ! Nous sommes au-delà de l'idéalisme et du réalisme, puisque l'être n'est ni dans la pensée, ni hors de la pensée, mais que la pensée elle-même est hors d'elle-même. Il faut un acte second et un esprit de l'escalier pour découvrir les horizons cachés qui ne sont plus le contexte de cet objet, mais les donneurs transcendantaux de son sens. Il faut pour tenir le monde et la vérité plus que l'instant ou l'éternité de l'évidence.

Que Husserl lui-même ait vu cet esprit de l'escalier sous formes d'actes objectivants et pleinement actuels de la réflexion (en vertu de quel privilège?), n'a peut-être pas été déterminant pour l'influence de son œuvre. Cette vie qui prête un sens se livre peut-être autrement et suppose pour sa révélation des relations entre le Même et l'Autre qui ne sont plus objectivation mais société. On peut rechercher dans une éthique la condition de la vérité. La philosophie en équipe, est-elle par hasard seulement une idée husserlienne?

Mettre fin à la coextension de la pensée et de la relation sujet-objet, c'est laisser entrevoir une relation avec l'autre qui ne sera ni une limitation intolérable du pensant, ni une simple absorption de cet autre dans un moi, sous forme de contenu. Là où toute *Sinngebung* était l'œuvre d'un moi souverain, l'autre, en effet, ne pouvait que s'absorber dans une représentation. Mais dans une phénoménologie où l'activité de la représentation totalisante et totalitaire est déjà dépassée dans sa propre intention, où la représentation se trouve déjà placée dans des horizons que, en quelque façon, elle n'avait pas voulus, mais dont elle ne se passe pas – devient possible une *Sinngebung* éthique, c'est-à-dire essentiellement respectueuse de l'Autre. Chez Husserl lui-même, dans la constitution de l'intersubjectivité, entreprise à partir d'actes objectivants, s'éveillent brusquement des relations sociales, irréductibles à la constitution objectivante qui prétendait les bercer dans son rythme.

1. Dans sa lutte contre le psychologisme, la phénoménologie husserlienne nous a invités à ne pas confondre la vie
psychique et son « objet intentionnel ». Les lois qui régissent
l'être – individuel ou idéal – ne proviennent pas de la nature de
la pensée ; les structures de la pensée ne doivent pas se faire
passer pour les structures des choses. Faire de la phénoménologie, reviendrait ainsi à faire confiance au témoignage de la
conscience qui, toute intentionalité, touche l'être en original.
En aucune façon – et quoi qu'en ait dit le psychologisme – elle
ne projette au dehors ses propres états, ni ne constitue, par le
jeu de ces états, l'extériorité même du dehors. La phénoménologie deviendrait ainsi une méthode métaphysique, le mot
métaphysique évoquant les relations avec l'être en soi,
comme dans le réalisme platonicien, par opposition à la
connaissance, purement subjective, des phénomènes. – En
revanche, dans cette perspective, la phénoménologie se pro-
nonce sur la transcendance de cet être. La transcendance se
produirait comme l'objectivité d'un objet. Malgré le dépassement du positivisme scientiste par la phénoménologie, une
telle notion de la transcendance enferme l'être – et fût-il
essence ou valeur – dans le statut de l'objet scientifique, dans
le statut du *fait* qui résiste au sujet et le heurte et, dans ce heurt,

1. Paru dans *Revue Philosophique de la France et de l'Étranger*, P.U.F.,
1959.

s'ajuste à l'*a priori* du sujet et se livre à lui. La métaphysique – le rapport avec l'être – se réduirait à ce mouvement vers l'objet, désormais libéré de tout scrupule criticiste.

Mais la phénoménologie husserlienne signifie aussitôt tout le contraire : une méfiance à l'égard de la naïveté de ce mouvement intentionnel qui nous porte auprès des choses. Toute l'entreprise de la phénoménologie – programme infini de recherches – traduit cette inlassable méfiance. C'est que, pour Husserl, le mouvement de la conscience allant vers son objet, dissimule un autre mouvement qu'on voudrait appeler subjectif – puisqu'il n'aboutit pas aux objets – mais que l'on ne peut pas appeler ainsi, car il n'est pas un simple remous de la « masse » psychique, mais reste intentionnel, concerne cette **138** sphère, *autre* que le soi-même du sujet, où, pour | Husserl, se situent finalement les objets. Elle se dessine comme l'*horizon* des objets ou comme leur arrière-fond. Termes cependant inappropriés. Car désigner comme horizon ou comme arrière-fond, le plan où aboutit le mouvement intentionnel dissimulé par l'objectivation, c'est subordonner ce mouvement à l'objectivation et ne lui trouver d'autre vérité que celle de la condition transcendantale de l'objet. Ce serait encore maintenir le primat métaphysique de l'objectivité, comme si l'être était un superlatif d'objet, comme si la relation avec l'objet et la relation entre objets (par exemple, la causalité) étaient seules susceptibes de *vérité* et comme si les formes logiques dans lesquelles ces relations se dessinent, étaient la charpente de l'Être. Or, le mouvement transcendantal que Husserl découvre dans l'intentionalité, dissimulé par la vision naïve de l'objet, accomplit des relations métaphysiques, onto-logiquement irréductibles, originelles ou ultimes. Pour ne pas se plier à la logique qui régit les relations entre objets ou la relation de sujet à objet – pour se manifester comme paradoxales – elles n'en sont pas moins vraies d'une certitude indépendante de la certitude objective, mais qui ne se ramène pas, non plus, à la certitude de la foi, du sentiment, de la pratique ou de l'opinion. Ceux-ci tournent encore autour de la vérité objective. Ils la critiquent comme le renard, le raisin qui dépasse sa portée. Ils appartiennent encore à la métaphysique du transcendant. La phénoménologie annonce une métaphysique du transcendantal.

Le kantisme où la vérité ne s'ouvre pas sur l'extériorité, même si elle se tient dans le nécessaire, s'interrompt avant que Heidegger lui ait substitué une interprétation métaphysique. Husserl s'en libère le premier en montrant, derrière l'intentionalité objectivante, une vie concrète, elle aussi, intentionnelle. Sa sortie du kantisme ne se produit pas dans la théorie dite de l'« intuition catégoriale ». Dans cette théorie s'estompe la dignité spéciale du transcendantal : la synthèse, *condition* de l'objectivité, chez Kant, devient dans la théorie husserlienne, simple intuition d'un objet – et fût-elle de deuxième degré – fondée sur une intuition sensible. Mais le kantisme se confirme quand le transcendantal se maintient par la découverte d'opérations spirituelles, inévitablement inhérentes au mouvement qui va naïvement vers l'objectivité. Il se renouvelle quand ce mouvement se révèle intentionnel. *D'où l'idée d'une extériorité qui n'est pas objective.* Les opérations transcendantales constituent un dehors, mais elles ne constituent pas ce dehors (ou cet *autre que moi*) par un mouvement semblable à celui de l'œil qui perçoit son objet : l'Autre guide le mouvement transcendantal sans s'offrir à la vision, laquelle serait, précisément, toujours débordée par le mouvement transcendantal même qu'elle devrait définir. Le mouvement transcendantal reçoit désormais une tout autre | structure, que **139** la polarisation sujet-objet, laquelle caractérise l'intuition. Le grand apport de la phénoménologie husserlienne tient à cette idée que l'intentionalité ou la relation avec l'altérité, ne se fige pas en se polarisant comme sujet-objet.

Certes, la façon dont Husserl, lui-même, interprète et analyse ce débordement de l'intentionalité objectivante par l'intentionalité transcendantale, consiste à ramener celle-ci à d'autres intuitions et comme à de « petites perceptions ». Mais la réduction ne s'achève jamais. Car chacune de ces « petites perceptions » conduit à un horizon transcendantal et cela recommence indéfiniment. Kant refuse d'interpréter l'activité transcendantale comme intuitive. Même si ce refus enferme le transcendantal dans l'intériorité du sujet qui ne vise rien d'*autre*. Kant maintient le transcendantal en dehors de l'objectif. Que l'*Autre* de l'activité transcendantale surgisse par l'effet d'une liaison ou d'une synthèse au lieu de se polariser comme objet de vision, importe considérablement pour entrevoir la fin de l'universelle domination de la représentation et de l'objet. Ici Kant est plus hardi que Husserl.

2. Mais il existe, chez Husserl, une autre façon d'interpréter ce mouvement qui, sans viser un objet, ne consiste pas, pour le sujet, à marquer le pas dans son intériorité. Ce mouvement se produit dans la fonction transcendantale de la sensibilité. La relation avec l'objet, se caractérise par une certaine égalité entre l'intention de la pensée et l'intuition de ce qu'elle doit rencontrer. Dans son analyse de la relation avec l'objet en original, Husserl a bien montré comment la rencontre de l'objet confirme ou déçoit une intention vide qui la précède. L'analyse, entreprise pour montrer la différence entre la pensée vide et la pensée intuitive, montre aussi que la pensée qui touche son objet recouvre nécessairement une pensée qui le vise, que l'expérience d'un objet, *accomplit* toujours une pensée et que, de la sorte, jamais la réalité ne désarçonne la pensée. Le pensant conserve ainsi une espèce d'immobilité dans cette intentionalité objective, comme s'il reflétait en lui – telle une monade enfermée en elle-même – l'univers tout entier. Par contre, le sensible, le *datum* hylétique est un datum absolu. Les intentions l'animent

certes, pour en faire une expérience d'objet, mais le sensible est donné avant d'être cherché, d'emblée. Le sujet y baigne avant de penser ou de percevoir des objets. Dans le sensible certes Husserl distingue à nouveau entre sentir et senti, mais le senti, à ce niveau, n'est pas qualité d'un objet, répondant comme l'objet – pour l'accomplir ou la décevoir – à une intention vide. Le sentir du senti ne consiste pas, ici, à égaler une anticipation. Des «horizons» se dessinent sans que le sujet les ait dessinés comme des «projets». Mais d'autre part, | le sentir semble dans la sensation à la fois conscience du senti 140 et coïncide avec lui – ce qui encore le distingue de la corrélation sujet-objet. L'analyse du temps de la conscience et de la conscience du temps, fait intervenir l'intentionalité de la protention et de la rétention. Elle n'est pas, comme le souvenir ou comme l'espoir, déjà une intention objectivante. En aucune façon l'instant retenu ou pro-tenu, n'est pensé. Le «retenant» ou le «protenant» ne restent pas immobiles comme dans l'intention objectivante; ils *suivent* ce vers quoi ils se transcendent, se déterminent par ce qu'ils retiennent ou pro-tiennent.

Et cependant, il ne se produit pas ainsi un retour pur et simple au sensualisme de la statue qui devient odeur de rose, car l'idée d'intentionalité domine toutes ces analyses de la sensibilité. La coincidence du sentir avec le senti est un rapport entre soi et soi, même si ce rapport ne rattache pas une pensée à un pensé. Le sujet peut se reprendre de l'engagement qui l'emporte.

3. Mais l'intentionalité du sensible ne consiste pas seulement, pour le sentant, à se tenir dans le donné où il s'engage au lieu de contempler. Tout le sensible est, chez Husserl, essentiellement kinesthétique. Les organes de sens, ouverts sur le sensible se meuvent. Et cette référence du sensible à l'organe et à son mouvement ne s'ajoute pas à l'essence du sensible à cause de la nature empirique de

l'homme. Elle est la façon même dont le sentant sent le senti ; le mouvement de l'organe constitue l'intentionalité du sentir, accomplit sa transitivité même.

M. Alfred Schuetz – un des disciples et l'un des plus fervents admirateurs de Husserl – a édité en 1940, dans la revue américaine *Philosophy and Phenomenological Research* [1], des notes de Husserl sur la constitution de l'espace – quelques pages d'entre les dizaines de milliers d'inédites dont s'occupent si remarquablement les Archives Husserl de Louvain. Ces notes qui représentent, comme tant d'autres pages inédites de Husserl, un enregistrement de sa pensée dans ses tâtonnements quotidiens, sont de 1934 et reflètent, par conséquent, ses démarches dernières. Husserl part de la perception du mouvement pour aller vers la constitution de l'espace. La perception du mouvement commence au niveau du sensible, encore antérieur à la perception des *objets*, lesquels déjà supposent le lieu. Or le lieu et la configuration de lieux ou espace sont l'*idéalisation* d'une vie transcendantale qu'ils masquent, qui se joue dans des intentions d'un autre type que cette idéalisation – qui se joue dans les *kinesthèses*.

141   L'analyse cherche précisément à | montrer « comment, à force d'idéaliser, j'en arrive à des points locaux absolus et identiques dans un espace infini » [2].

Les kinesthèses, ce sont les sensations du mouvement du corps. Tous les mouvements perçus dans le monde extérieur au corps, remontent à ces sensations kinesthétiques. « Tous les mouvements, objets de l'expérience se réfèrent dans un sens intentionnel, à mon *faire*, à mon *se-tenir-tranquille* kinesthétique » [3]. Il faudra voir dans quel sens la kinesthèse est sensation. Husserl parle de kinesthèses qui constituent « l'action de se tenir tranquille » (*Aktivität des Stillhaltens*). La kinesthèse du repos n'est pas le repos de la kinesthèse.

1. P. 21-37 et 217-226.

2. *Philosophical and phenomenological research*, 1940, p. 23.

3. *Ibid.*, p. 24.

Sensation, elle est aussi activité. Notons enfin que le point zéro de la subjectivité à partir duquel se constituent le mouvement des choses, leurs lieux et l'espace, est déjà une conjoncture de kinesthèses et de mouvements. Elle renvoie à l'intentionalité fondamentale de l'incarnation même de la conscience : le passage de Moi à Ici. « Tout cela… part de moi, du corps ou, plus exactement, d'ici. La question se pose, comment cet Ici arrive à coïncider avec mon corps sans qu'il soit possible d'indiquer avec sérieux… le point de cette coïncidence » [1]. Nous assistons, dès lors, à la constitution de l'espace à partir des différents modes de la corporéité : l'espace visuel, oculo-moteur, l'espace constitué dans les kinesthèses des mouvements de la tête (espace *capital*), se combinant avec l'espace tactile reçu à travers les mouvements des doigts, de la main, à travers toutes les kinesthèses du tact ; enfin intervient l'espace constitué par les mouvements du corps humain qui se déplace et qui se déplace sur la terre où il se pose et qu'il foule – intentionalité originale [2], qu'il faut distinguer d'un simple contact.

Cette phénoménologie de la sensibilité kinesthétique dégage des intentions nullement objectivantes et des points de repère qui ne fonctionnent pas comme objets – marcher, pousser, projeter au loin, la terre ferme, la résistance, le lointain, la terre, le ciel [3]. Le sujet ne se tient plus dans l'immobilité du sujet idéaliste, mais se trouve entraîné dans des situations qui ne se résolvent pas en représentations qu'il pourrait se faire de ces situations.

L'idée d'intentionalité nous empêche, en présence de telles analyses, de nous croire à l'époque de l'empirisme intégral, constituant l'extériorité à partir des éléments inétendus, purement qualitatifs de la sensation. La kinesthèse n'est pas l'équivalent qualitatif du mouvement, un enregistrement, un

---

1. *Philosophical and phenomenological research*, 1940, p. 25.
2. *Ibid.*, p. 217.
3. *Ibid.*, p. 218, 219.

savoir, un reflet du mouvement dans un être immobile, une
142 image motrice. La sensation | est ici le mouvoir lui-même. *Le
*mouvoir est ici l'intentionalité de la kinesthèse et non pas son
intentum.* La relation avec un *autre* que soi, est possible
uniquement comme une pénétration dans cet autre que soi,
comme une transitivité. Le moi ne reste pas en soi-même pour
absorber tout *autre* dans la représentation. Il se transcende
véritablement. Ici l'intentionalité est au sens fort et peut-être
originel du terme, un acte, une transitivité, acte et transitivité
par excellence rendant seulement possible tout acte. Ici
l'intentionalité est l'union de l'âme et du corps. Non pas une
aperception de cette union où l'âme et le corps, comme deux
objets, se *pensent* réunis, mais comme une incarnation.
L'hétérogénéité des termes qui s'unissent souligne précisément la vérité de cette transcendance, de cette intentionalité
transitive. La séparation cartésienne entre l'âme et le corps qui
ne peuvent se toucher permet seulement de formuler la
radicale discontinuité que la transcendance doit franchir. Le
saut, au sens spatial du terme, interrompt la continuité de la
trajectoire tracée au sol, mais dans l'espace où tous les points
se touchent aucune discontinuité ne se produit. Le saut de la
transcendance qui va de l'âme au corps est absolu. À un
« certain moment » le sauteur n'est véritablement nulle part.
La transcendance se produit par la kinesthèse où la pensée se
dépasse non pas en rencontrant une réalité objective, mais en
accomplissant un mouvement corporel.

4. La conception de la conscience comme transitivité
kinesthétique, marque peut-être la fin de l'idéalisme, sans
nous ramener au réalisme. Celui-ci oppose à la constitution de
l'objet par la conscience, l'être en soi de cet objet, mais,
comme l'idéalisme, identifie être et objet. Cette identification
admise, l'idéalisme revient triomphalement. Car l'apparition
d'un objet, la représentation, est toujours à la mesure de la
conscience. Elle est l'adéquation entre le moi et le non-moi,

entre le Même et l'Autre. Représenté, l'Autre égale le Même, bien qu'il semble trancher sur lui. Descartes exprime cette égalité essentielle en affirmant que, par lui-même, le moi peut rendre compte de toutes choses et qu'il n'y a pas plus de perfection dans le ciel et dans le soleil que dans le moi. Chez Berkeley, le sensible est la congruence même de la conscience et de l'objet. La conscience restera toujours source de sens, car à travers le sens qui caractérise l'objet, l'étrangeté ou l'hétérogénéité de l'être prend la mesure de la conscience. La conscience idéaliste, dans son rapport avec elle-même, répète cette égalité. La subjectivité est une réflexion de soi en soi, que Husserl lui-même enseigne dans sa théorie de l'adéquation parfaite de la perception dite interne. Dès lors l'idéalisme s'impose comme une tautologie : ce qui apparaît comme être – apparaît et, par conséquent, se trouve | directe- **143** ment ou indirectement dans les limites d'une conscience ; ce qui déborde absolument les limites d'une conscience, n'est rien pour cette conscience.

L'intentionalité comme acte et transitivité, comme union de l'âme avec le corps, c'est-à-dire comme *inégalité entre moi et l'autre*, signifie le dépassement radical de l'intentionalité objectivante dont vit l'idéalisme. La découverte de l'intentionalité dans la praxis, l'émotion, la valorisation, où l'on a vu la nouveauté de la phénoménologie, n'emprunte sa vigueur métaphysique qu'à l'intentionalité transitive de l'incarnation.

Certes avant de commencer la phénoménologie des kinesthèses et du corps – intentionalité par excellence – Husserl, dans ses notes sur l'espace, fait la réserve mentale caractéristique pour toute sa philosophie, quand elle s'engage dans le concret : il remonte, pour un instant, au Moi pur de la Réduction. Le moi incarné, c'est le moi pur qui s'est aperçu en rapport avec le corps : « Moi, installé comme moi (*ich in der Ich-Einstellung*), je « me » prends dans ma corporéité, comme me mouvant... je me prends dans la fonction kinesthétique...

pour base de … etc. » [1]. Mais on est en droit de se demander comment Husserl entend, en fin de compte, la façon dont le moi *se* prend pour… Cette *prise pour…* est-elle un acte purement théorétique d'un être désincarné? Nous pensons qu'il s'agit dans l'obsession de la Réduction, dans cette tentation insurmontable de rechercher, derrière l'intentionalité de l'incarnation, l'intention d'un moi pur – d'une possibilité positive, constitutive de la kinesthèse, *du souvenir de son origine dans une intériorité*, sans lequel, relation constatée dans le monde et non pas effectuée à partir d'un Moi, la kinesthèse se confondrait avec une *image* psychique ou un mouvement physique, Cette possibilité de se rechercher, peut-être vainement et *après-coup*, appartient à l'essence de la transcendance que la sensibilité accomplit. L'homme ne maîtrise intégralement son destin que dans le souvenir, à la recherche du temps perdu. Dans la philosophie de l'engagement et de l'action vers laquelle oriente la phénoménologie husserlienne, le problème de la reprise de soi doit réapparaître nécessairement. Le souci de l'«époché» en témoigne, même si d'autres voies peuvent se présenter aux successeurs de Husserl, pour répondre au problème.

5. Affirmer l'intentionalité comme «union de l'âme et du corps» c'est mettre la spiritualité de la conscience dans le mouvement par lequel elle déborde son intériorité. Tendance opposée à celle qui anime le bergsonisme lequel, conforme en cela au spiritualisme traditionnel, recherche l'esprit comme libéré du corps. L'une des | conclusions du bergsonisme, consiste à affirmer l'indépendance de l'âme à l'égard du corps et à confirmer peut-être hâtivement les promesses des religions.

---

1. *Philosophical and phenomenological research*, 1940, p. 25.

Certes le corps dont parle Bergson est le corps visible du dehors, corps-objet tel que le voit le biologiste, image entre images, alors que le corps, pour Husserl, est un système de kinesthèses, expérience du corps, mais expérience du corps expérimentée par ce corps même dont il y a expérience. Mais cette nouvelle façon de comprendre le corps suppose que, dans la conscience, l'ultime événement ne se produit pas sous les espèces d'une intentionalité objectivante et que d'autres formes de transcendance vers l'être – ou de vérité – se produisent sans s'interpréter en termes de la logique de l'objet. Bergson lui-même a découvert cette transcendance qui fait sortir du Même vers l'Autre, absolument autre, dans le renouvellement de la durée. Mais il a séparé de la terre des hommes la transcendance qu'il annonçait. La génération qui a suivi ce spiritualisme de la durée pure et à laquelle Husserl – contemporain de Bergson – a su parler, se caractérise peut-être par la tendance à employer le mot spiritualisme dans un sens péjoratif. Ce qui ne signifie pas une préférence pour les bassesses du monde, mais une tentative de se libérer de la prétendue souveraineté de la pensée objectivante qui, en fait, enferme le pensant en lui-même et dans ses catégories, et, en le plaçant sous la juridiction de l'objectivité et de la nature, se rit comme d'enfantillages, des aventures métaphysiques des saints, des prophètes et des poètes [1] et, tout simplement, des hommes vivants.

---

1. Sans l'idée d'intentionalité comprise d'une façon plus originelle que dans l'objectivation, sans l'intentionalité soustraite à la logique de l'objectivation, car dessinant des relations réellement transitives, toute la philosophie contemporaine de l'art notamment, aurait été impossible ou incompréhensible. Pour ne parler que de sa manifestation la plus remarquable, l'œuvre critique de Maurice Blanchot où la littérature n'est ni l'approche du Beau idéal, ni l'un des ornements de notre vie, ni le témoignage de l'époque, ni la traduction de ses conflits économiques, mais la relation ultime avec l'être dans une anticipation, quasiment impossible, de ce qui n'est plus l'être – cette œuvre ne se conçoit pas en dehors de l'idée radicale de l'intentionalité. Comment serait sans cela possible le langage que voici :

suite de la note 1, page 199

«Le récit est mouvement vers un point, non seulement inconnu, ignoré, étranger, mais tel qu'il ne semble avoir, par avance et en dehors de ce mouvement, aucune sorte de réalité, si impérieuse cependant que c'est de lui seul que le récit tire son attrait, de telle manière qu'il ne peut même «commencer» avant de l'avoir atteint, mais cependant c'est seulement le récit et le mouvement imprévisibles du récit qui fournissent l'espace où le point devient réel, puissant et attirant» (Maurice Blanchot, *Le livre à venir*, Paris, Gallimard, 1971, p. 13).

De même l'œuvre théologique déjà si importante de Henry Duméry : que certaines réalités ne puissent se révéler qu'à travers des formulations absurdes pour une pensée objectivante, mais inévitables pour qui veut établir le vrai contact avec ces réalités ; qu'inversement certaines formulations absurdes soient seulement des voies qu'il faut suivre si l'on veut saisir ces réalités – cela ne saurait ni se penser ni se dire sans la notion phénoménologique de l'intentionnalité, séparée de la notion de l'objectivation.

1. L'IDÉE NEUVE DE L'INTENTIONALITÉ

L'idée d'intentionalité apparut comme une libération. L'insolite façon de poser l'*acte de viser* comme essence de l'être psychique qu'aucun avatar de cet être ne saurait réduire, l'audacieuse façon de poser l'être de la conscience comme se jouant hors des limites de son être réel et strict – dissipait l'apparence obsédante d'une pensée fonctionnant comme rouage d'un mécanisme universel et confirmait la pensée dans sa vocation et son droit de n'obéir qu'à des raisons. Le psychologisme auquel s'opposait la nouvelle manière de voir, ne fut, en somme, que l'une des formes essentielles de la confusion entre l'acte de conscience et l'objet qu'il vise, entre la réalité psychique et ce qu'elle prétend (*meint*), confusion par laquelle l'âme s'emprisonnait en elle-même, quelles que pussent être les pensées qui l'agitaient. Si le kantisme distinguait la donnée sentie de l'unité du «je pense» qui l'instaure objet, la qualité n'en demeurait pas moins du subjectif se *muant* en objectif, sans que la pensée ait eu à *sortir*. L'intentionalité apportait l'idée neuve d'une sortie de soi, événement primordial conditionnant tous les autres, ne pouvant pas s'interpréter par quelque mouvement plus

1. Paru dans *Revue Internationale de Philosophie*, Bruxelles, 1965, fascicules 1-2.

profond, mais interne, de l'âme. Cette transcendance l'emportait même sur la conscience de soi, inéluctable pourtant dans une description fidèle. Mais seule comptait, au premier contact avec Husserl, cette ouverture, cette présence au monde « dans la rue et sur les routes » et ce dévoilement dont on allait parler bientôt.

L'autre vue décisive de la phénoménologie – et que Husserl lui-même reconnaîtra pour telle[1] – consistait à apercevoir une corrélation rigoureuse entre les structures de l'objet et les démarches de la pensée qui le vise ou qui en a évidence : *les abords de l'être sont prescrits par l'être identifié à partir de ces abords.* Vision qui prête à l'inten- tionnalité l'allure d'une identification idéalisante | et nous y reviendrons. La corrélation entre les pensées et l'objet idéal qu'elles « prétendent » (*meinen*) et identifient à travers leur multiplicité, n'est pas le fait d'une « substance pensante » qui s'ordonnerait selon des « nécessités eidétiques » d'un « *a priori* contingent »[2], telle la matière d'autres régions de l'être. Ici, c'est l'essence de l'intentionalité qui commande les nécessités eidétiques de la corrélation : celles-ci expriment, avant tout, la solidarité entre l'objet et ses modes d'apparaître. Dieu lui-même ne percevra l'objet matériel, par exemple, que dans une série, à jamais inachevée, d'« esquisses » qui fusion- nent. La connaissance d'un objet ne peut donc aucunement se comparer à sa production – quelconque – par une « énergie spirituelle » ou à sa prise par une pensée capable, comme un instrument polyvalent, de se saisir de la même façon de n'importe quel objet. La présence « intentionnelle » de l'objet dans la conscience, suppose, entre les façons du « faire apparaître » et le « sens apparaissant », une correspondance

---

1. *Cf.*, par exemple, *Phänomenologische Psychologie*, édition posthume d'un cours professé en été 1925 – dans *Husserliana*, IX, p. 24-25.

2. *Formale und transzendantale Logik*, p. 25-26 ; sur l'*a priori* matériel, voir les remarquables analyses de Mikel Dufrenne dans *La Notion d'a priori*, « Epiméthée », Paris, P.U.F., 1967.

d'un type original, qui ne ressemble pas à un simple état de fait. Ce n'est pas parce que « les hommes sont ainsi faits » que jamais le percevant n'aura fini de parcourir la série d'« esquisses » sous laquelle la chose se dessine. Même avec plus de perfection dans le regard et dans la pensée du sujet, la série ne saurait s'achever. *Percevoir « autrement », c'est percevoir autre chose.* La nécessité *sui generis* qui rattache l'objet aux démarches de la pensée qui le présentent – ou le représentent – à la conscience, apparaît comme la plus convaincante parmi les nécessités « eidétiques matérielles ».

L'idéalisme phénoménologique est étroitement solidaire de cette corrélation entre les structures des *sens* pensés et des *pensées* – noèses – qui les pensent, et qui, ainsi, s'enchaînent – *rationnellement* – entre elles. Pour mettre en question l'accord entre l'être et les accès à l'être, il faudrait, dans un geste réaliste, poser un autre être derrière celui qui s'identifie dans les diverses pensées ; il faudrait prêter à l'être une identité autre que celle qui est corrélative de divers actes d'approche. Vers cette identité Dieu aurait pu, en effet, aller par d'autres chemins que l'expérience humaine ! Mais cela reviendrait précisément à réduire l'intentionalité à une particularité quelconque de la vie consciente, à ne plus l'interpréter comme l'initial événement de la transcendance qui, de soi, rend seulement possible l'idée même de transcendance.

Mais si l'idéalisme est déjà dans l'intentionalité, c'est qu'elle a été d'emblée conçue comme visant un objet idéal. Toujours l'objet, fût-il sensible et individuel, sera, pour Husserl, ce qui | s'identifie à travers une multiplicité de **147** visées : dire que toute conscience est conscience de quelque chose, c'est affirmer qu'à travers ces termes corrélatifs d'une multiplicité de pensées subjectives, une identité qui, ainsi les transcende, se maintient et s'affirme. L'objet intentionnel a une existence idéale par rapport à l'événement temporel et la position spatiale de la conscience. C'est ce que Husserl

exprime, dès les *Recherches Logiques* : l'objet de la
conscience ne fait pas partie réelle de la conscience. À travers
la multiplicité de moments où la conscience se déroule en tant
que « laps de temps », s'identifie et se maintient, dans son
identité, un aspect de l'objet ; et, à travers la multiplicité de ces
aspects, un pôle objectif, identique et idéal. Il en est ainsi d'un
objet idéal ou abstrait ; il en est de même d'une table ou d'un
crayon. Ce processus d'identification de l'idéal continuera
au-delà de la sphère égologique, avec la constitution de
l'intersubjectivité. L'idéalisme transcendantal de Husserl est
annoncé dans ce caractère idéalisant de l'intentionalité – le
réel se constituant comme une identité idéale, confirmée ou
biffée ou corrigée à travers l'évolution de la vie subjective ou
intersubjective. La découverte d'une identité idéale dans les
prétentions qu'a la pensée naïve d'atteindre une « identité
réelle », n'est pas idéaliste parce qu'elle consisterait à substituer une « conscience de l'identité » à une identité, comme
Berkeley substitue une sensation de couleur à la couleur du
réalisme naïf, mais parce que l'identité comme telle serait
inconcevable sans l'œuvre d'identification dont elle reste le
pôle idéal. Être unité idéale dans une pluralité temporelle,
c'est être idéal à un titre tout à fait différent de celui
qu'invoque Berkeley pour ramener la couleur à une sensation. C'est une pensée d'emblée idéalisante, déjà synthèse
d'identification, au niveau de l'expérience sensible encore
entièrement pré-prédicative – et non pas un « contenu de
conscience » aussi peu *pensée* que son corrélat – qui fait
pendant au réel de l'expérience sensible.

Dès lors se comprend le projet même de la phénoménologie. L'analyse intentionnelle découle de l'idéalisme
originel de l'intentionalité identificatrice. Il faut retrouver
l'œuvre de synthèse dont le résultat seul fascine la pensée
naïve et scientifique. L'identité-résultat est l'abstraction que
fixe une pensée médusée qui a déjà oublié sa vie et les

horizons auxquels, par une série de mouvements, heureux peut-être, mais inconsidérés et irresponsables, elle s'arrachait pour se hâter vers ce résultat. La phénoménologie serait ainsi la « réactivation » de tous ces horizons oubliés et de l'horizon de tous ces horizons[1]. Ils sont le contexte des significations abstraites et | permettent de sortir de l'abstraction dont se **148** contente le regard naïf. On pourrait même conférer un rôle d'ontologie fondamentale à l'entreprise phénoménologique : restituées à leurs horizons, les significations ne seraient pas seulement plus complètes. Un nouveau sens, plus originel, fonderait les altérations mêmes qu'il subit et qu'il ignore et qui sont à la source de bien des conflits ou paradoxes dont souffrent les sciences. Malgré tout leur esprit critique, elles ne se tournent pas vers les horizons perdus des identifications dont elles vivent. À l'opposé de la méthode néo-kantienne qui reconstitue le transcendantal à partir du logique et du scientifique et qui, par là même oublie les horizons, perdus précisément parce que les résultats scientifiques ne se paient que par l'oubli de ces horizons infinis, la phénoménologie, qui se tourne vers eux, permet de dire ou de remettre au point le logique lui-même[2].

La structure spécifique de l'intentionalité de la conscience, ne semblait pas seulement ouvrir la sensation empiriste, enfermée en elle-même, sur un corrélatif senti ; elle posait déjà ce senti comme idéalité, identification de pensées multiples. D'autre part, visant au-delà du point où elle naît, l'intentionalité ne pouvait, semble-t-il, constituer l'essence de la conscience que si elle était toute transparence. Prendrait-elle le rang d'un événement s'étendant dans le temps tel un nouvel « objet mental » qui, entre la subjectivité et l'être, sert d'image ou d'écran ? Mais n'est-ce pas la disparition de ce mythique « objet mental » que venaient annoncer la redécou-

---

1. *Cf.* De Waelhens, *La philosophie et les expériences naturelles* (Phaenomenologica, IX, p. 110).

2. Cf. *Formale und transzendantale Logik*, p. 3-4.

verte de l'intentionalité de la conscience et la radicalisation de
sa conception ?

2. INTENTIONALITÉ ET SENSATION

Malgré la cohérence des thèmes évoqués autour de l'idée
centrale d'une conscience ouverte sur le monde lequel est
pour cette conscience tout ce qui peut être – Husserl conserve
une notion dont le message de l'intentionalité devait, semble-
t-il, libérer : celle de la sensation. Les données hylétiques se
trouvent à la base de l'intentionalité. Loin de jouer dans le
système le rôle d'un résidu dont l'évacuation progressive
devait intervenir, la sensation occupe dans la méditation
husserlienne une place de plus en plus grande.

Déjà les intentions visant et identifiant le transcendant ne
sont pas de pures ouvertures, de simples fenêtres, mais des
contenus remplissant une durée. Les actes s'étendent dans le
149 temps et de | cette réalité temporelle de l'intention il y a, à
nouveau, conscience. Elle qui nous rend présents les objets,
est présente à elle-même, sentie, vécue[1]. Le terme « vivre »
désigne la relation pré-réflexive d'un contenu avec lui-même.
Il peut devenir transitif (vivre un printemps), mais est au
préalable réfléchi (sans qu'il s'agisse de réflexion explicite) :
la conscience qui est conscience de l'objet, est conscience
non-objectivante de soi, elle se vit, est *Erlebnis*. L'intention
est *Erlebnis*. Mais ce terme s'applique aussi aux contenus qui
ne sont pas des actes, aux contenus non-intentionnels où nous
reconnaissons les sensations de l'empirisme. Il existe donc,
comme aux plus belles époques de l'empirisme sensualiste,
des états de conscience qui ne sont pas conscience de quelque
chose ! Existence affirmée aussitôt par Husserl comme non-

---

1. Dans *Erfahrung und Urteil*, par exemple, se décrit la modalité de la
présence temporelle de l'acte. *Cf.* notamment p. 118, 122. Mais des textes
semblables sont nombreux dans les ouvrages de diverses époques.

indépendante de l'intentionalité, certes, trop souvent analysée et présentée comme autonome; revêtue d'une fonction d'assurer la plénitude intuitive de l'objet réel dès les *Recherches Logiques*.

En même temps que présence auprès des choses, la conscience est un flux temporel d'une « étoffe » sensuelle comportant des parties réelles, présence vécue. Les contenus « hylétiques », éléments de l'étoffe psychique, se distinguent des qualités des objets, visées ou atteintes par l'intention transcendante. Husserl ne cesse de l'affirmer. Mais, d'autre part, des textes qui ont jusqu'alors retenu moins l'attention des lecteurs, textes très nombreux et très nets, conservent l'idée d'une ressemblance entre les sensations et les qualités objectives, comme si *ressemblance* et analogie ne supposaient pas déjà un plan objectif constitué. « Le champ visuel peut être vécu comme sensation divisible en parties réelles, mais distinctes des objets qui sont visés »[1]. La distinction est-elle radicale, puisque les sensations « figurent », « représentent » (*darstellen*) les qualités à titre de profils ou de raccourcis (*Abschattungen*) des qualités objectives? L'*Abschattung* n'est pas un aspect – déjà objectivé – de la chose, mais contenu immanent, vécu et néanmoins raccourci de l'objectif. L'intentionalité, ouverture de la conscience sur l'être, joue désormais le rôle d'une appréhension (*Auffassung*) à l'égard de ces contenus auxquels elle prête un sens objectif, qu'elle anime (*beseelt*) ou inspire (*durchgeistigt*). La sensation devient l'*analogon* des objets au point d'assurer aux actes intuitifs – accédant à l'« original », à « l'être en personne », à « l'être en chair et en os » – cette présence exceptionnelle de l'être. Alors que la nouveauté | de la notion d'acte intuitif **150** semblait tenir à son intention ou à sa « prétention » de présenter l'être « en original » (à sa *Meinung*) – voilà qu'un

---

1. *Log. Unt.*, II, 369. Le thème des sensations animées par l'appréhension intentionnelle et devenant ainsi qualités – est courant et n'est jamais abandonné. *Cf.* par exemple *Erfahrung und Urteil*, p. 116 *sq.*

contenu sensible est nécessaire pour qu'un tel sens puisse se
penser. La présence de l'objet n'est pas pensée comme telle ;
elle tient à la matérialité des sensations, au vécu non-pensé.
« Par contenus présentatifs ou intuitivement re-présentatifs,
nous entendons les contenus d'actes intuitifs, qui, au moyen
des appréhensions purement imaginatives ou perceptives dont
ils sont les porteurs, renvoient sans équivoque aux contenus
de l'objet qui leur correspondent d'une manière déterminée et
nous les présentent à la façon d'esquisses imaginatives et
perceptives, etc. »[1]. De même plus loin : « Dans une représentation intuitive, des degrés divers de plénitude intuitive
sont possibles. Cette expression : degrés divers, renvoie
comme nous l'avons déjà expliqué à des séries possibles de
remplissement ; au fur et à mesure que nous progressons dans
ces séries, nous apprenons à connaître toujours mieux l'objet
au moyen d'un contenu présentatif *qui ressemble toujours
plus*[2] à l'objet et l'appréhende d'une manière toujours plus
vivante et plus complète »[3]. L'acte intuitif est à la fois intention pensant une présence et présence – indispensable – d'un
contenu dans le sujet. La parenté entre le contenu et la qualité
dont il est le raccourci est constamment affirmée. L'intention
transcende la vie pour viser l'objet, mais l'objet n'est
représenté qu'à cause d'un contenu vécu, mais *semblable* à
l'objet. Au changement de la présentation de l'objet, identique dans la perception, correspondent des changements dans
la sensation[4]. – La *Fülle* – plénitude sensuelle de l'intuition,
comporte des « Farbenabschattungen » et un « raccourci en

1. *Recherches Logiques*, traduction par Hubert Elie avec la collaboration
de Lothar Kelkel et René Scherer, t. III, p. 101. Nous avons mis « à la façon
de… » et non pas comme les traducteurs « au moyen de… ». Les esquisses ne
sont pas le moyen dont dispose la conscience pour se représenter l'objet. La
relation entre objet et contenu vécu est une relation entre la chose et son
ombre, la chose est à la façon ou sous le mode de l'esquisse.

2. C'est nous qui soulignons.

3. *Recherches Logiques*, III, p. 122.

4. *Recherches Logiques*, II, p. 383.

perspective » (*perspektivische Verkürzung*) de l'objet.
Husserl souligne qu'à de telles façons de parler « correspond
quelque chose dans le contenu phénoménologique »[1]. Il y a
donc analogie entre contenu vécu et ce qui « se reflète » en lui,
bien que Husserl ajoute aussitôt que « la façon de cette représentation par analogie varie en fonction de l'appréhension ».
Aux termes de « Auffassen », de « Beseelen » de « Durch-
geistigen » que nous avons déjà relevés, s'ajoutent « Interpre-
tieren » et « Deuten »; tous doivent exprimer le rapport qui
existe entre intention et sensation. Ils | sont empruntés à 151
l'activité du jugement qui porte déjà sur un monde d'objets
constitués, mais qu'un Lagneau ou un Alain, par extrapolation
du logique au transcendantal, situent à l'origine. Position
difficilement attribuable à Husserl. L'intentionalité serait-elle
semblable à une synthèse de l'entendement modelant, comme
chez Kant, la donnée sensible? Appréhension, aperception,
interprétation – ces termes conviendraient alors. Mais admettre que, chez Husserl, l'objet intentionnel est une construction
judicatoire utilisant le matériau sensible, contredit les idées
husserliennes les plus certaines. La sensation chez Husserl ne
se trouve pas du côté objectif, à titre d'objet embryonnaire, ni
à titre de fait brut demandant interprétation. On aura beau
dépouiller l'objet transcendant de ses formes, ou l'approcher
de façon immédiate – on ne le trouvera pas sur le plan du
vécu. L'aperception, l'interprétation ou l'appréhension avec
lesquelles Husserl semble identifier l'œuvre de l'intentionalité, ne sont pas des jugements. Le jugement est une espèce
de l'intentionalité et non pas l'intentionalité une forme du
jugement.

---

1. *Recherches Logiques*, II, p. 383.

3. SENSATION ET TEMPS

Mais le contenu sensible reçoit bientôt chez Husserl une interprétation où se montre, à côté de son rôle de matière offerte à l'activité de l'aperception intentionnelle et contredisant le message même de l'intentionalité, un autre sens de l'intentionalité. Les *Conférences sur la constitution de la conscience interne du temps*[1] – postérieures de très peu aux *Recherches logiques* – et dont les thèses s'approfondissent pendant toute la méditation husserlienne – insistent d'abord sur les sources impressionnelles de toute conscience. «La proto-impression (*Urimpression*), l'absolument non-modifié, est la source de toute conscience et de tout être»[2]. Déjà l'objet transcendant – accord d'identification à travers confirmations et bifures, accord toujours révocable, toujours «jusqu'à nouvel ordre» – peut, avec la disparition du monde, se ramener à l'impression. C'est la marque originale de l'idéalisme husserlien. Pour avoir reconnu avec une force inégalée l'irréductibilité de la transcendance et, par conséquent, de l'idéal, il ne succombera pas à la tentation de subordonner à la logique, se révélant dans cet ordre idéal, l'individualité vivante à laquelle cet ordre se manifeste : la conscience ne deviendra pas «conscience en général» reconstruite à partir des synthèses qu'elle aura effectuées dans la sphère de

152 | l'objet. Elle est vie individuelle, unique; son «présent vivant» est la source de l'intentionalité[3]. Entre la conscience impressionnelle – où spontanéité et passivité se confondent[4] – et l'intentionalité qui vise des idéalités identifiables – existe un lien. Le sensualisme de Husserl ne sert pas uniquement à décevoir les espoirs philosophiques que suscita l'idée

1. Nous les citons en notes par le sigle ZB.

2. ZB, 423.

3. La notion de vie est associée à celle du «maintenant» de la proto-impression dès 1905. *Cf.* ZB, p. 386.

4. ZB, p. 451.

d'intentionalité. Il nous permettra d'approfondir le sens de celle-ci, mais restituera à l'empirisme des sensations sa valeur, peut-être permanente. C'est du moins ce que suggère Heidegger dans sa brève préface d'éditeur, à la *Conscience intime du temps*. « Ce qui est décrit dans ce travail, c'est la mise en relief du caractère intentionnel de la conscience et, d'une façon générale, la clarté que reçoit l'intentionalité dans son principe. Cela suffit déjà, abstraction faite du contenu particulier des analyses de détail, à faire des études suivantes un complément indispensable à la mise en lumière de l'intentionalité entreprise pour la première fois sur le terrain des principes, dans les *Recherches Logiques*. Aujourd'hui encore, cette expression n'est pas un mot de passe, mais le titre d'un problème central » [1]. Étant donné le thème du livre, l'allusion de Heidegger ne peut que nous engager à rechercher la signification originelle de l'intentionalité dans la façon dont la sensation est vécue et dans la dimension du temps où elle est vécue.

Le fil du temps est une multiplicité orthoïdale, une continuité d'instants extérieurs les uns aux autres, sans l'interpénétration bergsonienne. Temps intérieur, fondement du temps objectif et coextensif à ce temps [2]. La sensation qui dure est étalée dans ce courant, mais si elle est sentie comme unité identifiable dans cette multiplicité d'instants qui s'excluent, c'est qu'à partir de chaque instant – grâce à une intentionalité immanente et spécifique – est retenu en *raccourci* l'ensemble de la sensation. La sensation est *Abschattung*, mais se donne elle-même dans l'immanence où elle est vécue, à travers des *Abschattungen* [3]. L'intentionalité du sentir qui « vit la sensation », opérerait donc, de prime

1. *Cf.* p. XII, de la traduction française, Leçons sur la conscience intime du temps, « Epiméthée », Paris, P.U.F., 1961.
2. ZB, p. 427.
3. ZB, 445.

abord, sur le mode de l'identification idéalisante, telle une intentionalité transcendante.

Mais chaque intention qui à partir de chaque instant retient ou anticipe (pro-tient) l'identité de la sensation déjà, en partie, écoulée ou encore, en partie, à venir, n'est, pour Husserl, que la conscience même du temps. Le temps n'est pas seulement la **153** forme | qui loge les sensations et les entraîne dans un devenir ; il est le sentir de la sensation, lequel n'est pas simple coïncidence du sentir et du senti, mais une intentionalité et, par conséquent, une minimale distance entre le sentir et le senti, distance temporelle précisément. Un instant accentué, vivant, absolument neuf – la proto-impression – déjà s'écarte de cette pointe d'aiguille où elle mûrit absolument *présente*, et, par cet écart, *se présente*, retenue, *à* un nouveau présent ponctuel, pressenti dans une protention partant de la première proto-impression et englobant dans ce pressentiment, l'imminence de sa propre retraite dans le passé immédiat de la rétention. Très curieusement, c'est la ponctualité aiguë, et comme séparée, du présent qui en constitue la vie ; à elle s'amarrent rétention et protention, par lesquelles le flux du vécu est conscience du temps.

La rétention et la protention sont, en effet, des intentionalités, mais, ici, *visée et événement coïncident* ; l'intentionalité est la production de cet état primordial dans l'existence qui s'appelle modification : ce « n'est plus » est aussi un « encore là », c'est-à-dire « présence pour… », et ce « pas encore » est un « déjà là » c'est-à-dire, dans un autre sens, aussi « présence pour… ». Connaissance et événement qui sont *modification* et non pas négation. La conscience n'est pas négativité, le « savoir » ne lâche pas l'événement que le temps ne détruit pas. Lorsque la modification de « transition » et de « passage » va assez loin pour l'arracher à la portée de la rétention, le souvenir le retrouve dans la représentation. Ce passage de l'intentionalité rétentionnelle à l'intentionalité transcendante, indique le sens temporel de toute transcendance sur lequel nous reviendrons.

Le temps et la conscience du temps ne surgissent pas d'un point intemporel, ni sur le fond d'un temps préexistant. Tout le sens de la critique que Husserl adresse à Brentano au début de la *Conscience intime du temps* consiste à refuser la déduction ou la construction du temps, à partir d'un regard intemporel embrassant la proto-impression et ses pâles modifications. Le temps ne surgit pas à partir d'une éternité immobile pour un sujet non-engagé. – Mais quand, d'autre part, dans ses descriptions de la constitution du temps, Husserl utilise des expressions ayant déjà une signification temporelle[1], il n'affirme pas un temps derrière le temps. Il faut admettre ici un retour du temps sur lui-même, une *itération* fondamentale. La conscience de la permanence du flux, par exemple, est une effectuation de la permanence dans le flux « identique dans sa forme »[2]. Le « déjà passé » et l'« aussitôt passé » sont l'écart | même d'une proto-impression se modifiant par rapport à **154** une proto-impression toute neuve. Evénement et conscience sont sur le même plan. L'écart de l'*Urimpression* – est l'événement, de soi premier, de l'écart du déphasage, qu'il ne s'agit pas de constater par rapport à un autre temps, mais par rapport à une autre proto-impression qui est, elle-même, « dans le coup » : le regard qui constate l'écart est cet écart même. La conscience du temps n'est pas une réflexion sur le temps, mais la temporalisation même : l'*après-coup* de la prise de conscience, est l'*après* même du temps. La rétention et la protention ne sont pas des contenus constitués, à leur tour, à titre d'identités idéales dans le flux du divers – elles sont *la façon même* du flux : le retenir ou le protenir (« pensée ») et l'« être-à-distance » (événement) coïncident. La conscience

---

1. Par exemple ZB, p. 424 (p. 90 de la traduction française) : « ... dans le maintenant prend *en même temps* sa source un être originaire *toujours* nouveau », etc. C'est nous qui soulignons. Les exemples sont innombrables.

2. ZB, p. 466-467.

de... est ici le flux. La conscience est l'événement constituant et non seulement, comme dans l'idéalisme, pensée constituante. Le flux qui est le sentir même de la sensation, Husserl l'appelle subjectivité absolue, plus profonde que l'intentionalité objectivante et antérieure au langage[1]. Il n'y a pas derrière ce flux originel d'autre conscience qui constate cette pensée ou cet événement. Le flux où la dualité de la conscience et de l'événement est surmontée, n'a plus de constitution ; il conditionne toute constitution et toute idéalisation. L'écart est rétention et la rétention est écart : la conscience du temps est le temps de la conscience.

4. TEMPS ET INTENTIONALITÉ

Cette intentionalité première qui coïncide avec l'œuvre même du temps, ne se distingue-t-elle pas de l'intentionalité objective et idéalisante qui serait libérée de toute temporalité sur la voie qui mène de l'immanence à la transcendance ? Ou l'objet serait-il ici encore antérieur à la visée qui le fixe ? Certes, la modification rétentionnelle allant jusqu'à la chute de l'impression dans le passé, vire en souvenir, lequel, déjà intention objectivante et idéalisante, serait la première transcendance – nous avons déjà effleuré ce point. Mais faudrait-il penser que toute intentionalité est déjà à quelque titre souvenir ? Ou, plus exactement l'objet de l'intention n'est-il pas déjà plus vieux que l'intention ? Y a-t-il diachronie dans l'intentionalité ? C'est la singulière question que Husserl se pose dans l'appendice V de la *Conscience intime du temps*
155 et qu'on | pourrait croire inspirée par la psychologie du Laboratoire. Quatre points de vue sont successivement

---

1. Il faudrait établir la place qu'occupe, par rapport à cette notion de subjectivité, celle du Moi pur, transcendance dans l'immanence, source de l'activité au sens fort du terme, porteur d'*habitus* et de toute la sédimentation du passé.

adoptés. Celui de l'attitude naturelle où le temps objectif est commun à la perception et au perçu : l'étoile est antérieure au regard qui la capte à cause de la vitesse de la lumière et du temps de réaction du sujet. – Dans l'attitude phénoméno-logique – on s'attendrait à une simultanéité entre le processus subjectif de la constitution de l'objet et l'objet même qui se constitue dans l'immanence. Il n'en est rien ; l'objet n'est possible que si une intention anime une sensation, laquelle doit être minimalement écoulée pour qu'une intention l'inspire[1]. L'acte est donc postérieur au matériau de l'objet constitué. Non pas au sens réaliste, certes ; mais pour la structure de l'acte conscient combien cette thèse est significative : la conscience est retard sur elle-même, une façon de s'attarder à un passé. – Dans la réflexion, l'objet précède, bien entendu, la perception. – Reste la proto-impression appelée précisément « conscience interne » et que l'on peut, par extension, appeler perception : ici perçu et percevant sont simultanés. L'appendice XII l'expose comme indistinction de l'objet et de la perception – et elle se décrit d'une façon qui tranche sur celle de l'intention. Il faut peut-être retourner la thèse : toute distinction entre perception et perçu – toute intention idéalisante – repose sur le temps, sur le déphasage entre la *visée* et le *visé*. La proto-impression seule est pure de toute idéalité. Elle est la forme actuelle, le *maintenant*, pour lequel se constitue certes l'unité de la sensation identique dans le flux, à travers l'emboîtement des rétentions et des protentions. Mais le flux n'est que la modification de la proto-impression qui cesse de coïncider avec elle-même, pour se présenter dans les raccourcis de l'*Abschattung*, car seule la non-coïncidence avec soi-même – la transition – est conscience perceptive à proprement parler. L'unité de la sensation toujours en devenir est plus vieille et

---

1. On voit, une fois de plus, combien Husserl reste fidèle au schéma empiriste et à la position équivoque de la sensation appartenant, à la fois, à la sphère du vécu et figurant le « pensé ».

plus jeune que l'instant de la proto-impression auquel s'amarrent les rétentions et les protentions constituant cette unité. De la proto-impression, pointe neuve du présent, absolue, sans distinction de matière et de forme – ni mouvement ni repos comme l'instant de la troisième hypothèse du *Parménide* – part l'intentionalité des rétentions ; mais la proto-impression est la non-idéalité par excellence. La nouveauté imprévisible de contenus qui surgissent dans cette source de toute conscience et de tout être – est création originelle (*Urzeugung*), passage du néant à l'être (à un être qui se modifiera en être-pour-la-conscience, mais ne se perdra jamais), | création qui mérite le nom d'activité absolue, de *genesis spontanea*[1] ; mais elle est à la fois comblée au-delà de toute prévision, de toute attente, de tout germe et de toute continuité et, par conséquent, est toute passivité, réceptivité d'un « autre » pénétrant dans le « même », vie et non « pensée ». « Conscience interne », elle deviendra conscience par la modification temporelle de la rétention, désignant, peut-être, l'essence de toute pensée comme retenue d'une plénitude qui échappe. Le mystère de l'intentionalité[2] gît dans l'écart de… ou dans la modification du flux temporel. La conscience est sénescence et recherche d'un temps perdu.

156

---

1. ZB, 451.

2. *Cf.* pour tout le problème du temps et de l'intentionalité la pénétrante étude parue dans *Deucalion* I en 1947 et représentant le mémoire du Diplôme d'Études Supérieures d'Yvonne Picard qui doit remonter aux premières années de l'occupation. Ce texte met notamment en valeur l'appendice V du ZB. C'est l'un des premiers essais de repenser avec vigueur, préfigurant déjà la façon de Merleau-Ponty, de Ricœur et de Derrida, les minutieuses analyses de Husserl, dans la voie ouverte par Jean Wahl. On y trouve une confrontation entre Husserl et Heidegger et Heidegger n'y a pas toujours le dernier mot. Yvonne Picard est morte en déportation pour avoir participé à la Résistance sans que son origine ait pu être la cause de son martyre. Nous tenons à lui rendre ici un pieux hommage – imprescriptible – en évoquant sa pensée et en faisant ainsi remuer ses lèvres de morte.

5. MOUVEMENT ET INTENTIONALITÉ

Mais le rôle de la sensation dans la conscience permettra d'élargir dans un autre sens encore la subjectivité du sujet. Là encore, l'héritage de l'empirisme est, d'abord, assumé. Mais alors que, pour celui-ci, la conscience se ramène à un conglomérat de sensations et les sensations au retentissement psychologique des modifications corporelles, compris dans un sens rigoureusement naturaliste, la description de la sensation par Husserl enlève aux catégories physico-physiologiques le privilège de faire comprendre le sens ultime du corps, de la conscience et du rapport qui existe entre eux. La sensation n'est pas l'*effet* du corps. Elle introduit, dans une relation qui se maintient comme la polarité sujet-objet, une appartenance du sujet à l'objet. Non pas à titre d'effet causal dans l'ordre objectif, ni à titre de partie intégrante dans cet ordre, ni, non plus, en incluant l'objet dans le sujet par la médiation de « sensations subjectives » en lesquelles, à la façon de l'idéalisme berkeleyen, l'objet se dissoudrait. Il s'agit d'une configuration nouvelle : le sujet est en face de l'objet et il est *de la partie* ; la corporéité de la conscience mesure exactement cette participation de la conscience au monde qu'elle constitue ; mais cette corporéité se *produit* dans la sensation. La sensation est décrite comme ce | qui est senti **157** « sur » et « dans » le corps et ce par quoi dans toute expérience sensible « le corps est de la partie » (*mit dabei*). La chaleur de l'objet se sent à la main, le froid ambiant aux pieds, le relief « au bout du doigt ». Ces états que dans *Ideen II* Husserl appelle *Empfindnisse*[1] effacent par leur indétermination même la structure sentir-senti, sujet-objet, que suggère encore le mot *Empfindung*. L'extension de ces *Empfindnisse* qui se réfèrent à la fois au corps et aux objets, diffère de l'extension spatiale. Mais cette extension spécifique fait que l'expérience

---

1. On n'ose pas créer de néologisme pour traduire cette notion : le terme de « sentance » exprimerait peut-être le caractère diffus de la notion.

sensible n'est pas seulement expérience de l'espace, mais, par une espèce d'*itération* immédiate, une expérience dans l'espace. C'est le propre de la donnée hylétique; l'intentionalité seule est vécue comme indifférente à l'espace et accrédite encore un sujet immuable dans son absolu. «L'ensemble de la conscience d'un homme est lié par cette couche hylétique d'une certaine façon avec son corps, alors que les *Erlebnisse* intentionnels eux-mêmes, ne sont plus, à proprement parler, localisés d'une manière directe; ils ne constituent pas de couche dans le corps. La perception en tant qu'appréhension tâtonnante (*tastendes Auffassen*) de la forme, n'a pas son siège dans le doigt qui tâte et où se localise la sensation tactile; la pensée n'est pas réellement dans la tête, d'une façon intuitive, comme le sont les *Empfindnisse* de la tension», etc.[1]. De par la sensation, la relation avec l'objet s'incarne : on peut dire que la main touche, que la langue goûte et que l'œil voit – avant que ces banalités ne se constatent par une perception externe et sans que ce dire indique la vérité physiologique du recours (accidentel peut-être, pour une métaphysique spiritualiste), de la pensée aux organes de sens. Mais ce dire ne traduit pas davantage une donnée introspective, laquelle suppose une attitude où l'intériorité s'oppose à l'extériorité. L'analyse des sensations en tant qu'*Empfindnisse* signifie précisément l'éclatement de ce schéma et de cette opposition. N'est-ce pas là le sens même de la neutralité de la conscience réduite si toutefois on veut prendre au sérieux l'importance que Husserl attache à la réduction : découverte d'un écran où se dessine toute signification susceptible d'apparaître, tout phénomène et où peut, par conséquent, se révéler – sans se démentir par là-même – la rupture avec le schéma sujet-objet, intériorité-extériorité ? Le corps s'y montrera comme le point central, comme le point zéro de toute expérience et déjà comme

1. *Ideen* II, p. 153.

emboîté dans cette expérience par une espèce d'*itération* fondamentale dont la sensation est l'événement même. Ce n'est | pas, par simple souvenir de l'empirisme que la **158** sensation (mais aussi l'attribut culturel – l'une et l'autre essentiellement itératifs), avec ce qu'elle comporte d'ambivalent par rapport aux structures tranchées du dualisme cartésien, constitue le concret de la perception, inéluctable et inoubliable pour toute compréhension philosophique. La philosophie commence dans l'« esthétique transcendantale » de la *Krisis*. La nature spatiale et géométrique, la *res extensa* de la science, est le seul aspect abstrait du monde.

Mais le corps n'est pas seulement dépôt et sujet des *Empfindnisse*; il est organe du libre mouvement, sujet et siège de sensations kinesthétiques. Des intentions les animent et leur prêtent une signification par rapport au transcendant; non pas pour figurer « des qualités d'objet », ni même pour décrire, comme le permettent les *Empfindnisse*, la sphère – mais originelle – de ce qu'un cartésien appellerait l'union de l'âme et du corps, mais pour conférer au sujet *en tant que sujet* une mobilité et au réel perçu une *essentielle* relativité à l'égard de cette mobilité. Les *Empfindnisse* sont constitutives des qualités objectives; les sensations kinesthétiques, animées d'intentions, sont « motivation ». Le monde ne se constitue pas comme entité statique, d'emblée livrée à l'expérience, il se réfère à des « points de vue » librement adoptés par un sujet qui, essentiellement, marche et possède des organes mobiles : si tel mouvement de l'œil... alors telle modification du vu, si telle inclinaison de la tête... alors tel changement du spectacle, si tel mouvement de la main qui tâte... alors telle nouveauté dans le relief[1], etc. La sensation kinesthétique n'est pas un contenu senti *signalant* ces modifications; *elle est toute modale*. Le conditionnel est dans le sentir lui-même. « À toute perception appartiennent des fonctions de spontanéité. Les

1. *Ideen* II, p. 57-58.

processus (*Verlaüfe*) des sensations kinesthétiques sont
des processus libres et cette liberté dans la conscience
de l'écoulement des sensations (*diese Freiheit im Ablaufs-
bewusstsein*) est une pièce essentielle de la constitution
de l'espace »[1]. La représentation est d'emblée relative aux
mouvements du sujet et à leur possibilité, positive dans la
kinesthèse. Le sujet n'est pas l'œil d'une caméra immobile à
qui tout mouvement est objet. L'espace, comme champ de
mouvements organiques et de marche de tout le corps, porte
déjà la représentation de l'espace. Le sujet se meut dans
l'espace même qu'il va constituer. Le sujet ne se tient pas dans
l'immobilité de l'absolu où s'installe le sujet idéaliste ; il se
159 trouve entraîné dans | des situations qui ne se résolvent pas en
représentations qu'il pourrait se faire de ces situations.

L'évocation des kinesthèses ne sert pas à bâtir, comme à
l'époque de l'empirisme intégral, une extériorité à partir
d'éléments inétendus, purement qualitatifs de la sensation.
Combien est caractéristique du destin de la pensée husserlienne, ce retournement du sens des notions qu'elle semble
retenir de son époque et même lui apporter ! L'attention prêtée
aux recherches psycho-physiques et psycho-physiologiques
aboutit à la découverte de la sphère du corporel réfractaire
au schéma sujet-objet, itératif d'une itération originelle ; à
la découverte d'un Spirituel (dont on ne peut même pas dire
qu'il s'incarne, car d'emblée et dans sa *pureté* il est *mixte*)
inséparable de la localisation, du recours aux organes par
lesquels se constituent seulement les organes, inséparable
de la marche par laquelle se constitue seulement l'espace où
la marche est possible. La kinesthèse n'est pas l'équivalent
psychique du mouvement corporel enregistré ou reflété par un
sujet, de soi immobile, (immobile de cette immobilité idéaliste qu'aucune matière empirique ne saurait égaler) et qui, à
la façon hégélienne, finit par appartenir au monde qu'il pense

1. *Ideen* II, p. 58.

et faire structure avec les choses du monde. La kinesthèse est chez Husserl l'originelle mobilité du sujet. *Le mouvement et la marche sont dans la subjectivité même du sujet.* Certes, l'intention n'est pas dans l'espace et on comprend l'illusion idéaliste. Mais qu'est-elle sans la sensation ? Si Husserl avait évacué de son « système » la sensation, la transcendance de l'intentionalité n'aurait pas su prendre le sens fort de la « présence au monde ». Par l'*Empfindniss* et par la *kinesthèse* le sujet marche *dans* ce monde sans que la préposition *dans* signifie une relation purement représentée, sans que la présence au monde se cristallise en *structure*. La philosophie qui apportait l'idée de structures eidétiques, aboutit aussi à dénoncer radicalement l'idée de la fixité structurale – de sa simultanéité indéphasable – en introduisant le mouvement dans la subjectivité du sujet et la motivation conditionnelle dans sa présence même.

Les kinesthèses ne reçoivent pas d'intentions représen- tatives, mais « une appréhension d'un tout autre type », qui place toute appréhension représentative dans le condition- nement du « si… alors ». Motivation qui, bien entendu, n'est pas la représentation d'un raisonnement, fût-il pré-prédicatif ou implicite. Elle est de l'ordre du mouvement possible, à partir de l'œil qui parcourt l'horizon, de la tête qui tourne à gauche et à droite, du pied qui foule d'ores et déjà le sol – plutôt que de l'ordre de la contemplation évaluant, à distance, les possibles. Ne faut-il pas comprendre la transcendance, | au **160** sens étymologique du terme, comme un franchissement, un enjambement, une marche plutôt que comme représentation, sans détruire par là l'essentiel du sens métaphorique de ce terme ? La transcendance se produit par la kinesthèse : la pensée se dépasse non pas en rencontrant une réalité objective, mais en entrant dans ce monde, prétendument lointain. Le corps, point zéro de la représentation, est au-delà de ce zéro, déjà intérieur au monde qu'il constitue, « côte à côte » tout en se plaçant « en face de... », formant ce mixte que Merleau-Ponty appellera historicité fondamentale. Mais *dans* ce monde aussi *en face* du monde et *avant* le monde, se refusant à la contemporanéité structurale. Marche dans l'espace du sujet constituant l'espace, comme devenir de la constitution du temps à partir de la proto-impression : « ce qui temporalise (*das Zeitigende*) est déjà temporalisé (*ist gezeitigt*) »[1]. Itération originelle – dernier secret de l'historicité du sujet ! Diachronie plus forte que le synchronisme structural.

Par la signification motivante des kinesthèses, la transcendance est « conscience du possible », lequel n'est ni simple absence de contradictions pour une pensée objectivante, ni même la conscience de ce « je peux » qui accompagnerait tout rayon de pensée sortant du Moi pur et se manifesterait dans la liberté de l'attention. Il s'agit maintenant d'un « je pense » supérieurement concret et quasi-musculaire. Il ne consiste pas à enregistrer, dans l'effort, la résistance du monde à la volonté, mais à disposer de toutes les ressources d'une volonté placée ainsi, *en tant que volonté*, dans un monde du « si... alors ». Dans ce sens le corps est pour Husserl le pouvoir de la volonté. Les kinesthèses, c'est la volonté concrètement libre, capable de se mouvoir et de « se retourner » dans l'être. Le corps n'est pas un accident arrivé à une contemplation déchue de l'Empyrée, mais l'organe d'une contemplation réellement libre se muant en pouvoir, de la transcendance par excellence, passant de l'intention à l'acte, et transgressant les limites à l'avance dessinées de la structure.

---

1. *Cf.* dans Gerd Brand, *Welt, Ich und Zeit*, p. 75, un texte remarquable tiré d'un manuscrit inédit.

6. SENSATION ET PHÉNOMÉNOLOGIE

« On peut s'imaginer savoir alors qu'on ne sait pas » – c'est là, d'après le *Sophiste*[1], la plus grande incompréhension. Mais les hommes s'y tiennent, y énoncent des propositions acceptables et techniquement efficaces. La visée de l'être absorbée dans l'être qu'elle imagine saisir, assure une culture fonctionnant d'une façon | satisfaisante. Mais **161** ignorant ses ignorances elle est inconsciente et irresponsable. Ouverte à toutes les interprétations et sans défense, elle peut être flouée. Le psychologisme dont la critique servit de cause occasionnelle à la naissance de la phénoménologie, représente le prototype de cette aliénation : sur la pensée logique se mit à planer le soupçon d'accomplir tout autre chose que ce qu'elle prétendait accomplir. Par-delà la logique, le soupçon plane sur toutes les formations culturelles. Tout ce qui a signification – art, religion, morale, état, science même – n'aurait pas la signification qu'il prétend avoir, serait suspect de faux-sens dans un foisonnement de formes qui se surimpriment et muent infiniment. N'est-on pas dupe d'influences sociales et subconscientes ? Qui tire les ficelles ? La phénoménologie husserlienne recherche la source de tout sens en démêlant les fils de l'enchevêtrement intentionnel. Son effort ne consiste qu'à déterminer ce qu'on ne sait pas quand on croit savoir et à mesurer l'aliénation – essentielle – de la culture. « Notre époque, écrit Husserl presque à la veille de la guerre de 1914, est une grande époque. Seulement elle souffre du scepticisme qui a dissous les vieux idéaux non-clarifiés »[2]. Au scepticisme paresseux dénonçant les illusions d'une culture incontrôlée, Husserl oppose le travail d'une critique optimiste, une recherche des mouvements originels des intentions dont nous ne connaissons que l'indistincte sédimentation et les épaisses

1. 230 c.
2. *Philosophie comme science rigoureuse*, Paris, P.U.F., 2003, 4ᵉ éd. (*Logos*, p. 340, traduction Lauer, p. 125).

alluvions. Lutter avec l'aliénation où nous jette une pensée dissimulant ses origines, percer le secret des détournements cachés des significations, surmonter l'inévitable naïveté de la spontanéité – tel est le propos même de la phénoménologie husserlienne.

Ainsi la remontée à la conscience transcendantale n'est pas un idéalisme de plus, mais la remontée au Phénomène, à ce qui fait luire un sens, interruption de cette prolifération de sens dont on ne connaît pas l'origine, où nous baignons. Pour cela, il ne suffit pas de retrouver une intériorité psychique quelconque – qui, en tant que psychique et en tant qu'inté-riorité – appartient elle-même à ces significations à éclairer. Il y faut un terrain originel et neutre qui se trouve, pour Husserl, dans les profondeurs de l'intersubjectivité où toutes signi-fications – celle d'intériorité, d'extériorité, de corporéité, de spiritualité, etc. – luit de sa première lumière de sens, d'une lumière qu'elle ne peut avoir empruntée à rien d'autre. Et rien ne saurait mettre en question cette lumière originelle sans déjà en avoir été éclairé. Privilège que revendiquaient, peut-être, les natures simples de Descartes. | Husserl ne doute pas qu'un tel terrain existe. *Il existe une origine* – est sa certitude première[1].

162

Cette origine sans laquelle la pensée reste exilée (et cela veut dire : sans fondement, sans *a priori*) – n'est pour Husserl ni Cause première, ni Principe dont tout découle. Elle est proto-impression. Comment l'*a priori* peut-il être expérience? L'expérience a toujours été comprise comme essentiellement incertaine de ses prétentions et, dans ce sens, comme égarant la pensée. La nouveauté de la

---

1. Sur l'importance de l'idée d'origine chez Husserl, Eugen Fink exprima dans cette Revue même en 1939, les idées fondamentales et déci-sives. Nous saisissons l'occasion pour saluer, pour le jubilé de Fink, l'homme que nous avons admiré en 1928-1929 autour du Maître dont il fut l'assistant, qu'il assista aussi à l'heure de tous les abandons et qui, philosophe très remarquable, n'a jamais « donné de noms grecs à des choses barbares ».

phénoménologie consiste à réduire «l'expérience-prétendant-à-une-vérité» à une conjoncture ayant une signification par elle-même, c'est-à-dire source d'une œuvre transcendantale à partir de laquelle la notion même de la vérité prendra seulement un sens. Ces significations sont la clarté originelle. Dans le langage husserlien ce retournement s'appelle Réduction transcendantale. Les contemporains qui ne l'accomplissent pas selon les règles de l'art définies par Husserl se placent néanmoins sur son terrain. L'expérience pour eux est source de significations. *Elle est éclairante avant d'être probante.*

La conscience réduite répond-elle à cette demande de sol premier et neutre? Essentiellement «impressionnelle» n'est-elle pas possédée par le non-moi, par l'autre, par la «facticité»? La sensation n'est-elle pas la négation même du travail transcendantal et de la présence évidente qui coïncide avec l'origine? Par sa théorie du sensible, Husserl restitue à l'événement impressif sa fonction transcendantale. Dans sa masse remplissant le temps, il découvre une première pensée intentionnelle qui est le temps même, une présence à soi à travers le premier écart, une intention dans le premier *laps* de temps et la première dispersion; il aperçoit au fond de la sensation une corporéité c'est-à-dire une libération du sujet à l'égard de sa pétrification même de sujet, une marche, une liberté qui défait la structure.

RACCOURCIS

I. AUTONOMIE ET HÉTÉRONOMIE

Toute philosophie recherche la vérité. Les sciences, elles aussi peuvent se définir par cette recherche, car elles tiennent de l'*eros* philosophique, vivant ou sommeillant en elles, leur noble passion. Mais si la définition semble trop générale et quelque peu vide, elle permet de distinguer deux voies où s'engage l'esprit philosophique et qui en éclairent la physionomie. Ces voies se croisent dans l'idée même de vérité.

1. Vérité implique expérience. Le penseur entretient dans la vérité un rapport avec une réalité distincte de lui, autre que lui. «Absolument autre», selon l'expression reprise par Jankélévitch. Car l'expérience ne mérite son nom que si elle nous transporte au-delà de ce qui reste notre nature. La vraie expérience doit même nous conduire au-delà de la Nature qui nous entoure, laquelle n'est pas jalouse des merveilleux secrets qu'elle garde, se plie, de connivence avec les hommes, à leurs raisons et inventions. En elle aussi les hommes se sentent chez eux. La vérité indiquerait ainsi l'aboutissement d'un mouvement partant d'un monde intime et familier – même si nous ne l'avons pas encore entièrement exploré – vers l'étranger, vers un *là-bas*, Platon l'a dit. La vérité

1. Dans *Revue de Métaphysique et de Morale*, Paris, Colin, 1957, n° 3.

impliquerait mieux qu'une extériorité, la transcendance. La philosophie s'occuperait de l'absolument autre, elle serait l'hétéronomie elle-même. Avançons encore de quelques pas. La distance seule ne suffit pas pour distinguer transcendance et extériorité. Fille de l'expérience, la vérité prétend très haut. Elle s'ouvre sur la dimension même de l'idéal. Et c'est ainsi que philosophie signifie métaphysique et que la métaphysique s'interroge sur le divin.

2. Mais vérité signifie aussi adhésion libre à une proposition, aboutissement d'une libre recherche. La liberté du chercheur, du penseur, sur laquelle ne pèse aucune contrainte, s'exprime dans la | vérité. Qu'est cette liberté sinon un refus pour l'être pensant, de s'aliéner dans l'adhésion, sinon la conservation de sa nature, de son identité, sinon le fait de rester le Même malgré les terres inconnues où semble mener la pensée ? Vue de ce biais, la philosophie s'emploierait à réduire au Même tout ce qui s'oppose à elle comme *autre*. Elle marcherait vers une *auto-nomie*, vers un stade où rien d'irréductible ne viendrait plus limiter la pensée et où, par conséquent, non limitée, la pensée serait libre. La philosophie équivaudrait ainsi à la conquête de l'être par l'homme à travers l'histoire.

La conquête de l'être par l'homme à travers l'histoire – voilà la formule à laquelle se ramène la liberté, l'autonomie, la *réduction de l'Autre au Même*. Celle-ci ne représente pas un je ne sais quel schéma abstrait, mais le Moi humain. L'existence d'un Moi se déroule comme identification du divers. Tant d'événements lui arrivent, tant d'années le vieillissent et le Moi demeure le Même ! Le Moi, le Soi-même, l'ipséité comme on le dit de nos jours, ne reste pas invariable au milieu du changement comme un rocher attaqué par les flots. Le rocher attaqué par des flots n'est rien moins qu'invariable. Le Moi reste le Même en faisant des événements disparates et divers une histoire, c'est-à-dire son histoire. Et c'est cela le fait originel de l'identification du Même, antérieur à l'identité du rocher et condition de cette identité.

Autonomie ou hétéronomie? Le choix de la philosophie occidentale a penché le plus souvent du côté de la liberté et du Même. La philosophie ne naquit-elle pas sur la terre grecque pour détrôner l'opinion où toutes les tyrannies menacent et guettent? À travers l'opinion filtre dans l'âme le poison le plus subtil et le plus perfide qui l'altère dans ses tréfonds, qui en fait un autre. L'âme « mangée par les autres » comme le dirait M. Teste, ne sent pas sa propre altération et s'expose dès lors à toutes les violences. Mais cette pénétration et ce prestige de l'opinion supposent un stade mythique de l'être où les âmes participent les unes des autres au sens de Lévy-Bruhl. Contre cette participation troublante et trouble que l'opinion suppose, la philosophie a voulu les âmes séparées et, en un sens, impénétrables. L'idée du Même, l'idée de liberté, semblaient offrir la garantie la plus sûre d'une telle séparation.

Aussi la pensée occidentale parut-elle très souvent exclure le transcendant, englober dans le Même tout Autre et proclamer le droit d'aînesse philosophique de l'autonomie.

| II. Le primat du même ou le narcissisme   **167**

L'autonomie – la philosophie qui tend à assurer la liberté ou l'identité des êtres – suppose que la liberté elle-même est sûre de son droit, se justifie sans recours à rien d'autre, se complaît comme Narcisse, en elle-même. Quand dans la vie philosophique qui réalise cette liberté surgit un terme étranger à cette vie, un terme autre – la terre qui nous supporte et qui trompe nos efforts, le ciel qui nous élève et nous ignore, les forces de la nature qui nous tuent et nous aident, les choses qui nous encombrent ou qui nous servent, les hommes qui nous aiment et nous asservissent – il fait obstacle. Il faut le surmonter et l'intégrer à cette vie. Or, la vérité est précisément cette victoire et cette intégration. La violence de la rencontre avec le non-moi, s'amortit dans l'évidence. De sorte que le commerce avec la vérité extérieure, tel qu'il se joue dans la connaissance vraie, ne s'oppose pas à la liberté, mais coïncide avec elle. La recherche de la vérité devient ainsi la respiration même d'un être libre, exposé aux réalités extérieures qui abritent, mais qui menacent aussi cette liberté. Grâce à la vérité, ces réalités dont je risque d'être le jouet, sont comprises par moi.

Le « je pense », la pensée à la première personne, l'âme conversant avec elle-même, ou retrouvant comme réminiscence les enseignements qu'elle reçoit, promeuvent ainsi la liberté. Elle triomphera quand le monologue de l'âme sera arrivé à l'universalité, aura englobé la totalité de l'être et jusqu'à l'individu animal qui logeait cette pensée. Toute expérience du monde – les éléments et les objets – se prête à cette dialectique de l'âme conversant avec elle-même, y entrent, y appartiennent. Les choses seront idées, et au cours d'une histoire économique et politique où cette pensée se sera déroulée, elles seront conquises, dominées, possédées. Et c'est pour cela sans doute que Descartes dira que l'âme pourrait être l'origine des idées relatives aux choses extérieures et rendre compte du réel.

L'essence de la vérité ne serait donc pas dans le rapport hétéronome avec un Dieu inconnu, mais dans le déjà-connu qu'il s'agit de découvrir ou d'inventer librement en soi, et où tout inconnu se coule. Elle s'oppose foncièrement à un Dieu révélateur. La philosophie est athéisme ou plutôt irreligion, négation d'un Dieu se révélant, mettant des vérités en nous. C'est la leçon de Socrate, qui ne laisse au maître que l'exercice de la maïeutique : tout enseignement introduit dans l'âme y fut déjà. L'identification du Moi, – la merveilleuse autarcie du moi – est le creuset naturel de cette transmutation de l'Autre **168** en Même. Toute philosophie est une | égologie pour employer un néologisme husserlien. Et lorsque Descartes distinguera l'acquiescement de la volonté dans la vérité la plus raisonnable, il n'expliquera pas seulement la possibilité de l'erreur, mais posera la raison comme un moi, et la vérité comme dépendant d'un mouvement libre et, par là-même, souverain et justifié.

Cette identification exige la médiation. D'où un deuxième trait de la philosophie du Même : son recours aux Neutres. Pour comprendre le non-moi, il faut trouver un accès à travers une entité, à travers une essence abstraite qui est et n'est pas. Là se dissout l'*altérité* de l'autre. L'être étranger, au lieu de se maintenir dans l'inexpugnable forteresse de sa singularité, au lieu de faire face – devient thème et objet. Il se range déjà sous un concept ou se dissout en relations. Il tombe dans le réseau d'idées *a priori*, que j'apporte pour le capter. Connaître, c'est surprendre dans l'individu affronté, dans cette pierre qui blesse, dans ce pin qui s'élance, dans ce lion qui rugit, ce par quoi il n'est pas cet individu-ci, cet étranger-ci, mais ce par quoi, se trahissant déjà, il donne prise à la volonté libre frémissant dans toute certitude, se saisit et se conçoit, entre dans un concept. La connaissance consiste à saisir l'individu qui seul existe, non pas dans sa singularité qui ne compte pas, mais dans sa généralité, la seule dont il y a science.

Et là commence toute puissance. La reddition des choses extérieures à la liberté humaine à travers leur généralité ne signifie pas seulement, en toute innocence, leur compréhension, mais aussi leur prise en main, leur domestication, leur possession. Dans la possession seulement, le moi achève l'identification du divers. Posséder c'est maintenir certes la réalité de cet autre qu'on possède, mais en suspendant précisément son indépendance. Dans une civilisation reflétée par la philosophie du Même, la liberté s'accomplit comme richesse. La raison qui réduit l'autre est une appropriation et un pouvoir.

Mais si les choses ne résistent pas aux ruses de la pensée et confirment la philosophie du Même, sans jamais mettre en question la liberté du moi, qu'en est-il des hommes? Se rendent-ils à moi comme les choses? Ne mettent-ils pas en question ma liberté?

Ils peuvent d'abord la mettre en échec en lui opposant plus que leur force, en lui opposant leurs libertés. Ils font la guerre. La guerre n'est pas une pure opposition de forces. La guerre se définit peut-être comme rapport où la force n'entre pas seule en ligne de compte, car comptent aussi les imprévus de la liberté: adresse, courage et invention. Mais, dans la guerre la libre volonté peut échouer sans, pour autant, se mettre en question, sans renoncer à son bon droit et à la revanche. La liberté ne se trouve mise en | question par Autrui et ne se révèle injustifiée que quand elle se sait injuste. Se savoir injuste, – cela ne vient pas s'ajouter à la conscience spontanée et libre qui serait présente à soi, et se saurait *de plus* coupable. Une situation nouvelle se crée. La présence à soi de la conscience change de façon. Les positions s'effondrent. Pour le dire d'une façon toute formelle, le Même n'y retrouve pas sa priorité sur l'autre, le Même ne repose pas en toute paix sur soi, n'est plus principe. Nous tâcherons de préciser ces formules. Mais, si le Même ne repose pas en toute paix sur soi, la philosophie ne semble pas indissolublement liée à l'aventure qui englobe tout Autre dans le Même.

Nous y reviendrons dans un instant. Précisons pour le moment que cette suprématie du Même sur l'Autre nous semble intégralement maintenue dans la philosophie de Heidegger, celle qui, de nos jours, connaît le succès le plus éclatant. Quand il trace la voie d'accès à chaque singularité réelle à travers l'Être, qui n'est pas un être particulier ni un genre où entreraient tous les particuliers, mais en quelque façon l'acte même d'être qu'exprime le verbe être et non pas le substantif (et que nous écrivons comme M. de Waelhens,

Être avec *E* majuscule), il nous conduit vers la singularité à travers un Neutre qui éclaire et commande la pensée et rend intelligible. Quand il voit l'homme possédé par la liberté plutôt qu'un homme qui la possède, il met au-dessus de l'homme un Neutre qui éclaire la liberté sans la mettre en question – et ainsi, il ne détruit pas, il résume tout un courant de la philosophie occidentale.

Le *Dasein* que Heidegger met à la place de l'âme, de la conscience, du Moi, conserve la structure du Même. L'indépendance, – l'autarcie – venait à l'âme platonicienne (et à toutes ses contrefaçons) de sa patrie, du monde des Idées auxquelles, d'après le *Phédon*, elle s'apparente; et par conséquent dans ce monde, elle ne pouvait rencontrer rien de véritablement étranger. La raison, la faculté de se maintenir, identique, au-dessus des variations du devenir, formait l'âme de cette âme. Heidegger conteste à l'homme cette position dominante, mais il laisse le *Dasein* dans le Même, comme mortel. La possibilité de s'anéantir est précisément constitutive du *Dasein*, et maintient ainsi son ipséité. Ce néant est une mort, c'est-à-dire ma mort, ma possibilité (de l'impossibilité), mon pouvoir. Personne ne peut se substituer à moi pour mourir. L'instant suprême de la résolution est solitaire et personnel.

Certes, pour Heidegger, la liberté de l'homme dépend de la lumière de l'Être et, par conséquent, ne semble pas principe. Mais il en fut ainsi dans l'idéalisme classique où le libre-arbitre passait pour la forme la plus basse de la liberté, et où la vraie liberté | obéissait à l'universelle raison. La liberté **170** heideggerienne est obéissante, mais l'obéissance la fait jaillir sans la mettre en question, sans révéler son injustice. L'Être qui équivaut à l'indépendance et à l'extranéité des réalités, équivaut à la phosphorescence, à la lumière. Il se convertit en intelligibilité. Le « mystère », essentiel à cette « obscure clarté », est un mode de cette conversion. L'indépendance s'en va en rayonnement. *Sein und Zeit*, l'œuvre première et principale d'Heidegger, n'a peut-être jamais soutenu qu'une seule thèse : l'Être est inséparable de la compréhension de l'être, l'Être est déjà invocation de la subjectivité. Mais l'Être *n'est pas* un étant. C'est un Neutre qui ordonne pensées et êtres, mais qui durcit la volonté au lieu de lui faire honte. La conscience de sa finitude ne vient pas à l'homme de l'idée de l'infini, c'est-à-dire ne se révèle pas comme une imperfection, ne se réfère pas au Bien, ne se sait pas méchante. La philosophie heideggerienne marque précisément l'apogée d'une pensée où le fini ne se réfère pas à l'infini[1] (prolongeant certaines tendances de la philosophie kantienne : séparation entre entendement et raison, divers thèmes de la dialectique transcendantale), où toute déficience n'est que faiblesse et toute faute, commise à l'égard de soi, – aboutissement d'une longue tradition de fierté d'héroïsme, de domination et de cruauté.

L'ontologie heideggerienne subordonne le rapport avec l'Autre à la relation avec le Neutre qu'est l'Être et, par là, elle continue à exalter la volonté de la puissance dont Autrui seul peut ébranler la légitimité et troubler la bonne conscience. Quand Heidegger signale l'oubli de l'Être voilé par les diverses réalités qu'il éclaire, oubli dont se rendrait coupable la philosophie issue de Socrate, lorsqu'il déplore l'orientation de l'intelligence vers la technique, il maintient un régime de puissance plus inhumain que le machinisme et qui n'a peut-être pas la même source que lui. (Il n'est pas sûr que le national-socialisme provienne de la réification mécaniste des hommes et qu'il ne repose pas sur un enracinement paysan et une adoration féodale des hommes asservis pour les maîtres et seigneurs qui les commandent). Il s'agit d'une existence qui s'accepte comme naturelle, pour qui sa place au soleil, son sol, son *lieu* orientent toute signification. Il s'agit d'un *exister*

1. Cf. *infra*, p. 144.

païen. L'Être l'ordonne bâtisseur et cultivateur, au sein d'un paysage familier, sur une terre maternelle. Anonyme, Neutre, il l'ordonne éthiquement indifférent et comme une liberté héroïque, étrangère à toute culpabilité à l'égard d'Autrui.

Cette maternité de la terre détermine en effet toute la civilisation occidentale de propriété, d'exploitation, de tyrannie politique | et de guerre. Heidegger ne discute pas le 171 pouvoir pré-technique de la possession qui s'accomplit précisément dans l'enracinement de la perception et que personne d'ailleurs n'a décrit d'une façon aussi géniale que lui. Perception où l'espace géométrique le plus abstrait se loge en fin de compte, mais perception qui ne peut trouver de place dans tout l'infini de l'étendue mathématique. Les analyses heideggeriennes du monde qui, dans *Sein und Zeit,* partaient de l'attirail des choses fabriquées, sont, dans sa dernière philosophie, portées par la vision des hauts paysages de la Nature, impersonnelle fécondité, matrice des êtres particuliers, matière inépuisable des choses.

Heidegger ne résume pas seulement toute une évolution de la philosophie occidentale. Il l'exalte en montrant de la façon la plus pathétique son essence anti-religieuse devenue une religion à rebours. La sobriété lucide de ceux qui se disent amis de la vérité et ennemis de l'opinion, aurait donc un prolongement mystérieux ! Avec Heidegger, l'athéisme est paganisme, les textes pré-socratiques – des anti-Écritures. Heidegger montre dans quelle ivresse baigne la sobriété lucide des philosophes.

En somme, les thèses connues de la philosophie heideggerienne : la précellence de l'Être par rapport à l'étant, de l'ontologie par rapport à la métaphysique, achèvent d'affirmer une tradition où le Même domine l'Autre, où la liberté – fût-elle identique à la raison – précède la justice. Celle-ci ne consiste-t-elle pas à mettre avant les obligations à l'égard de soi, l'obligation à l'égard de l'Autre – à mettre l'Autre avant le Même ?

III. L'IDÉE DE L'INFINI

En renversant les termes, nous pensons suivre une tradition au moins aussi antique – celle qui ne lit pas le droit dans le pouvoir et qui ne réduit pas *tout autre* au Même. Contre les heideggeriens et les néo-hegeliens pour qui la philosophie commence par l'athéisme, il faut dire que la tradition de l'Autre n'est pas nécessairement religieuse, qu'elle est philosophique. Platon se tient en elle quand il met le Bien au-dessus de l'être, et, dans *Phèdre*, définit le vrai discours comme un discours avec des dieux. Mais c'est l'analyse cartésienne de l'idée de l'infini qui, de la manière la plus caractéristique, esquisse une structure dont nous voulons retenir d'ailleurs uniquement le *dessin formel.*

Chez Descartes, le moi qui pense entretient avec l'Infini une relation. Cette relation n'est ni celle qui rattache le contenant au contenu – puisque le moi ne peut contenir 172 l'Infini ; ni celle qui | rattache le contenu au contenant puisque le moi est séparé de l'Infini. Cette relation décrite aussi négativement – est l'idée de l'Infini en nous.

Certes des choses aussi nous avons des idées ; mais l'idée de l'infini a ceci d'exceptionnel que son *idéatum* dépasse son idée. La distance entre idée et idéatum n'équivaut pas, pour l'idée de l'infini, à la distance qui sépare dans les autres représentations, l'acte mental de son objet. L'abîme qui sépare l'acte mental de son objet n'est pas assez profond pour que Descartes ne dise pas que l'âme peut rendre compte par elle-même des idées des choses finies. L'intentionalité qui anime l'idée de l'infini ne se compare à aucune autre : elle vise ce qu'elle ne peut embrasser et dans ce sens, précisément, l'Infini. Pour prendre le contrepied des formules dont nous avons usé plus haut – l'altérité de l'infini ne s'annule pas, ne s'amortit pas dans la pensée qui le pense. En pensant l'infini – le moi d'emblée *pense plus qu'il ne pense*. L'infini ne rentre pas dans l'*idée* de l'infini, n'est pas saisi ; cette idée n'est pas un concept. L'infini, c'est le radicalement, l'absolument autre. La transcendance de l'infini par rapport au moi qui en est séparé et qui le pense, constitue la première marque de son infinitude.

L'idée de l'infini est donc la seule qui apprenne ce qu'on ignore. Elle a été *mise* en nous. Elle n'est pas une réminiscence. Voilà l'expérience au seul sens radical de ce terme : une relation avec l'extérieur, avec l'Autre, sans que cette extériorité puisse s'intégrer au Même. Le penseur qui a l'idée de l'infini est *plus que lui-même*, et ce gonflement, ce surplus, ne vient pas de dedans, comme dans le fameux *projet* des philosophes modernes, où le sujet se dépasse en créant.

Comment une telle structure peut-elle demeurer philosophique ? Quel est le rapport qui, tout en demeurant *le plus dans le moins*, ne se transforme pas en relation où, selon les mystiques, le papillon attiré par le feu se consume dans le feu. Comment maintenir les êtres séparés, ne pas sombrer dans la participation, contre laquelle la philosophie du Même aura l'immortel mérite d'avoir protesté ?

IV. L'IDÉE DE L'INFINI ET LE VISAGE D'AUTRUI

L'expérience, l'idée de l'infini, se tient dans le rapport avec Autrui. L'idée de l'infini est le rapport social.

Ce rapport consiste à aborder un être absolument extérieur. L'infini de cet être qu'on ne peut pour cela même contenir, garantit et constitue cette extériorité. Elle n'équivaut pas à la distance entre sujet et objet. L'objet, nous le savons s'intègre à l'identité du | Même. Le Moi en fait son thème, et, 173 dès lors, sa propriété, son butin ou sa proie ou sa victime.

L'extériorité de l'être infini se manifeste dans la résistance absolue que, de par son apparition – de par son épiphanie – il oppose à tous mes pouvoirs. Son épiphanie n'est pas simplement l'apparition d'une forme dans la lumière, sensible ou intelligible, mais déjà ce *non* lancé aux pouvoirs. Son *logos* est : « Tu ne tueras point ».

Certes, Autrui s'offre à tous mes pouvoirs, succombe à toutes mes ruses, à tous mes crimes. Ou me résiste de toute sa force et de toutes les ressources imprévisibles de sa propre liberté. Je me mesure avec lui. Mais il peut aussi – et c'est là qu'il me présente sa face – s'opposer à moi, par-delà toute mesure – par le découvert total et la totale nudité de ses yeux sans défense, par la droiture, par la franchise absolue de son regard. L'inquiétude solipsiste de la conscience se voyant, dans toutes ses aventures, captive de Soi, prend fin ici : la vraie extériorité est dans ce regard qui m'interdit toute conquête. Non pas que la conquête défie mes pouvoirs trop faibles, mais je ne *peux plus pouvoir* : la structure de ma liberté, nous le verrons plus loin, se renverse totalement. Ici s'établit une relation non pas avec une résistance très grande, mais avec l'absolument Autre – avec la résistance de ce qui n'a pas de résistance – avec la résistance éthique. C'est elle qui ouvre la dimension même de l'infini – de ce qui arrête l'impérialisme irrésistible du Même et du Moi. Nous appelons *visage* l'épiphanie de ce qui peut se présenter aussi directement à un Moi et, par là-même, aussi extérieurement.

Le visage ne ressemble point à la forme plastique, toujours déjà désertée, trahie par l'être qu'elle révèle, comme le marbre dont, déjà, les dieux qu'il manifeste, s'absentent. Il diffère de la face animale où l'être ne se rejoint pas encore dans sa stupidité de brute. Dans le visage l'exprimé *assiste* à l'expression, exprime son expression même – reste toujours maître du sens qu'il livre. « Acte pur » à sa manière, il se refuse à l'identification, ne rentre pas dans du déjà connu, porte, comme dit Platon, secours à lui-même, parle. L'épiphanie du visage est tout entière langage.

La résistance éthique est la présence de l'infini. Si la résistance au meurtre, inscrite sur le visage, n'était pas éthique mais réelle – nous aurions accès à une réalité très faible ou très forte. Elle mettrait, peut-être, en échec notre volonté. La volonté se jugerait déraisonnable et arbitraire. Mais nous n'aurions pas accès à l'être extérieur, à ce qu'absolument, on ne peut ni englober, ni posséder, où notre liberté renonce à son impérialisme du moi, où elle ne se trouve pas seulement arbitraire, mais injuste. Mais, dès lors, Autrui n'est pas simplement une liberté autre; pour me donner le savoir de l'injustice, | il faut que son regard me vienne d'une dimension **174** de l'idéal. Il faut qu'Autrui soit plus près de Dieu que Moi. Ce qui n'est certainement pas une invention de philosophe, mais la première donnée de la conscience morale que l'on pourrait définir comme conscience du privilège d'Autrui par rapport à moi. La justice bien ordonnée commence par Autrui.

V. L'IDÉE DE L'INFINI COMME DÉSIR

Le rapport éthique ne se greffe pas sur un rapport préalable de connaissance. Il est fondement et non pas superstructure. Le distinguer de la connaissance, ce n'est pas le réduire à un sentiment subjectif. Seule l'idée de l'infini où l'être déborde l'idée, où l'Autre déborde le Même rompt avec les jeux internes de l'âme et mérite le nom d'expérience, de relation avec l'extérieur. Elle est, dès lors, plus *cognitive* que la connaissance elle-même et toute objectivité doit y participer.

La vision en Dieu (du 2e *Entretien Métaphysique*) de Malebranche, exprime à la fois cette référence de toute connaissance à l'idée de l'infini et le fait que l'idée de l'infini n'est pas comme les connaissances qui se réfèrent à elle. On ne peut, en effet, soutenir que cette idée elle-même soit une thématisation ou une objectivation sans la réduire à la présence de l'Autre dans le Même, présence sur laquelle précisément elle tranche. Chez Descartes, une certaine ambiguïté reste sur ce point, le *cogito* reposant sur Dieu, fonde par ailleurs l'existence de Dieu : la priorité de l'Infini se subordonne à l'adhésion libre de la volonté, initialement maîtresse d'elle-même.

Que le mouvement de l'âme qui est plus cognitif que la connaissance, puisse avoir une structure différente de la contemplation – voilà le point sur lequel nous nous séparons de la lettre du cartésianisme. L'infini n'est pas objet d'une contemplation, c'est-à-dire n'est pas à la mesure de la pensée qui le pense. L'idée de l'infini est une pensée qui à tout instant pense plus qu'elle ne pense. Une pensée qui pense plus qu'elle ne pense est Désir. Le Désir « mesure » l'infinité de l'infini.

Le terme que nous avons choisi pour marquer la propulsion, le gonflement de ce dépassement, s'oppose à l'affectivité de l'amour et à l'indigence du besoin. En dehors de la faim qu'on satisfait, de la soif qu'on étanche et des sens qu'on apaise, existe l'Autre, absolument autre que l'on désire par-delà ces satisfactions, sans que le corps connaisse aucun geste pour apaiser le Désir, sans qu'il soit possible d'inventer aucune caresse nouvelle. Désir inassouvissable | non pas parce qu'il répond à une faim infinie, mais parce qu'il n'appelle pas de nourriture. Désir sans satisfaction qui, par là-même, prend acte de l'altérité d'Autrui. Il la situe dans la dimension de hauteur et d'idéal qu'il ouvre précisément dans l'être.

Les désirs que l'on peut satisfaire ne ressemblent au Désir que par intermittence : dans les déceptions de la satisfaction ou dans les accroissements du vide qui scandent leur volupté. Ils passent pour l'essence du désir à tort. Le vrai Désir est celui que le Désiré ne comble pas, mais creuse. Il est bonté. Il ne se réfère pas à une patrie ou à une plénitude perdues, il n'est pas le mal du retour – il n'est pas nostalgie. Il est le manque dans l'être qui *est* complètement et à qui rien ne manque. Le mythe platonicien de l'amour, fils de l'abondance et de la pauvreté, peut-il s'interpréter aussi comme attestant, dans le Désir, l'indigence d'une richesse, l'insuffisance de ce qui se suffit? Platon en rejetant dans le *Banquet* le mythe de l'androgyne n'a-t-il pas affirmé la nature non-nostalgique du Désir, la plénitude et la joie de l'être qui l'éprouve?

VI. L'IDÉE DE L'INFINI ET LA CONSCIENCE MORALE

Comment le visage échappe-t-il au pouvoir discrétionnaire de la volonté qui dispose de l'évidence? Connaître le visage n'est-ce pas en *prendre* conscience et prendre conscience n'est-ce pas adhérer *librement*? L'idée de l'infini, comme *idée*, ne ramène-t-elle pas inévitablement au schéma du Même englobant l'Autre? À moins que l'idée de l'infini ne signifie l'effondrement de la bonne conscience du Même. Tout se passe en effet comme si la présence du visage – l'idée de l'infini en Moi – était la mise en question de ma liberté.

Que le libre-arbitre soit arbitraire et qu'il faille sortir de ce stade élémentaire – voilà une vieille certitude des philosophes. Mais l'arbitraire renvoie, pour tous, à un fondement rationnel, justification de la liberté par elle-même. Le fondement rationnel de la liberté est encore la prééminence du Même.

La nécessité de justifier l'arbitraire ne tient d'ailleurs qu'à l'échec subi par le pouvoir arbitraire. *La spontanéité même de la liberté ne se met pas en question* – telle semble être la tradition dominante de la philosophie occidentale. Seule la limitation de la liberté serait tragique ou ferait scandale. La liberté pose un problème uniquement parce qu'elle ne s'est pas choisie. L'échec de ma spontanéité éveillerait la raison et la théorie. Il y aurait une douleur qui serait mère de la sagesse. L'échec m'amènerait à mettre frein à ma violence et

introduirait de l'ordre dans les relations humaines, car tout est
176 permis sauf l'impossible. Surtout | les théories politiques
modernes, depuis Hobbes déduisent l'ordre social de la
légitimité, du droit incontestable de la liberté.

Le visage d'Autrui – n'est pas la révélation de l'arbitraire
de la volonté, mais de son injustice. La conscience de mon
injustice se produit quand je m'incline non pas devant le fait,
mais devant Autrui. Autrui m'apparaît dans son visage non
pas comme un obstacle, ni comme menace que j'évalue, mais
comme ce qui me mesure. Il faut, pour me sentir injuste, que je
me mesure à l'infini. Il faut avoir l'idée de l'infini, qui est
aussi l'idée du parfait comme le sait Descartes, pour connaître
ma propre imperfection. L'infini ne m'arrête pas comme une
force mettant la mienne en échec, elle met en question le droit
naïf de mes pouvoirs, ma glorieuse spontanéité de vivant, de
« force qui va ».

Mais cette façon de se mesurer à la perfection de l'infini,
n'est pas une considération théorétique à son tour où la liberté
reprendrait spontanément ses droits. C'est une *honte* qu'a
d'elle-même la liberté qui se découvre meurtrière et usur-
patrice dans son exercice même. Un exégète du deuxième
siècle, plus soucieux de ce qu'il devait faire que de ce qu'il
avait à espérer ne comprenait pas que la Bible commençât par
le récit de la création au lieu de nous placer d'emblée devant
les premiers commandements de l'Exode. C'est à grand'peine
qu'il convint que le récit de la création était tout de même
nécessaire à la vie du juste : si la terre n'avait pas été *donnée* à
l'homme, mais simplement *prise* par lui, il ne l'aurait possédée que comme brigand. La possession spontanée et naïve
ne peut se justifier par la vertu de sa propre spontanéité.

L'existence n'est pas condamnée à la liberté, mais jugée et
investie comme liberté. La liberté ne saurait se présenter toute
nue. Cette investiture de la liberté constitue la vie morale elle-
même. Elle est de part en part hétéronomie.

La volonté qui dans la rencontre d'Autrui est jugée, n'assume pas le jugement qu'elle accueille. Ce serait encore le retour du Même décidant en dernier ressort de l'Autre, l'hétéronomie absorbée dans l'autonomie. La structure de la volonté libre devenant *bonté* ne ressemble plus à la spontanéité glorieuse et suffisante du Moi et du bonheur et qui serait l'ultime mouvement de l'être. Elle en est comme l'inversion. La vie de la liberté se découvrant injuste, la vie de la liberté dans l'hétéronomie, consiste pour la liberté en un mouvement infini de se mettre toujours davantage en question. Et ainsi se creuse la profondeur même de l'intériorité. L'accroissement d'exigence, que j'ai à l'égard de moi-même aggrave le jugement qui se porte sur moi, c'est-à-dire ma responsabilité. Et l'aggravation de ma responsabilité accroît ces exigences. Dans ce mouvement, ma liberté n'a pas le dernier mot, je ne retrouve | jamais ma solitude, ou, si l'on veut, la conscience 177 morale est essentiellement insatisfaite, ou si l'on veut encore, toujours Désir.

L'insatisfaction de la conscience morale n'est pas seulement la douleur des âmes délicates et scrupuleuses, mais la contraction, le creux, le retrait en soi et la systole même de la conscience tout court; et la conscience éthique elle-même n'est pas invoquée dans tout cet exposé comme une variété « particulièrement recommandable » de la conscience, mais comme la forme concrète que revêt un mouvement plus fondamental que la liberté, l'idée de l'infini. Forme concrète de ce qui précède la liberté et qui, cependant, ne nous ramène ni à la violence, ni à la confusion de ce qui est séparé, ni à la nécessité, ni à la fatalité.

Voilà, enfin, la situation par excellence où l'on n'est pas seul. Mais si cette situation ne livre pas la preuve de l'existence d'Autrui, c'est que la preuve suppose déjà le mouvement et l'adhésion d'une libre volonté, une certitude. De sorte que la situation où la libre volonté s'investit, précède

la preuve. Toute certitude, en effet, est l'œuvre d'une liberté
solitaire. Accueil du réel dans mes idées *a priori*, adhésion de
ma libre volonté – le dernier geste de la connaissance est
liberté. Le face à face où cette liberté se met en question
comme injuste, où elle se trouve un maître et un juge,
s'accomplit avant la certitude, mais aussi avant l'incertitude.

La situation est, au plus fort sens de ce terme, une expérience : contact d'une réalité qui ne se coule en aucune idée
a priori, qui les déborde toutes – et c'est pour cela précisément
que nous avons pu parler d'infini. Aucun mouvement de
liberté ne saurait s'approprier le visage ni avoir l'air de le
« constituer ». Le visage a déjà été là quand on l'anticipait ou
le constituait – il y collaborait, il parlait. Le visage est
expérience pure, expérience sans concept. La conception par
laquelle les données de nos sens s'agrègent au Moi, finit
– devant Autrui – par la dé-ception par le dessaisissement
qui caractérise toutes nos tentatives d'embrasser ce réel.
Mais il faut distinguer l'incompréhension purement négative d'Autrui qui dépend de notre mauvaise volonté – et
l'incompréhension essentielle de l'Infini qui a une face
positive – est conscience morale et Désir.

L'insatisfaction de la conscience morale, la dé-ception
devant autrui coïncident avec le Désir. C'est l'un des points
essentiels de tout cet exposé. Le Désir de l'infini n'a pas la
complaisance sentimentale de l'amour, mais la rigueur de
l'exigence morale. Et la rigueur de l'exigence morale – ne
s'impose pas brutalement – mais est Désir, par l'attraction et
l'infinie hauteur de l'être même, au bénéfice de qui s'exerce la
bonté. Dieu ne commande que par les hommes pour qui il
faut agir.

178 | La conscience, – la présence de soi à soi, passe pour le
thème ultime de la réflexion. La conscience morale, variation
sur ce thème, variété de conscience y joindrait le souci de
valeurs et de normes. Nous avons à ce sujet posé quelques

questions : le soi peut-il se présenter à soi, avec tant de naturelle complaisance ? Peut-il sans honte apparaître à ses propres yeux ? Le narcissisme est-il possible[1] ? La conscience morale n'est-elle pas la critique et le principe de la présence de soi à soi ? Dès lors, si l'essence de la philosophie consiste à remonter en deçà de toutes les certitudes vers le principe, si elle vit de critique, le visage d'Autrui serait le commencement même de la philosophie. Thèse d'hétéronomie qui rompt avec une tradition très vénérable. En revanche, la situation où l'on n'est pas seul ne se réduit pas à l'heureuse rencontre d'âmes fraternelles qui se saluent et qui conversent. Cette situation est conscience morale – exposition de ma liberté au jugement de l'Autre. Dénivellement qui nous a autorisé d'entrevoir dans le regard de celui à qui justice est due, la dimension de la hauteur et de l'idéal.

---

1. Nous avons traité les divers thèmes qui s'y rapportent dans trois articles publiés dans la *Revue de Métaphysique et de Morale*, Paris, Colin : L'ontologie est-elle fondamentale ? (Janvier-Mars 1951), Liberté et Commandement (Juillet-septembre 1953), Le Moi et la totalité (Octobre-Décembre 1954).

À PROPOS DE LA « NOTION DE L'*A PRIORI* »
DE M. MIKEL DUFRENNE [2]

Soutenir qu'il existe une fonction irréductible du sujet transcendantal, sans récuser dédaigneusement, comme le fait l'idéalisme traditionnel, les motivations qui conduisent vers un certain matérialisme, historicisme et sociologisme – tel est le projet de ce livre sur la notion de l'*a priori*.

L'*a priori* en question, est l'*a priori* matériel de Husserl. L'*a priori* formel, n'est pas primordial. D'après la *Formale und transzendentale Logik* de Husserl (mais, pour le lecteur averti, déjà depuis les *Logische Untersuchungen*), le formel se constitue dans une genèse matérielle [3]. Dès 1901, la notion de l'*a priori* matériel, fut comprise comme la fin de l'idéalisme transcendantal : l'Être se manifeste, dans la connaissance, en original ou « en personne », selon les structures mêmes qui le charpentent ; le sujet connaissant perçoit cette manifestation

1. Dans *Revue de Métaphysique et de Morale*, Paris, Colin, 1962, n° 4.
2. « Epiméthée », Paris, P.U.F., 1959, un tome in-8 de 292 pages
3. Peut-on d'ailleurs parler d'un logicisme chez Husserl, comme M. Dufrenne le fait quelquefois (p. 112)? Le formel ne se décrit pas, pour Husserl, par un système de termes *déductibles* à partir de quelques principes équivalents à la Raison : ce n'est pas le logique qui définit le formel, c'est le formel qui caractérise le logique.

sans exercer aucune activité constituante. À vrai dire, la phénoménologie n'a jamais perdu la signification onto-logique que lui prêtaient ses premiers partisans. La philo-sophie de l'Être, telle que la développe Heidegger, offrait une revanche à tous ceux qui avaient été désarçonnés par l'idéalisme transcendantal des *Ideen*. L'intentionalité de la conscience, ce n'est plus seulement le fait que toute conscience est conscience de quelque chose, mais que tout « quelque chose » se montre, est, de par son être, manifestation ou dévoilement, ou vérité et, dans ce sens, suscite la pensée. La manifestation de l'être, et non pas le jugement du penseur, définit, en effet, pour Heidegger – comme déjà pour Husserl – 180 le phénomène originel de la vérité. La façon dont l'Être | de l'étant se montre ou se dissimule, commande pensée, culture et histoire ; c'est l'être qui *donne à penser*. Mais le penseur ou le sujet ou l'homme est nécessaire à l'Être qui resplendit. La philosophie contemporaine est à la fois anti-idéaliste et soucieuse de la place et de la mission uniques de l'homme dans l'économie générale de l'Être. Elle cherche toute vérité dans l'Être – au point de situer dans l'Être la pensée au lieu de la lui opposer, – mais malgré cet ontologisme effréné, elle est incapable d'oublier Kant. La fidélité à l'esprit – sinon à la lettre – du kantisme, au dualisme de la philosophie transcen-dantale, mais aussi à bien des articulations du système – s'affirme à chaque page du livre de M. Dufrenne, la vision heideggerienne de Kant n'étant plus d'ailleurs l'unique, ni même le principal repère de l'interprétation qui se base sur les récents et si importants travaux de M. Vuillemin.

Pour M. Dufrenne, les structures *a priori* ne sont pas l'œuvre du sujet. Elles se lisent *sur* l'expérience, viennent de l'Être, s'y montrent « comme valeur, comme qualité affective, comme signification mythique » (p. 55) et non seulement comme conditions *formelles* et *subjectives* de l'objectivité. « L'objet n'attend rien du sujet, sinon son accomplissement dans la connaissance » (p. 141). L'*a priori*, c'est le surgissement, au cours de l'expérience, – pour le sujet et non pas par le sujet – de significations qui éclairent l'ensemble de l'expérience et rendent seulement possibles ses enseignements *a posteriori*. L'*a priori* vu *dans* l'Être, laisse voir. C'est là sa fonction constituante. La fulguration de cet *a priori* ne se produit que dans l'expérience et, par conséquent, est, en un sens, tributaire des contingences et des nécessités de l'Histoire. Son universalité même en appelle à l'acquiescement de sujets empiriques. Ces nécessités et ces contingences ne sont pas *les causes* de ces notions *a priori*. Celles-ci se donnent pour inengendrées et inengendrables. Inépuisables en significations, mais toutes faites, leur immédiateté ne ressemble pas à l'immédiateté du rafraîchissant contact de l'empirie. Et cependant l'objet s'y exprime : « s'exprimer, c'est être présent, vraiment présent, dans ce qu'on exprime » (p. 134). Par là encore, l'*a priori* est l'intelligibilité de l'être : l'objet exprimé est présent lui-même dans sa singularité, mais, en tant qu'exprimé, il sort aussi de sa singularité : sa révélation est son universalisation. Distinctions subtiles, mais vigoureusement dessinées. Ces significations *a priori*, ressemblent aux formes du *Gestaltisme*, indépendantes même des opérations de comparaison et de constatation que l'empirisme radical (Hume ou le positivisme logique) exigent encore pour la formation des idées à partir de l'expérience. Car l'*a priori* matériel n'est pas une idée générale et abstraite, formée à partir d'une définition arbitraire et dont l'extension se trouve, dès lors, | arbitrairement délimitée. « L'essence **181** m'est immédiatement donnée par l'expérience... Ainsi cet enfant qui joue me dit l'enfance, mais l'enfance m'est dite aussi par le printemps... ou par un thème de Mozart » (p. 99). La généralité se manifeste ici dans les « correspondances » au sens baudelairien. La métaphore (que M. Dufrenne évite dans son propre exposé) apparaît comme exprimant les rapports fondamentaux de l'Être. «... Il peut y avoir plus de convenances entre les objets d'espèces différentes, entre la musique de Ravel et la poésie de Mallarmé, qu'entre des objets appartenant à une même espèce, la musique de Ravel et la musique de Franck» (p. 100). Vues qui permettent, notamment, de distinguer l'essence *a priori* du concept que critique Bergson.

En tant que connaissance de ce qui n'a pas de genèse et, par conséquent, de ce qui ne se situe pas après un «quelque chose» qui serait commencement temporel, le sujet «s'enracine dans l'intemporel, bien qu'il ne se manifeste et ne se réalise que dans le temps» (p. 149). C'est par là que l'affirmation de l'*a priori*, coïncide avec l'affirmation de la liberté humaine : «Familier» avec l'inengendrable, l'homme, sans être cause première, ne se ramène pas à la condition d'un simple résultat.

Ni reflet, ni créateur des structures *a priori* qui constituent le monde, le sujet les connaît de connaissance virtuelle, laquelle n'est pas le résidu d'une expérience passée. Mais «l'antériorité logique, donc intemporelle de l'*a priori*, se traduit dans l'ordre temporel en antériorité radicale» (p. 130) et, dans ce sens, est intemporelle. La relation avec cet intemporel «antérieur», est précisément le psychisme. Le psychisme est mémoire. Il s'agit d'une mémoire visant un passé absolu, «un profond jadis, jadis jamais assez» qui n'a pas été présent. Mémoire selon le mode de l'inconscient bergsonien, où la plénitude du passé n'est pas encore «monnayée en images». Les images, en tant que conscientes, en tant que «connues», seraient déjà une diminution de cette plénitude inconsciente du virtuel. La présence de soi à soi, dans cette mémoire originelle, conditionne la mémoire visant un passé réellement expérimenté. *A priori existentiel* – en ce que le sujet ne connaît pas seulement, mais *est* cet *a priori* en tant que virtuel, le verbe *être* devenant comme transitif.

Une telle conception du sujet unit sa structure transcendantale et intemporelle à sa temporalité et à son psychisme. «Être un sujet transcendantal, c'est être un sujet personnel» (p. 164), et non pas corrélat purement logique de synthèses objectives. Il est aussi extrêmement intéressant de trouver en Bergson une source de la philosophie de l'existence et de voir la mémoire pure et l'inconscient de Bergson interprétés comme cette plénitude encore non monnayée en images et non pas comme un film du passé.

| L'interprétation du sujet, posé comme psychique précisé- **182** ment à partir de l'*a priori*, s'achève en analyses qui montrent l'incarnation et la socialité du sujet. Comme toujours dans ce livre, une large place est faite au matérialisme et au sociologisme. À cause d'eux et non pas malgré eux, se garantit le statut transcendantal du sujet et, par là, le dualisme de l'homme et du monde. Familiarité virtuelle du sujet avec les structures de l'Être, l'*a priori* permet au sujet de se poser et comme plus ancien que le devenir temporel, et comme temporel. Mais la temporalité est destin ou chosification ou corporéité. Sans briser cette destinée temporelle et par des mouvements qui demeurent temporels et corporels, le sujet s'affirme comme Moi. «L'unité du sujet, c'est précisément l'unité de ce procès. Je suis la négation de ce que je suis, mais ce que je suis est précisément le corps». «L'acte par lequel le corps est dépassé est celui-là même par lequel il est posé». «Le corps se pose en se contestant». Tout est, à la fois, accordé et refusé au matérialisme : «D'une part, je ne me réduis pas à mon corps parce que je suis sur le mode de ne l'être pas : je l'exprime en disant qu'il est ce que je suis et, d'autre part, il ne me détermine pas, bien qu'en un sens, il soit extérieur à moi, parce qu'il est trop proche de moi, pour agir sur moi ; tout au plus peut-on dire qu'il me constitue et, par là, me limite parce qu'en retour je suis ce qu'il est » (p. 215). M. Dufrenne fait donc sienne la réhabilitation philosophique

du corps que nous a rendu familière l'œuvre de Merleau-Ponty. Il n'hésite pas à utiliser des formules identifiant la pensée avec le corps. Mais il voudrait ne pas trouver seulement le corps dans la conscience comme objet, pas même comme mode de la conscience ou comme signification de cette conscience. Il voudrait lui conserver toute la lourdeur matérielle de l'en soi.

Dans sa familiarité avec les structures *a priori*, le sujet est aussi socialisé, sa socialité constituant son essence transcendantale au lieu de l'absorber : l'objectivité même de l'*a priori* implique Autrui, mon égal. *On* connaît l'Autre avant de se connaître – le *on* n'étant pas l'anonymat de l'inauthentique, mais la simultanéité de la singularité et de l'universalité en moi. (Mais là nous voudrions demander : est-il sûr que cet Autrui, *a priori* révélé, soit mon égal ? Non pas qu'il soit mon inégal – mais l'altérité de l'Autre ne précède-t-elle pas égalité et inégalité qui se dessinent sur le plan de la moralité, où l'Autre est, avant tout, supérieur à moi ?). La société est un destin, comme le corps – je n'ai pas plus choisi la société que mon corps. Si je me rebelle contre la société, c'est avec le langage de la société que je dis *non* à la société. je *suis* la culture ; mais, là encore, je ne me dissous pas dans la culture que je suis. « Je suis la culture et, dans cette mesure, elle m'informe et me limite : elle | est moi – et dans cette mesure, je l'informe et la limite ; je vis en elle et elle vit en moi. Ces deux propositions justifient les démarches de l'anthropologie culturelle ou de la psychologie sociale ; mais à condition que la réciprocité soit toujours respectée » (p. 216). Seule la subjectivité de la personne a une singularité irréductible. Exercer la fonction transcendantale, est un privilège qui lui appartient et qui ne peut lui être concédé par la société. Et, là encore, recours au bergsonisme ou à sa manière : la relation du transcendantal et du social doit se concevoir « un peu comme Bergson conçoit la relation de la vie et de la matière ; la matière étant l'obstacle pour la vie et pourtant résidu de la vie. Ainsi le social ». Et, de même, sur le plan dynamique de l'histoire : l'histoire qu'est l'homme, l'homme en est responsable. L'histoire propose et l'homme dispose. Considérations remarquables de précision et, étant données les modes du jour, de courage.

Aucun matérialisme, ni historicisme, ne saurait donc mettre en question le dualisme du monde et de l'homme, dualisme bien kantien. Si, dans la dernière partie de son livre, M. Dufrenne entrevoit un dépassement de ce dualisme, il est conscient d'entrevoir un ordre qui n'est plus celui de la pensée, mais celui de la poésie : le plan du sentiment. L'unité de l'homme et du monde peut être sentie. Mais le sentiment pour M. Dufrenne n'équivaut pas à une pensée obscure et informulée ; radicalement distincte de la pensée, elle ne peut avoir de prétentions ontologiques. La poésie ne rejoint pas le *dire* philosophique. Thèse qui, à l'heure actuelle, témoigne d'une indépendance certaine.

« L'objet n'attend rien du sujet, sinon son accomplissement dans la connaissance ». La formule indiquerait que le sujet, même non constituant, importe à l'accomplissement de l'Être, alors que déjà par lui-même l'Être est structuré et charpenté. Que lui manque-t-il ? Qu'attend-il du sujet ?

La question concerne, par-delà M. Dufrenne, toute la philosophie d'aujourd'hui, dans la mesure où elle ne veut pas poser le sujet, à l'instar de Hegel, comme le point où l'*en soi* existe *pour soi*, c'est-à-dire sans que rien ne le limite et où, pour Hegel, *se parfait* ainsi son existence, où elle se libère de toute extériorité, de toute entrave.

Tenter une réponse à cette question, amène les philosophes d'aujourd'hui à dénoncer les notions d'objet et de sujet. Ils ne recherchent pas seulement si, d'aventure, le sujet ne serait pas ouvert sur l'objet au lieu de se fermer sur soi, ni si la *pensée*, par hasard, accueillerait l'*Être* au lieu de le

constituer. Peu chaut à l'Être qu'une porte donnant sur lui soit ouverte ou fermée. Pour l'Être ou pour l'objet, le reflet dans la
184 pensée ou dans le sujet | serait un luxe. L'originalité de l'entreprise phénoménologique, aboutissant à Heidegger, ne se limite pas à substituer, grâce à l'intentionalité, un sujet ouvert à un sujet fermé, mais à comprendre à partir d'autres relations que fermeture et ouverture, activité et passivité, l'être de la pensée et l'être de l'Être, et cette ouverture et cette fermeture elles-mêmes. Il faut, en tout cas, et quoi qu'il en soit de la philosophie heideggerienne, justifier le dualisme, mais autrement que par le jeu de reflets, qui en résulte. Et c'est certainement à partir de cette recherche de repères nouveaux de l'intelligibilité qu'il conviendrait de comprendre la mystérieuse formule sur l'homme berger de l'Être.

L'étendue des régions de l'existence – technique, économique, politique, poétique et religieuse – qui entrent ainsi dans le jeu transcendantal est appréciable. Mais a-t-on vraiment fait l'économie de la relation sujet-objet qui anime ce jeu ? Les notions d'homme, de monde, d'être-au-monde ou d'être en situation, ne réduisent, ni ne fondent, mais conservent l'ultime polarité de l'être, qui joue dans cette relation unique. La séparation du sujet à l'égard de l'Être cependant touché par lui ; son caractère foncièrement abstrait, malgré son séjour dans un monde, malgré la culture reçue ; sa priorité, sa principauté, sa souveraineté autres que celles d'une cause ou d'une prémisse ou d'un principe mathématique – demeurent irréductibles. Peut-être cette souveraineté et cette séparation ne résultent-elles pas, comme Heidegger et les heideggeriens le prétendent, d'une abstraction oublieuse de l'Être ignorant la plénitude concrète de l'humaine présence au monde ? La source de cette souveraineté n'est peut-être pas du monde. Le sujet n'est-il pas habité par l'idée de l'Infini avant d'habiter le monde ? N'est-il pas unique et abstrait en tant qu'interlocuteur et responsable de l'Autre ? On peut montrer

qu'il existe un passage de l'idée de l'Infini à notre responsabilité. On peut montrer que la configuration de notions qui
prétendent exprimer l'«Être de l'étant» et les conditions
de l'humain, ont déjà un caractère anthropologique; c'est
l'anthropologie qui est source de toute signification – sous
l'enflure de l'existenti*al* gisent les significations existentielles qui fondent toutes les autres. On peut montrer, pour le
reste, l'aspect artificiel – je veux dire poétique – des notions
qui prétendent par-delà l'humain, décrire l'Être de l'étant; ou,
enfin, leur sens dialectique. M. Dufrenne le pense, sans doute,
quand il refuse certaines notions suggestives et poétiques,
mais que l'on « ne peut penser » ou quand il rappelle la critique
que M. Vuillemin adresse aux analyses heideggeriennes de la
temporalité, lesquelles ne sont plus ni existentielles, ni
existentiales, mais dialectiques et se placent, par là-même,
dans l'intemporel.

| M. Dufrenne dit que l'*a priori* est toujours expression **185**
(p. 133-135). En quoi l'expression tranche-t-elle sur toute
autre manifestation, sinon par sa vertu d'épancher la substance elle-même en perçant jusqu'à la forme des attributs qui
la recouvrent? Et où se produit un tel épanchement sinon dans
le visage humain? Tous les exemples de l'*a priori* que donne
M. Dufrenne, quand il l'oppose aux idées générales, ne sont
pensables que dans un ordre humain – c'est-à-dire dans celui
qui se dessine lorsqu'Autrui s'est révélé à moi; et l'enfance, et
Ravel et Franck et même la noblesse du cheval. Le cheval la
possède-t-il en dehors de l'homme qui l'a conquis et en dehors
des chevauchées qui, parmi d'autres mouvements dans
lesquels l'humain nous affronte, déchirèrent les lourdes
épaisseurs de notre environnement, leur donnèrent profondeur et sens et les situèrent comme un monde en face de nous?
La fraîcheur du printemps et même la pétricité de la pierre
n'éclatent de leur vrai éclat que dans un monde qui *exprime*,
où Autrui s'exprime. Les significations ne surgissent pas seu-

lement comme des ensembles *quelconques* dans la dispersion de l'expérience (comme le veut la psychologie de la *Gestalt*). Les significations – c'est la présence d'Autrui, sa physionomie ou sa trace. La signification fonde les assemblages et non pas les assemblages, les significations. Seul l'humain rencontré a un sens. La *Gestalt* se fonde dans le visage.

C'est en découvrant l'intentionalité de la conscience, posée autrefois en bonne doctrine classique, comme conscience de..., mais, compliquée depuis lors, de toutes les autres prépositions – conscience dans..., conscience par..., conscience pour..., conscience avec ...., conscience vers..., conscience chez..., etc., – que la phénoménologie prétend se placer avant la distinction cartésienne de l'âme et du corps, avant la distinction idéaliste du sujet et de l'objet. Désormais l'objet est déjà exploré, orné, travaillé, possédé, traversé ou englobé par l'Histoire – monde, et non pas pure nature ; désormais le sujet est naturalisé, incarné, socialisé, historicisé – homme, et non pas l'unité du « je pense », pure fonction logique. M. Dufrenne est allé jusqu'au bout : certaines formules matérialistes de Merleau-Ponty et de Sartre ne sont pas assez radicales pour lui. Et cependant il montre que l'homme reste sujet transcendantal et le monde radicalement distinct de l'homme. « L'homme en tant que sujet est irréductible » (p. 224). Contre le matérialisme d'origine purement positiviste, se maintient l'opposition de l'homme et du Monde. Elle n'a plus, certes, la signification d'une antithèse : l'homme s'oppose au monde *dans* le monde, il lutte avec son corps *par* le corps, il vit l'éternité *dans* le déroulement historique. Et cette opposition n'appartient pas seulement aux super-structures de l'Être. Elle est première et 186 dernière. Tout ce matérialisme transcendantal | n'est pas très matérialiste ! La distinction cartésienne de l'âme et du corps découvrant un sujet capable de penser un objet, mais à jamais incapable de s'unir à lui (sans *deus ex machina*) – est moins dépassable qu'on ne le pense. Toutes les spéculations qui, de Bergson à Merleau-Ponty, ne mettent peut-être en valeur que l'expérience biranienne de l'effort – où le corps est, à la fois, transcendance, organe et obstacle, – maintiennent l'essentiel du sujet. Et cela ne résulte pas d'une méditation abstraite sur la conscience. L'inintelligibilité de l'union de l'âme et du corps, n'est-elle pas radicale ? Le fait incontestable de cette union ne supprime pas cette inintelligibilité. Les analyses phénoméno-logiques, comme notamment celles de M. Dufrenne, en décrivent admirablement l'enchevêtrement intentionnel sans mieux réussir que les analyses physiologiques de naguère (et d'aujourd'hui) à en supprimer le mystère. À moins de donner dans tout cela, comme les idéalistes, une prééminence à la conscience (le corps serait une signification, – sinon un objet, du moins un mode de la conscience –, mais M. Dufrenne n'en veut pas) ou de recourir à la dialectique.

D'où vient l'énergie du mouvement transcendantal contre l'enlisement, alors que le monde que nous habitons nous enveloppe et nous pénètre et que les cultures, « produit de nos mains », nous dominent ? La position de « sujet transcen-dantal » – ou ce qui en reste « en situation » – ne serait pas concevable, si l'homme n'entretenait pas avec l'être une relation de face à face. L'idéalisme avait, certes, le tort de la rechercher dans la représentation du monde ; il avait raison de la postuler. Avec le monde, l'homme s'est toujours déjà commis au moment où il l'aborde par la pensée objective. Mais la relation de face à face n'est pas seulement rêvée par les philosophes, parce que, oublieux de l'Être, ils auraient coupé la « pensée objective » de ses profondes racines. Cette relation s'accomplit dans l'accueil d'Autrui où, absolument présent, dans son visage, Autrui – sans aucune métaphore – me fait face.

1. L'ÊTRE ET LE MÊME

Le Moi est l'identification par excellence, l'origine du phénomène même de l'identité. L'identité du Moi n'est pas, en effet, la permanence d'une qualité inaltérable. Je suis moi-même non pas à cause de tel ou tel trait de caractère que j'identifie au préalable pour me retrouver le même. C'est parce que je suis d'emblée le même – *me ipse* – une ipséité – que je peux identifier tout objet, tout trait de caractère et tout être.

Cette identification n'est pas une simple « redite » de soi : le « A est A » du Moi, c'est le « A anxieux pour A » ou le « A jouissant de A », toujours le « A tendu sur A ». Le *hors du moi* le sollicite dans le besoin : le *hors du moi* est *pour moi*. La tautologie de l'ipséité est un égoïsme.

La connaissance vraie où le Moi « laisse faire » et laisse luire un être étranger, n'interrompt pas cette identification originelle, n'attire pas sans retour le Moi hors de lui-même. L'être *entre* dans la sphère de la connaissance vraie. En devenant thème, il conserve certes une étrangeté à l'égard du penseur qui l'embrasse. Mais il cesse aussitôt de heurter la pensée. Cet étranger se naturalise, en quelque façon, dès qu'il se commet avec la connaissance. En soi – et, par conséquent, *ailleurs* que dans la pensée, *autre* qu'elle – il n'a pas la

---

1. Paru dans *Tijdschrift voor Filosofie*, 1963, n° 3.

barbarie sauvage de l'altérité. Il a un sens. L'être se propage
en images infinies qui en émanent, se dilatant ainsi par une
espèce d'ubiquité pour pénétrer dans les intérieurs des
hommes. Il se montre et rayonne, comme si la plénitude même
de son altérité débordait le mystère qui le recèle, pour se produire. Pour avoir étonné le Moi, l'être dans la vérité n'altère
pas l'identité du Moi. L'abscondité dont il vient se promet à la
recherche. Elle s'ouvre ainsi comme un avenir dont la nuit
n'est que l'opacité produite par l'épaisseur des transparences
superposées. La mémoire replace le passé lui-même dans cet
188 avenir où s'aventure la recherche | et l'interprétation histo-
rique. Les traces du passé irréversible sont prises pour des
signes qui assurent la découverte et l'unité d'un Monde. La
priorité de l'avenir parmi les « extases » du temps constitue la
connaissance en tant que compréhension de l'être. Cette
priorité atteste l'adéquation de l'Être à la Pensée. L'idée de
l'être par laquelle les philosophes interprètent l'étrangeté
irréductible du Non-Moi, est ainsi à la mesure du Même. C'est
l'idée, de soi, adéquate.

L'Être de l'étant – Différence en soi, et par conséquent,
Altérité – éclaire, d'après Heidegger, en tant qu'enfoui et
toujours déjà oublié. Mais les poètes et les philosophes
forcent, pour un instant, son indicible essence – car c'est
encore en termes de lumière et d'obscurité, de dévoilement et
de voilement, de vérité et de non-vérité – c'est-à-dire dans la
priorité de l'avenir – que l'Être de l'étant est approché.

L'intentionalité aperçue au fond de la pratique et de
l'affectivité par le mouvement phénoménologique, confirme
le fait que la conscience de soi – ou l'identification de soi –
n'est pas incompatible avec la conscience de… ou la
conscience de l'être. Et inversement, toute la gravité de l'être
peut se résoudre en jeux de l'intériorité et se tenir au bord de
l'illusion, tant est rigoureuse l'adéquation. L'apparition de
l'être est possiblement apparence. L'ombre est prise pour une

proie, la proie est lâchée pour l'ombre. Descartes a pensé que par moi-même, j'aurais pu rendre compte du ciel et du soleil malgré toute leur magnificence. Toute expérience, si passive qu'elle soit, si accueillante qu'elle soit, se convertit aussitôt en « constitution de l'être » qu'elle reçoit, comme si le *donné* était tiré de soi, comme si le sens qu'il apporte était prêté par moi. L'être porte en lui la possibilité de l'idéalisme.

La philosophie occidentale coïncide avec le dévoilement de l'Autre où l'Autre, en se manifestant comme être, perd son altérité. La philosophie est atteinte, depuis son enfance, d'une horreur de l'Autre qui demeure Autre, d'une insurmontable allergie. C'est pour cela qu'elle est essentiellement une philosophie de l'être, que la compréhension de l'être est son dernier mot et la structure fondamentale de l'homme. C'est pour cela aussi qu'elle devient philosophie de l'immanence et de l'autonomie, ou athéisme. Le Dieu des philosophes, d'Aristote à Leibnitz, à travers le Dieu des scolastiques – est un dieu adéquat à la raison, un dieu compris qui ne saurait troubler l'autonomie de la conscience, se retrouvant elle-même à travers toutes ses aventures, retournant chez soi comme Ulysse qui, à travers toutes ses pérégrinations, ne va que vers son île natale.

La philosophie qui nous est transmise ramène à ce retour non | seulement la pensée théorétique, mais tout mouvement **189** spontané de la conscience. Non seulement le monde compris par la raison cesse d'être autre car la conscience s'y retrouve, mais tout ce qui est *attitude* de la conscience, c'est-à-dire valorisation, sentiment, action, travail et, d'une façon plus générale engagement, est en dernière analyse conscience de soi, c'est-à-dire identité et autonomie. La philosophie de Hegel représente l'aboutissement logique de cette allergie foncière de la philosophie. L'un des plus profonds interprètes modernes de l'hegelianisme, Éric Weil, l'a admirablement exprimé dans sa *Logique de la Philosophie*[1] en montrant comment chaque attitude de l'être raisonnable se mue en catégorie, c'est-à-dire se saisit dans une nouvelle attitude. Mais il pense, conformément à la tradition philosophique, que l'aboutissement est une catégorie résorbant toutes les attitudes.

Même si la vie précède la philosophie, même si la philosophie contemporaine qui se veut anti-intellectualiste, insiste sur cette antériorité de l'existence par rapport à l'essence, de la vie par rapport à l'intelligence, même si Heidegger pose la compréhension de l'être comme gratitude et obéissance, la complaisance de la philosophie moderne pour la multiplicité des significations culturelles et les jeux de l'art, allège l'Être de son altérité et représente la forme sous laquelle la philosophie préfère l'attente à l'action, pour rester indifférente à l'Autre et aux Autres, pour refuser tout mouvement sans retour. Elle se méfie de tout geste inconsidéré, comme si une lucidité de vieillesse devait réparer toutes les imprudences de la jeunesse. L'action à l'avance récupérée dans la lumière qui devait la guider, c'est peut-être la définition même de la philosophie.

2. MOUVEMENT SANS RETOUR

Et cependant la transcendance de l'être qui se décrit par l'immanence n'est pas l'unique transcendance dont parlent les philosophes eux-mêmes. Les philosophes nous apportent aussi l'énigmatique message de l'au-delà de l'Être.

La transcendance du Bien par rapport à l'Être ἐπέκεινα τῆς οὐσίας est de deuxième degré, et l'on n'est pas obligé de la faire aussitôt rentrer dans l'interprétation heideggerienne de l'Être transcendant l'Étant.

---

1. Paris, Vrin, 1950, 1996[5].

L'Un plotinien est posé au-delà de l'Être et aussi ἐπέκεινα νοῦ. L'Un dont parle Platon dans la première hypothèse du Parménide est étranger à la définition et à la limite, au lieu et au temps, à l'identité avec soi et à la différence par rapport à soi, à la ressemblance et à la dissemblance, étranger à l'être et à la connaissance | dont d'ailleurs tous ces **190** attributs constituent les catégories. Il est autre chose que tout cela, *autre* absolument et non pas par rapport à quelque terme relatif. Il est l'Irrévélé; irrévélé non pas parce que toute connaissance serait trop limitée ou trop petite pour en recevoir la lumière. Mais irrévélé parce que *Un* et parce que se faire connaître implique une dualité qui jure déjà avec l'unité de l'Un. L'Un est au-delà de l'être non pas parce que enfoui et abscons. Il est enfoui parce qu'il est au-delà de l'être, tout autre que l'être.

En quel sens dès lors, l'*absolument autre* me concerne? Faut-il qu'au contact, de prime abord impensable, de la transcendance et de l'altérité, nous renoncions à la philosophie? La transcendance ne serait-elle possible qu'à un toucher absolument aveugle? À une foi s'attachant à la non-signification? Ou au contraire, si l'hypothèse platonicienne sur l'Un qui est Un au-dessus de l'être et de la connaissance, n'est pas le développement d'un sophisme, n'y en a-t-il pas une expérience, mais différente de celle où l'Autre se transmue en Même? Expérience car mouvement vers le Transcendant, mais aussi expérience parce que dans ce mouvement le Même ne se perd pas extatiquement en l'Autre et résiste au chant des sirènes, ni ne se dissout dans le bruissement d'un événement anonyme. Expérience qui reste encore mouvement du Même, mouvement d'un Moi; expérience approchant par conséquent le Transcendant dans une signification qu'elle n'aura pas prêté. Existe-t-il une signifiance de signification qui n'équivaudrait pas à la transmutation de l'Autre en Même? Peut-il y avoir quelque chose d'aussi étrange qu'une expérience de l'absolument extérieur, d'aussi contradictoire dans les termes qu'une expérience hétéronome ? Dans l'affirmative, nous ne succomberons certes pas à la tentation et à l'illusion qui consisterait à retrouver par la philosophie les données empiriques des religions positives, mais nous dégagerons un mouvement de transcendance qui s'assure comme une tête de pont de l'« autre côté », sans laquelle la simple coexistence de la philosophie et de la religion dans les âmes et même dans les civilisations n'est qu'une inadmissible veulerie de l'esprit ; et nous pourrons aussi mettre en question la thèse d'après laquelle l'essence ultime de l'Homme et de la vérité est la *compréhension de l'Être de l'étant*, thèse à laquelle semblent, il faut en convenir, conduire théorie, expérience et discours.

L'expérience hétéronome que nous cherchons – serait une attitude qui ne peut se convertir en catégorie et dont le mouvement vers l'Autre ne se récupère pas dans l'identification, ne revient pas à son point de départ. Ne nous est-elle pas fournie par ce qu'on appelle tout platement la bonté 191 et par l'œuvre, sans laquelle la bonté | n'est qu'un rêve sans transcendance, un pur vœu (*blosser Wunsch*) selon l'expression kantienne ?

Mais il faut dès lors penser l'Œuvre non pas comme une apparente agitation d'un fond qui reste après coup identique à lui-même, telle une énergie qui, à travers toutes ses transformations, demeure égale à elle-même. Il ne faut pas davantage la penser comme la technique qui par la fameuse négativité réduit un monde étranger – à un monde dont l'altérité s'est convertie à mon idée. L'une et l'autre conception continuent à affirmer l'être comme identique à lui-même et réduisent son événement fondamental à la pensée qui est – et c'est là l'ineffaçable leçon de l'idéalisme – pensée de soi, pensée de la pensée. *L'Œuvre pensée radicalement est en effet un mouvement du Même vers l'Autre qui ne retourne jamais au*

Même. Au mythe d'Ulysse retournant à Ithaque, nous voudrions opposer l'histoire d'Abraham quittant à jamais sa patrie pour une terre encore inconnue et interdisant à son serviteur de ramener même son fils à ce point de départ.

L'Œuvre pensée jusqu'au bout exige une générosité radicale du Même qui dans l'Œuvre va vers l'Autre. Elle exige par conséquent une *ingratitude* de l'Autre. La gratitude serait précisément le *retour* du mouvement à son origine. Mais d'autre part, l'Œuvre diffère d'un jeu ou d'une pure dépense. Elle n'est pas en pure perte et il ne lui suffit pas d'affirmer le Même dans son identité bordée de néant. L'Œuvre n'est ni une pure acquisition de mérites ni un pur nihilisme. Car comme celui qui fait la chasse au mérite, l'agent nihiliste se prend aussitôt pour but – sous l'apparente gratuité de son action. L'œuvre est donc une relation avec l'Autre, lequel est atteint sans se montrer touché. Elle se dessine en dehors de la délectation morose de l'échec et des consolations par lesquelles Nietzsche définit la religion.

Mais le départ sans retour et qui ne va pas cependant dans le vide, perdrait également sa bonté absolue si l'œuvre quêtait sa récompense dans l'immédiateté de son triomphe, si impatiemment elle attendait le triomphe de sa cause. Le mouvement à sens unique s'invertirait en une réciprocité. Confrontant son départ et sa fin, l'œuvre se résorberait en calculs des déficits et des compensations, en opérations comptables. Elle se subordonnerait à la pensée. L'action à sens unique n'est possible que dans la patience, laquelle, poussée à bout, signifie pour l'agent : renoncer à être le contemporain de son aboutissement, agir sans entrer dans la terre promise.

L'avenir pour lequel l'œuvre s'entreprend, doit être d'emblée posé comme indifférent à ma mort. L'œuvre à la fois distincte de jeux et de supputations – c'est l'être-pour-l'au-delà-de-ma-mort. La patience ne consiste pas pour l'agent à

192 tromper sa générosité en | se donnant le temps d'une *immortalité personnelle*. Renoncer à être le contemporain du triomphe de son œuvre, c'est avoir ce triomphe dans un temps *sans moi*, viser ce monde-ci sans moi, viser un temps par-delà l'horizon de mon temps. Eschatologie sans espoir pour soi ou libération à l'égard de mon temps.

Être pour un temps qui serait sans moi, être pour un temps après mon temps, pour un avenir par-delà le fameux « être-pour-la-mort », être-pour-après-ma-mort – « Que l'avenir et les plus lointaines choses soient la règle de tous les jours présents » – ce n'est pas une pensée banale qui extrapole sa propre durée, mais le passage au temps de l'Autre. Ce qui rend un tel passage possible, faut-il l'appeler éternité ? Mais peut-être la possibilité du sacrifice va jusqu'au bout de ce passage et découvre le caractère non-inoffensif de cette extrapolation : être-pour-la-mort afin d'être pour ce-qui-est-après-moi.

L'œuvre du Même en tant que mouvement sans retour du Même vers l'Autre, je voudrais la fixer par un terme grec qui dans sa signification première indique l'exercice d'un office non seulement totalement gratuit, mais requérant, de la part de celui qui l'exerce, une mise de fonds à perte. Je voudrais le fixer par le terme de liturgie. Il faut éloigner pour le moment de ce terme toute signification religieuse, même si une certaine idée de Dieu devait se montrer comme une trace à la fin de notre analyse. D'autre part, action absolument patiente, la liturgie ne se range pas comme culte à côté des œuvres et de l'éthique. Elle est l'éthique même.

3. Besoin et désir

L'orientation liturgique de l'Œuvre ne procède pas du besoin. Le besoin s'ouvre sur un monde qui est pour moi – il retourne à soi. Même sublime, comme besoin du salut, il est encore nostalgie, mal du retour. Le besoin est le retour même, l'anxiété du moi pour soi, forme originelle de l'identification que nous avons appelée égoïsme. Il est assimilation du monde en vue de la coïncidence avec soi-même ou bonheur.

Dans le « Cantique des Colonnes », Valéry parle du « désir sans défaut ». Il se réfère, sans doute, à Platon qui, dans son analyse des plaisirs purs, découvrait une aspiration qu'aucun manque préalable ne conditionne. Je reprends ce terme de Désir. À un sujet tourné vers lui-même qui selon la formule stoïcienne est caractérisé par la ὁρμή ou la tendance de persister dans son être ou pour qui, selon la formule de Heidegger, « il y va dans son existence de cette existence même », à un sujet qui se définit ainsi | par le souci de soi – et **193** qui dans le bonheur accomplit son « pour soi-même » – nous opposons le Désir de l'Autre qui procède d'un être déjà comblé et indépendant et qui ne désire pas pour soi. Besoin de celui qui n'a plus de besoins – il se reconnaît dans le besoin d'un Autre qu'est Autrui, qui n'est ni mon ennemi (comme il l'est chez Hobbes et Hegel), ni mon complément, comme il l'est encore dans la *République* de Platon qui se constitue parce que quelque chose manquerait à la subsistance de chaque individu. Le désir d'Autrui naît dans un être à qui rien ne manque ou plus exactement, il naît par-delà tout ce qui peut lui manquer ou le satisfaire. Ce Désir d'Autrui, qui est notre socialité même, n'est pas une simple relation avec l'être où selon nos formules du départ, l'Autre se convertit en Même.

Dans le Désir, le Moi se porte vers Autrui de manière à compromettre la souveraine identification du Moi avec soi-même dont le besoin n'est que la nostalgie et que la conscience du besoin anticipe. Le mouvement vers autrui, au lieu de me compléter et de me contenter, m'implique dans une conjoncture qui par un côté ne me concernait pas et devait me laisser indifférent : « que suis-je donc allé chercher dans cette galère ? » D'où me vient ce choc quand je passe indifférent sous le regard d'Autrui ? La relation avec Autrui me met en question, me vide de moi-même et ne cesse de me vider, en me découvrant ainsi des ressources toujours nouvelles. Je ne me savais pas si riche, mais je n'ai plus le droit de rien garder. Le Désir d'Autrui est-il un appétit ou une générosité? Le Désirable ne comble pas mon Désir, mais le creuse, me nourrissant en quelque manière de nouvelles faims. Le Désir se révèle bonté. Il y a une scène dans *Crime et Châtiment* de Dostoïevsky où, à propos de Sonia Marmeladova qui regarde Raskolnikof dans son désespoir, Dostoïevsky parle « d'insatiable compassion ». Il ne dit pas « inépuisable compassion ». Comme si la compassion qui va de Sonia à Raskolnikof était une faim que la présence de Raskolnikof nourrissait par-delà toute saturation, en accroissant à l'infini cette faim.

L'analyse du Désir qu'il nous importait d'abord de distinguer du besoin, se précisera par l'analyse d'Autrui vers lequel le Désir se porte.

La manifestation d'Autrui se produit certes, de prime abord, conformément à la façon dont toute signification se produit. Autrui est présent dans un ensemble culturel et s'éclaire par cet ensemble, comme un texte par son contexte. La manifestation de l'ensemble assure cette présence et ce présent. Ils s'éclairent par la lumière du monde. La compréhension d'Autrui est ainsi une herméneutique et une exégèse. Autrui se donne dans le concept de la totalité à 194 | laquelle il est immanent et que conformément aux analyses remarquables de Merleau-Ponty, notre propre initiative culturelle, le geste corporel, linguistique ou artistique, expriment et dévoilent.

Mais l'épiphanie d'Autrui comporte une signifiance propre indépendante de cette signification reçue du monde. Autrui ne nous vient pas seulement à partir du contexte, mais sans médiation, il signifie par lui-même. Sa signification culturelle qui se révèle et qui révèle *horizontalement*, en quelque façon, qui se révèle à partir du monde historique

auquel elle appartient et qui révèle selon l'expression phénoménologique les horizons de ce monde, cette signification
mondaine se trouve dérangée et bousculée par une autre
présence, abstraite non intégrée au monde. Sa présence
consiste à venir vers nous, *à faire une entrée*. Ce qui peut
s'énoncer ainsi : le phénomène qu'est l'apparition d'Autrui
est aussi *visage* ou encore ainsi (pour montrer cette entrée, à
tout instant dans l'immanence et l'historicité du phénomène) :
l'épiphanie du visage est *visitation*. Alors que le phénomène
est déjà image, manifestation captive de sa forme plastique
et muette, l'épiphanie du visage est vivante. Sa vie consiste
à défaire la forme où tout étant, quand il entre dans
l'immanence, c'est-à-dire quand il s'expose comme thème, se
dissimule déjà.

Autrui qui se manifeste dans le visage, perce en quelque
façon sa propre essence plastique, comme un être qui ouvre la
fenêtre où sa figure pourtant se dessine. Sa présence consiste à
se *dévêtir* de la forme qui cependant le manifeste. Sa
manifestation est un surplus sur la paralysie inévitable de la
manifestation. C'est cela qu'exprime la formule : le visage
parle. La manifestation du visage est le premier discours.
Parler, c'est avant toutes choses cette façon de venir de
derrière son apparence, de derrière sa forme, une ouverture
dans l'ouverture.

4. LA DIACONIE

La visitation du visage n'est donc pas le dévoilement d'un
monde. Dans le concret du monde, le visage est abstrait ou nu.
Il est dénudé de sa propre image. Par la nudité du visage, la
nudité en soi est seulement possible dans le monde.

La nudité du visage est un dépouillement sans aucun
ornement culturel – une absolution – un détachement au sein
de sa production même. Le visage *entre* dans notre monde à

partir d'une sphère absolument étrangère – c'est-à-dire précisément à partir d'un absolu qui est d'ailleurs le nom même de l'étrangeté foncière. La signification du visage dans son **195** abstraction est au sens littéral du | terme, extra-ordinaire. Comment une telle production est-elle possible ? Comment la venue d'Autrui à partir de l'absolu dans la visitation du visage peut-elle ne se convertir, à aucun titre, en révélation – fût-elle symbolisme ou suggestion ? Comment le visage n'est-il pas simplement une *représentation* vraie où l'Autre renonce à son altérité ? Pour y répondre nous aurons à étudier la signifiance exceptionnelle de la trace et l'ordre personnel où une telle signifiance est possible.

Insistons pour le moment sur le sens que comporte l'abstraction ou la nudité du visage qui nous ouvre cet ordre et le bouleversement de la conscience qui répond à cette abstraction. Dépouillé de sa forme même, le visage est transi dans sa nudité. Il est une misère. La nudité du visage est dénuement et déjà supplication dans la droiture qui me vise. Mais cette supplication est une exigence. L'humilité s'unit en lui à la hauteur. Et par là s'annonce la dimension éthique de la visitation. Alors que la représentation vraie demeure possibilité d'apparence, alors que le monde qui heurte la pensée ne peut rien contre la libre pensée capable de se refuser intérieurement, de se réfugier en soi, de rester précisément libre pensée en face du vrai et d'exister « en premier » comme origine de ce qu'elle reçoit, de maîtriser par la mémoire ce qui la précède, alors que la pensée libre reste « le Même », le visage s'impose à moi sans que je puisse être sourd à son appel ni l'oublier – je veux dire sans que je puisse cesser d'être tenu pour responsable de sa misère. La conscience perd sa première place.

La présence du visage signifie ainsi un ordre irrécusable – un commandement – qui arrête la disponibilité de la conscience. La conscience est mise en question par le visage.

La mise en question ne revient pas à prendre conscience de cette mise en question. L'absolument autre ne se reflète pas dans la conscience. Il y résiste au point que même sa résistance ne se convertit pas en contenu de conscience. La visitation consiste à bouleverser l'égoïsme même du Moi, le visage désarçonne l'intentionalité qui le vise.

Il s'agit de la mise en question de la conscience et non pas d'une conscience de la mise en question. Le Moi perd sa souveraine coïncidence avec soi, son identification où la conscience revient triomphalement à elle-même pour reposer sur elle-même. Devant l'exigence d'Autrui, le Moi s'expulse de ce repos et n'est pas la conscience, déjà glorieuse, de cet exil. Toute complaisance détruirait la droiture du mouvement éthique.

Mais la mise en question de cette sauvage et naïve liberté, sûre de son refuge en soi, ne se réduit pas à ce mouvement négatif. La mise en question de soi est précisément l'accueil de l'absolument | autre. L'épiphanie de l'absolument autre, **196** est visage où l'Autre m'interpelle et me signifie un ordre de par sa nudité, de par son dénûment. Sa présence est une sommation de répondre. Le Moi ne prend pas seulement conscience de cette nécessité de répondre, comme s'il s'agissait d'une obligation ou d'un devoir dont il aurait à décider. Il est dans sa position même de part en part responsabilité ou diaconie, comme dans le chapitre 53 d'*Isaïe*.

Être Moi signifie dès lors ne pas pouvoir se dérober à la responsabilité. Ce surcroît d'être, cette exagération qu'on appelle être moi, cette saillie de l'ipséité dans l'être, s'accomplit comme une turgescence de la responsabilité. La mise en question de Moi par l'Autre me rend solidaire d'Autrui d'une façon incomparable et unique. Non pas solidaire comme la matière est solidaire du bloc dont elle fait partie ou comme l'est un organe de l'organisme où il a sa fonction – la solidarité, ici, est responsabilité comme si tout l'édifice de la création reposait sur mes épaules. L'unicité du Moi c'est le fait que personne ne peut répondre à ma place. La responsabilité qui vide le moi de son impérialisme et de son égoïsme – fût-il égoïsme du salut – ne le transforme pas en moment de l'ordre universel. Elle le confirme dans son ipséité, dans sa fonction de support de l'univers.

Découvrir au Moi une telle orientation, c'est identifier Moi et moralité. Le Moi devant Autrui est infiniment responsable. L'Autre qui provoque ce mouvement éthique dans la conscience et qui dérègle la bonne conscience de la coïncidence du Même avec lui-même, comporte un surcroît inadéquat à l'intentionalité. C'est cela le Désir : brûler d'un autre feu que le besoin que la saturation éteint, penser au-delà de ce qu'on pense. À cause de ce surcroît inassimilable, à cause de cet au-delà, nous avons appelé la relation qui rattache le Moi à Autrui – Idée de l'Infini.

L'idée de l'infini – est Désir. Elle consiste, paradoxale-ment, à penser plus que ce qui est pensé en le conservant cependant dans sa démesure, par rapport à la pensée, à entrer en relation avec l'insaisissable, tout en lui garantissant son statut d'insaisissable. L'infini n'est donc pas le corrélat de l'idée de l'infini, comme si l'idée était une intentionalité s'accomplissant dans son objet. La merveille de l'infini dans le fini, est un bouleversement de l'intentionalité, un bouleverse-ment de cet appétit de lumière : contrairement à la saturation où s'apaise l'intentionalité, l'infini désarçonne son idée. Le Moi en relation avec l'Infini est une impossibilité d'arrêter sa marche en avant, l'impossibilité de déserter son poste selon l'expression de Platon dans le *Phédon* ; c'est littéralement, ne pas avoir le temps pour se retourner. *L'attitude irréductible à la catégorie, c'est cela.* Ne pas pouvoir se dérober à la responsabilité, | ne pas avoir de cachette d'intériorité où l'on rentre en soi, marcher en avant sans égard pour soi. Accroissement d'exigences à l'égard de soi : plus je fais face à mes responsabilités et plus je suis responsable. Pouvoir fait d'impuissances – voilà la mise en question de la conscience et son entrée dans une conjoncture de relations qui tranchent sur le dévoilement.

5. LA TRACE

Mais l'*au-delà* dont vient le visage, n'est-il pas à son tour une idée comprise et dévoilée ? Si l'extraordinaire expérience de l'Entrée et de la Visitation conserve sa signifiance, c'est que l'*au-delà* n'est pas une simple toile de fond à partir de laquelle le visage nous sollicite, n'est pas un « autre monde » derrière le monde. L'*au-delà* est précisément au-delà du « monde », c'est-à-dire au-delà de tout dévoilement, comme l'Un de la première hypothèse du *Parménide*, transcendant toute connaissance fût-elle symbolique ou signifiée. « Ni semblable, ni dissemblable, ni identique ni non-identique » dit Platon de l'Un en l'excluant précisément de toute révélation même indirecte. Le symbole ramène encore le symbolisé au monde où il apparaît.

Quelle peut dès lors être cette relation avec une absence radicalement soustraite au dévoilement et à la dissimulation et quelle est cette absence rendant la visitation possible, mais ne réduisant pas à l'abscondité, puisque cette absence comporte une signifiance, mais une signifiance dans laquelle l'Autre ne se convertit pas au Même ?

Le visage est abstrait. Cette abstraction n'est certes pas à l'instar de la donnée sensible brute des empiristes. Elle n'est pas non plus une coupure instantanée du temps où le temps croiserait l'éternité. L'instant ressortit au monde. C'est une coupure du temps qui ne saigne pas. Alors que l'abstraction du visage est visitation et venue. Elle dérange l'immanence sans se fixer dans les horizons du monde. Son abstraction ne s'obtient pas par un processus logique partant de la substance des êtres allant du particulier au général. Elle va, au contraire, vers ces êtres, mais ne se compromet pas avec eux, se retire d'eux, s'ab-sout. Sa merveille tient à l'ailleurs dont elle vient et où déjà elle se retire. Mais cette venue d'ailleurs n'est pas un renvoi symbolique à cet ailleurs comme à un terme. Le visage se présente dans sa nudité, il n'est pas une forme recélant – mais par là-même indiquant – un fond, un phénomène cachant – mais par là-même trahissant une chose en soi. Sinon le visage se confondrait avec un masque qui le présuppose. Si

198 | *signifier* équivalait à *indiquer*, le visage serait insignifiant. Et Sartre dira d'une façon remarquable, mais en arrêtant l'analyse trop tôt, qu'Autrui est un pur trou dans le monde. Il procède de l'absolument Absent. Mais sa relation avec l'absolument absent dont il vient, n'*indique pas*, *ne révèle pas* cet Absent; et pourtant l'Absent a une signification dans le visage. Mais cette signifiance n'est pas pour l'Absent une façon de se donner en creux dans la présence du visage – ce qui nous ramènerait encore à un mode de dévoilement. La relation qui va du visage à l'Absent, est en dehors de toute révélation et de toute dissimulation, une troisième voie exclue par ces contradictoires. Comment cette troisième voie est-elle possible? Mais avons-nous eu raison de rechercher ce dont procède le visage, comme sphère, comme lieu, comme monde? Avons-nous été assez fidèle à l'interdiction de rechercher l'*au-delà* comme monde derrière notre monde? L'ordre de l'être serait encore supposé ainsi. Ordre qui ne comporte d'autre statut que celui du révélé et du dissimulé. Dans l'Être, une transcendance révélée, s'invertit en immanence, l'extra-ordinaire s'insère dans un ordre, l'Autre s'absorbe dans le Même. Ne répondons-nous pas en présence d'Autrui à un ordre où la signifiance demeure dérangement irrémissible, passé absolument révolu? Une telle signifiance est la signifiance de la trace. L'au-delà dont vient le visage signifie comme trace. Le visage est dans la trace de l'Absent absolument révolu, absolument passé, retiré dans ce que Paul Valéry appelle «profond jadis, jadis jamais assez» et qu'aucune introspection ne saurait découvrir en Soi. Le visage est précisément l'unique ouverture où la signifiance du Transcendant n'annule pas la transcendance pour la faire entrer dans un *ordre* immanent, mais où, au contraire, la transcendance se maintient comme transcendance toujours révolue du transcendant. La relation entre signifié et signification est dans la trace non pas corrélation, mais l'*irrectitude* même. La relation prétendument médiate et indirecte de signe à signifié, est encore rectitude, car dévoilement qui neutralise la transcendance. La signifiance de la trace nous place dans une relation latérale, inconvertible en rectitude (ce qui est inconcevable dans l'ordre du dévoilement et de l'être) et qui répond à un passé irréversible. Aucune mémoire ne saurait suivre ce passé à la trace. C'est un passé immémorial et c'est peut-être cela aussi l'éternité dont la signifiance n'est pas étrangère au passé. L'éternité est l'irréversibilité même du temps, source et refuge du passé.

Mais si la signifiance de la trace ne se transforme pas aussitôt en droiture qui marque encore le signe – lequel révèle et introduit l'Absent signifié dans l'immanence – c'est que la trace signifie au-delà de l'Être. L'ordre personnel auquel nous oblige le visage, | est au-delà de l'Être. *Au-delà de l'Être est* **199** *une troisième personne* qui ne se définit pas par le Soi-Même, par l'ipséité. Elle est possibilité de cette troisième direction d'irrectitude radicale qui échappe au jeu bipolaire de l'immanence et de la transcendance, propre à l'être où l'immanence gagne à tout coup contre la transcendance. Le profil que, par la trace, prend le passé irréversible, c'est le profil du «Il». L'*au-delà* dont vient le visage est la troisième personne. Le pronom *Il*, en exprime exactement l'inexprimable irréversibilité, c'est-à-dire déjà échappée à toute révélation comme à toute dissimulation – et dans ce sens – absolument inenglobable ou absolu, transcendance dans un passé ab-solu. L'*illéité* de la troisième personne est la condition de l'irréversibilité.

Cette troisième personne qui dans le visage s'est déjà retirée de toute révélation et de toute dissimulation, qui a passé, – cette illéité – n'est pas un « moins que l'être » par rapport au monde où pénètre le visage ; c'est toute l'énormité, toute la démesure, tout l'Infini de l'absolument autre, échappant à l'ontologie. La suprême présence du visage est inséparable de cette suprême et irréversible absence qui fonde l'éminence même de la visitation.

6. LA TRACE ET L'« ILLÉITÉ »

Si la signifiance de la trace consiste à signifier sans faire apparaître, si elle établit une relation avec l'illéité – relation qui, personnelle et éthique, – qui, obligation, – ne dévoile pas – si, par conséquent la trace n'appartient pas à la phénoménologie – à la compréhension de l'« apparaître » et du « se dissimuler » – on pourrait, du moins, s'en approcher par une autre voie en situant cette signifiance à partir de la phénoménologie qu'elle interrompt.

La trace n'est pas un signe comme un autre. Mais elle joue aussi le rôle du signe. Elle peut être prise pour un signe. Le détective examine comme signe tout ce qui marque sur les lieux du crime l'œuvre volontaire ou involontaire du criminel, le chasseur marche sur la trace du gibier, laquelle reflète l'activité et la marche de la bête que le chasseur veut atteindre, l'historien découvre, à partir des vestiges qu'avait laissés leur existence, les civilisations anciennes comme horizon de notre monde. Tout se range en un ordre, en un monde, où chaque chose révèle l'autre ou se révèle en fonction d'elle.

Mais, ainsi prise pour un signe, la trace, par rapport aux autres signes, a encore d'exceptionnel ceci : elle signifie en dehors de toute intention de faire signe et en dehors de tout projet dont elle serait la visée. Quand, dans les transactions, on « règle par chèque » | pour que le paiement laisse une trace, la **200** trace s'inscrit dans l'ordre même du monde. La trace authentique, par contre, dérange l'ordre du monde. Elle vient en surimpression. Sa signifiance originelle se dessine dans l'empreinte que laisse celui qui a voulu effacer ses traces dans le souci d'accomplir un crime parfait, par exemple. Celui qui a laissé des traces en effaçant ses traces, n'a rien voulu dire ni faire par les traces qu'il laisse. Il a dérangé l'ordre d'une façon irréparable. Il a absolument passé. *Être* en tant que *laisser une trace*, c'est passer, partir, s'absoudre.

Mais tout signe est, dans ce sens, trace. En plus de ce que le signe signifie, il est le passage de celui qui a délivré le signe. La signifiance de trace double la signification du signe émis en vue de la communication. Le signe se tient dans cette trace. Cette signifiance résiderait pour une lettre, par exemple, dans l'écriture et le style de cette lettre, dans tout ce qui fait que, lors de l'émission même du message que nous captons à partir du langage de cette lettre et de sa sincérité, quelqu'un passe purement et simplement. Cette trace peut être à nouveau prise pour un signe. Un graphologue, un connaisseur de styles ou un psychanalyste, pourra interpréter la signifiance singulière de la trace pour y quérir les intentions scellées et inconscientes, mais réelles, de celui qui a délivré le message. Mais ce qui, dès lors, dans la graphie et le style de la lettre, reste spécifiquement trace, ne signifie aucune de ces intentions, aucune de ces qualités, ne révèle ni ne cache précisément rien. Dans la trace a passé un passé absolument révolu. Dans la trace se scelle son irréversible révolution. Le dévoilement qui restitue le monde et ramène au monde et qui est le propre d'un signe ou d'une signification, s'abolit dans cette trace.

Mais dès lors la trace ne serait-elle pas la pesanteur de l'être même en dehors de ses actes et de son langage – pesant non pas par sa présence qui le range dans le monde, mais de par son irréversibilité même, de par son ab-solution ?

La trace serait l'indélébilité même de l'être, sa toute-puissance à l'égard de toute négativité, son immensité incapable de s'enfermer en soi et en quelque façon trop grande pour la discrétion, pour l'intériorité, pour un Soi. Et, en effet, nous avons tenu à dire que la trace ne met pas en relation avec ce qui serait moins que l'être, mais qu'elle oblige à l'égard de l'Infini, de l'absolument Autre.

Mais cette supériorité du superlatif, cette hauteur, cette constante élévation à la puissance, cette exagération ou cette surenchère infinie et, disons le mot, cette divinité, ne se déduisent pas de l'être de l'étant, ni de sa révélation – fût-elle contemporaine d'une abscondité – ni de la « durée concrète ». Elles sont signifiantes à partir d'un passé qui, dans la trace, n'est ni *indiqué*, ni signalé, | mais où il dérange encore l'ordre, ne coïncidant ni avec la révélation, ni avec la dissimulation. La trace est l'insertion de l'espace dans le temps, le point où le monde s'incline vers un passé et un temps. Ce temps est retraite de l'Autre et, par conséquent, en aucune façon dégradation de la durée, entière dans le souvenir. La supériorité ne réside pas dans une présence au monde, mais dans une transcendance irréversible. Elle n'est pas une modulation de l'être de l'étant. En tant que Il et troisième personne elle est en quelque façon en dehors de la distinction de l'être et de l'étant. Seul un être transcendant le monde peut laisser une trace. La trace est la présence de ce qui, à proprement parler, n'a jamais été là, de ce qui est toujours passé. Plotin a conçu la procession à partir de l'Un, comme ne compromettant ni l'immutabilité, ni la séparation absolue de l'Un. C'est dans cette situation, d'abord purement dialectique et quasi-verbale (et qui se répète à propos de l'Intelligence et de l'Ame demeurant auprès de leurs principes en leur partie supérieure et ne s'inclinant que par leurs parties inférieures, ce qui est

encore de l'iconographie), que la signifiance exceptionnelle
de la trace se dessine dans le monde. « Quand il s'agit du
principe antérieur aux êtres, l'Un, celui-ci reste en lui-même ;
mais bien qu'il reste, ce n'est point une chose différente de
lui qui produit les êtres conformément à lui ; il suffit de lui
pour les engendrer… ici, la trace de l'Un fait naître l'essence,
et l'être n'est que la trace de l'Un » (*Ennéades* V, 5, trad.
Bréhier).

Ce qui dans chaque trace d'un passage empirique, par-delà
le signe qu'il peut devenir, conserve la signifiance spécifique
de la trace – n'est possible que par sa situation dans la trace de
cette transcendance. Cette position dans la trace – que nous
avons appelée *illéité* – ne commence pas dans les choses,
lesquelles, par elles-mêmes, ne laissent pas de trace, mais
produisent des effets, c'est-à-dire restent dans le monde. Une
pierre a rayé une autre. La rayure peut être, certes, prise pour
une trace ; en réalité, sans l'homme qui a tenu la pierre, la
rayure n'est qu'un effet. Elle est aussi peu trace que le feu de
bois est la trace de la foudre. La cause et l'effet, même séparés
par le temps, appartiennent au même monde. Tout dans les
choses est exposé, même leur inconnu : les traces qui les
marquent font partie de cette plénitude de présence, leur
histoire est sans passé. La trace comme trace ne mène pas
seulement vers le passé, mais est la *passe* même vers un passé
plus éloigné que tout passé et que tout avenir, lesquels se
rangent encore dans mon temps, vers le passé de l'Autre, où se
dessine l'éternité – passé absolu qui réunit tous les temps.

L'absolu de la présence de l'Autre qui a justifié
l'interprétation de son épiphanie dans la droiture exception-
nelle du tutoiement, | n'est pas la simple présence où, en fin de **202**
compte, sont aussi présentes les choses. Leur présence
appartient au présent de ma vie. Tout ce qui constitue ma vie
avec son passé et son avenir, est rassemblé dans le présent où
me viennent les choses. Mais c'est dans la trace de l'Autre que

luit le visage : ce qui s'y présente est en train de s'absoudre de ma vie et me visite comme déjà ab-solu. Quelqu'un a déjà passé. Sa trace ne *signifie* pas son passé – comme elle ne signifie pas son travail ou sa jouissance dans le monde, elle est le dérangement même s'imprimant (on serait tenté de dire se *gravant*) d'irrécusable gravité.

L'illéité de cet *Il*, n'est pas le *cela* de la chose qui est à notre disposition et à qui Buber et Gabriel Marcel ont eu raison de préférer le Toi pour décrire la rencontre humaine. Le mouvement de la rencontre ne s'ajoute pas au visage immobile. Il est dans ce visage même. Le visage est par lui-même visitation et transcendance. Mais le visage, tout ouvert, peut à la fois être en lui-même parce qu'il est dans la trace de l'illéité. L'illéité est l'origine de l'altérité de l'être à laquelle l'en soi de l'objectivité participe en le trahissant.

Le Dieu qui a passé n'est pas le modèle dont le visage serait l'image. Être à l'image de Dieu, ne signifie pas être l'icône de Dieu, mais se trouver dans sa trace. Le Dieu révélé de notre spiritualité judéo-chrétienne conserve tout l'infini de son absence qui est dans l'ordre personnel même. Il ne se montre que par sa trace, comme dans le chapitre 33 de l'*Exode*. Aller vers Lui, ce n'est pas suivre cette trace qui n'est pas un signe, c'est aller vers les Autres qui se tiennent dans la trace.

> *En somme, nous ne savons toujours pas si,*
> *lorsqu'on sonne à la porte, il y a quelqu'un*
> *ou non...*
>
> Ionesco, *La cantatrice chauve*

LE DISCOURS RAISONNABLE ET LE DÉRANGEMENT

Discours raisonnable, la philosophie marcherait d'évidence en évidence, ordonnée à ce qui se voit, à ce qui se montre et, par conséquent, ordonnée au présent. Le terme *présent* suggère, à la fois, l'idée d'une position privilégiée dans la série temporelle et l'idée de la manifestation. L'idée de l'être les réunit. Présence, l'être exclut le non-être qui marque le passé et le futur, mais rassemble leurs résidus et leurs germes, contemporains dans la structure. L'être est manifestation où s'amarrent l'incertaine mémoire et l'aléatoire prévision, l'être est présence au regard et au discours, apparoir, phénomène.

Discours ordonné au présent, la philosophie est ainsi compréhension de l'être, ou ontologie, ou phénoménologie. Elle embrasse et situe dans l'ordre de son discours, même ce qui semblait, d'abord, contenir ce discours ou le déborder, mais qui, présent, c'est-à-dire, découvert, s'insère dans ce

---

1. Paru dans *Esprit*, 1965, fascicule de juin.

logos, s'y ordonne, jusqu'à y faire entrer ce qui du passé et de l'avenir se repère dans le présent. L'être et le discours ont le même temps, sont contemporains. Tenir un discours qui ne serait pas ancré dans le présent, irait au-delà de la raison. Au-delà de ce qui se repère dans le présent, ne se tiendrait qu'un discours insensé.

La pensée humaine a cependant connu des concepts ou a opéré, comme folle, avec des notions où la distinction entre la présence et l'absence n'était pas aussi tranchée que l'idée de l'être ou l'idée d'un devenir rassemblé et noué autour du **204** présent, | l'auraient exigé. Telles les notions platoniciennes de l'Un et du Bien. Telle la notion de Dieu, qu'une pensée, appelée foi, arrive à faire proférer et à introduire dans le discours philosophique. N'est-ce pas folie que de prêter la plénitude de l'être à Dieu, lequel, toujours absent de la perception, ne se manifeste pas davantage dans la conduite morale du monde, soumise à la violence, où la paix ne s'installe que provisoirement et au prix d'un tribut de sang payé à quelque Minotaure, au prix de compromissions et de politique ; où la « présence » divine, par conséquent, demeure souvenir incertain ou attente indéterminée ? Supporter la contradiction entre l'existence incluse dans l'essence de Dieu et l'absence scandaleuse de ce Dieu, c'est subir une épreuve d'initiation à la vie religieuse, qui sépare philosophes et croyants. À moins que l'absence obstinée de Dieu ne soit l'un de ces paradoxes qui appellent sur les grandes voies.

L'impossibilité de se manifester dans une expérience, peut venir non pas de l'essence finie ou sensible de cette expérience, mais de la structure de toute pensée, qui est corrélation. Entrée en corrélation, la divinité de Dieu se dissipe comme les nuées qui servirent à décrire sa présence. Tout ce qui aurait pu attester sa sainteté, c'est-à-dire sa transcendance, infligerait aussitôt, dans la lumière de l'expérience, un démenti à son propre témoignage, déjà par sa présence et son intelligibilité, c'est-à-dire par son enchaînement aux significations qui constituent le monde. Paraître, sembler, c'est aussitôt ressembler aux termes d'un ordre déjà familier, se commettre avec eux, s'y assimiler. L'invisibilité de Dieu n'appartient-elle pas à un autre jeu, à une approche qui ne se polarise pas en corrélation sujet-objet, mais se déploie comme drame à plusieurs personnages?

Nous venons d'anticiper sur nos conclusions. Fixons le point de départ: la non-manifestation, l'invisibilité que le langage profère. Ce refus de s'exhiber n'enveloppe pas nécessairement une complaisance pour d'abscons séjours. La surenchère ou l'hyperbole que le langage sait dire par le superlatif de l'Être suprême, garde la trace d'un au-delà de l'Être où jour et nuit ne se partagent pas le temps capable de les faire coexister entre chien et loup; la trace d'un au-delà que porte un temps différent de celui où les débordements du présent refluent vers ce présent à travers mémoire et espoir. La foi se décrirait-elle donc par l'entrevision d'un temps dont les moments ne s'apparentent plus au présent comme à leur terme ou à leur source? D'où une diachronie qui affole[1] le sujet, mais qui canalise la transcendance. La transcendance, est-ce une pensée osant | aller au-delà de l'être ou une approche[2] au-   **205**

---

1. *L'Histoire de la folie* de Michel Foucault permet d'user de tels termes, sans se référer simplement à une raison déréglée commettant des erreurs.

2. Cette approche se fait dans le *sentiment* dont la tonalité fondamentale est *Désir* au sens que nous avons donné à ce terme dans *Totalité et infini*; distinct de la tendance et du besoin, le Désir n'appartient pas à l'activité, mais constitue l'intentionalité de l'affectif. On peut se demander si les critiques très remarquables et démystificatrices que Michel Henry élève contre l'intentionalité de l'affectivité, qui, malgré les analyses de Scheler et de Heidegger, resterait d'origine intellectuelle (cf. *Essence de la manifestation*, p. 707-757) arrivent à chasser tout mouvement de transcendance du sentiment. Il faut, en effet, préciser que cette transcendance consiste à aller au-delà de l'être, ce qui veut dire que, ici, la visée vise ce qui se refuse à la corrélation que toute visée, comme telle, instaure; ce qui, par conséquent, n'est, à aucun titre, – pas même conceptuel – représenté. Le sentiment primordial – dans son ambiguïté précisément – est ce désir de l'Infini,

delà de la pensée que le discours ose proférer et dont il garde la trace et la modalité?

Mais entrevoir un temps dont les moments ne se réfèrent pas au présent, n'est-ce pas, à nouveau, tout réunir dans le présent de l'entrevision? Déjà la corrélation ou la structure revient: la transcendance se synchronise avec le discours et rentre dans l'ordre indestructible de l'être, dans son indéphasable simultanéité, c'est-à-dire dans la totalité qui lui prête un sens. Y a-t-il rien au monde qui puisse se refuser à cet ordre primordial de la contemporanéité, sans cesser aussitôt de signifier? Une transcendance vraiment diachronique, n'est-elle pas tout juste bonne pour abuser la gratuite imagination, l'opinion, les religions positives?

Tout dépend de la possibilité de vibrer à une signifiance qui ne se synchronise pas avec le discours qui la capte, et qui ne se range pas dans son ordre; tout dépend de la possibilité d'une signification qui signifierait dans un dérangement irréductible. Si une description formelle d'un tel dérangement pouvait être tentée, elle nous laisserait dire un temps et une intrigue et des normes qui ne se réduisent pas à la compréhension de l'être, prétendue comme l'alpha et l'oméga de la philosophie.

LE RAPPEL À L'ORDRE

Comment se pourrait un tel dérangement?

Si l'Autre se présente au Même, la co-présence de l'Autre et du Même, dans le phénomène, constitue aussitôt un ordre. La discordance qui peut se produire au sein de cet ordre, se propose comme une invitation à la recherche d'un ordre

relation avec l'Absolu qui ne se fait pas corrélatif et qui laisse dans un certain sens, par conséquent, le sujet dans l'immanence. N'est-ce pas l'immanence que Jean Wahl appela un jour «la plus grande transcendance... celle qui consiste à transcender la transcendance, c'est-à-dire à retomber dans l'immanence» (cf. *Existence humaine et transcendance*, p. 38)?

nouveau où se résoudrait ce premier désaccord : la discordance devient problème. La science d'hier, devant les faits nouveaux d'aujourd'hui, s'achemine ainsi vers la science de demain.

| Bergson nous a enseigné que le désordre, comme le **206** néant, est une idée relative[1]. Faut-il, pour un dérangement absolu, que dans le Même fasse irruption une altérité absolue, celle d'Autrui ? Un inconnu a sonné à ma porte et a interrompu mon travail. Je lui ai fait perdre quelques illusions. Mais il m'a fait entrer dans ses affaires et ses difficultés, troublant ma bonne conscience. Le dérangement, le heurt de deux-ordres, aboutit à une conciliation, à la constitution d'un ordre nouveau qui, plus vaste, plus proche de l'ordre global – et, dans ce sens, ultime ou originel – luit à travers ce conflit.

Autrui, lui non plus, ne saurait donc apparaître, sans renoncer à son altérité radicale, sans rentrer dans l'ordre. Les ruptures de l'ordre rentrent dans l'ordre dont la trame est inusable, trame que ces ruptures manifestent et qui est totalité. L'insolite se comprend. L'apparente ingérence de l'Autre dans le Même a été à l'avance arrangée. Le dérangement, le heurt d'un ordre par un autre ordre, ne mérite donc pas attention. À moins de s'attacher aux abstractions. Mais qui voudrait avouer un tel parti-pris ? Le dérangement fut précurseur d'une totalité plus concrète, d'un monde, d'une histoire. Ce coup de sonnette strident se résorba en significations. La rupture de mon univers, c'était une nouvelle signification qui lui venait. Tout se comprend, se justifie, se pardonne. Et la surprise de ce visage derrière la porte ? On contestera cette surprise. On fera attention à l'ordre qui annule

---

1. Vladimir Jankélévitch cherche cependant à percer l'ordre dans l'*entrevision*, même si la régularité des phénomènes doit envahir cette percée, comme les vagues de la Mer Rouge le passage qui les avait, pour une nuit, déchirées. Toute son œuvre récente et notamment, la *Philosophie du presque* le dit avec une précision et une subtilité inimitables. Notre projet lui doit beaucoup.

le dérangement, à l'histoire où se résument les hommes, leurs misères et leurs désespoirs, leurs guerres et leurs sacrifices, l'horrible et le sublime. Comme Spinoza, on contestera la possibilité d'une erreur qui ne soit pas portée par une vérité partielle et qui n'acheminerait pas vers une vérité entière. On exaltera un discours ininterrompu que seule la mort pourrait arrêter, si l'intersubjectivité immortelle (l'est-elle ? – on peut se poser cette question, jadis absurde[1]) ne l'assurait pas contre la mort même. Tout ce qui est réel, serait ainsi sensé et toute action y surgirait comme conclusion d'un raisonnement. Cheminement sans raccourcis : le court-circuit n'installerait, semble-t-il, que la nuit du rêve.

207 | LA PROXIMITÉ, L'EXPRESSION ET L'ÉNIGME

Mais le dérangement de cette brusque venue se réduit-il, sans que rien y paraisse, dans la lumière de l'ordre nouveau, qui absorberait dans son jour triomphant l'insolite visitation, comme l'histoire efface la trace du sang et des larmes ? À travers l'enchaînement indéchirable des significations, tranchant sur la conjoncture historique, n'y a-t-il pas eu expression, visage interpellant de face, venant des profondeurs, coupant le fil du contexte ? Un prochain ne s'est-il pas approché[2] ?

Comment le prochain s'est-il arraché au contexte ? Comment a-t-il pu approcher et faire face sans se pétrifier aussitôt en signification qui se profile dans le contexte ? D'où viendrait la proximité et la droiture dans un univers de

1. Jean Hyppolite, *Leçon inaugurale au Collège de France. Cf.* aussi Jacques Derrida, *Introduction à l'origine de la géométrie de Husserl.*

2. Nous refusions autrefois ce terme qui nous semblait suggérer la communauté du voisinage, alors que nous en retenons maintenant la brusquerie du dérangement qui est le fait du prochain en tant qu'il est le premier venu. Cf. *Bulletin de la Société française de Philosophie*, juillet-septembre 1962, pages 107-108 (Séance du 27 janvier 1962).

médiations ? D'où vient l'expression, le dire, dans cet univers de significations *dites*, de structures – Nature et Histoire – à tous visibles dans leur apparat de phénomènes ? L'expression et la proximité se rapporteraient-elles à une dimension de profondeur ?

On aurait raison de se méfier de cette formule, si elle devait signifier que les phénomènes *indiquent* un ordre de « choses en soi » dont ils seraient les signes ou qu'ils voileraient comme un écran. Car indication et rapport, rétablissent, entre les termes indicateur et indiqué, une conjoncture, une simultanéité et abolissent la profondeur. Un rapport qui ne créerait de simultanéité entre ses termes, mais creuserait la profondeur à partir de laquelle l'expression approche, devrait se référer à un passé irréversible, immémorial, irreprésentable.

Mais comment se référer à un passé irréversible, c'est-à-dire à un passé que cette référence même ne ferait pas revenir, contrairement à la mémoire qui ramène le passé, contrairement au signe qui rattrape le signifié ? Il faudrait une indication accusant la retraite de l'indiqué, au lieu d'une référence qui le rejoint. Telle la trace par son vide et sa désolation. Désolation qui n'est pas faite d'évocations, mais d'oublis, d'oublis qui seraient en train de se faire, en train d'écarter le passé, mais d'oublis surpris avant que cette « obliviscence » ne se renverse elle-même en lien et ne noue à nouveau ce passé absolu au présent et ne devienne évocatrice. Mais quelle est cette trace originelle, cette désolation primordiale ? La nudité du visage faisant face, s'exprimant : elle interrompt | l'ordre. Mais si cette interruption n'est pas **208** reprise par le contexte interrompu pour en recevoir un sens, c'est que, d'ores et déjà, elle a été ab-solue : la partie fut abandonnée avant de commencer, le décrochage a eu lieu avant l'engagement : le visage est défait et nu. Par ce défaitisme, cette déréliction et cette timidité n'osant pas oser, par cette sollicitation qui n'a pas le front de solliciter et qui est la non-audace même, par cette sollicitation de mendiant, l'expression ne participe plus à l'ordre auquel elle s'arrache, mais ainsi précisément fait face et front dans le visage, approche et dérange absolument.

Mais la trace serait alors simplement le signe d'un éloignement. Certes, elle peut devenir signe. Mais avant de signifier comme signe, elle est, dans le visage, le vide même d'une absence irrécupérable. La béance du vide n'est pas seulement le signe d'une absence. Le trait tracé sur le sable n'est pas l'élément d'un sentier, mais le vide même de la passée. Et ce qui s'est retiré n'est pas évoqué, ne retourne pas à la présence, fût-ce à une présence indiquée.

Le dérangement est un mouvement qui ne propose aucun ordre stable en conflit ou en accord avec un ordre donné, mais un mouvement qui emporte déjà la signification qu'il apportait : le dérangement dérange l'ordre sans le troubler sérieusement. Il y entre d'une façon si subtile qu'il s'en est déjà retiré, à moins que nous ne le retenions. Il s'insinue – se retire avant d'entrer. Il ne reste que pour celui qui veut bien lui donner suite. Sinon, il a déjà restitué l'ordre qu'il troublait : on a sonné, et il n'y a personne à la porte. A-t-on sonné ? Le langage est la possibilité d'une énigmatique équivoque pour le meilleur et pour le pire et dont les hommes abusent. Un diplomate fait une proposition exorbitante à un autre diplomate, mais cette proposition est faite en des termes tels que, si l'on veut, rien n'a été dit. L'audace se retire et s'éteint dans les mots mêmes qui la portent et l'embrasent. Duplicité d'oracle : les extra-vagances se sont logées dans les mots qui garantissent la sagesse. Un amoureux fait une avance, mais le geste provocateur ou séducteur n'a pas interrompu, si l'on veut, la décence des propos et des attitudes – il s'en retire aussi légèrement qu'il s'y est glissé. Un Dieu s'est révélé sur une montagne ou dans un buisson inconsommable ou s'est fait attester dans des Livres. Et si c'était un orage! Et si les livres nous venaient des rêveurs! Chassons de l'esprit l'illusoire appel! L'insinuation elle-même nous y invite. C'est à nous ou, plus exactement, c'est à *moi* de retenir ou de repousser ce Dieu sans audace, exilé car allié au vaincu, pourchassé et, dès lors, ab-solu, désarticulant ainsi le moment même où il s'offre et se proclame, ir-représentable. Cette façon | pour l'Autre de **209** quérir ma reconnaissance tout en conservant son incognito, en dédaignant le recours au clin d'œil d'entente ou de complicité, cette façon de se manifester sans se manifester, nous l'appelons – en remontant à l'étymologie de ce terme grec et par opposition à l'apparoir indiscret et victorieux du *phénomène* – énigme.

UNE NOUVELLE MODALITÉ

L'essentiel, ici, est dans la façon dont un sens qui est au-delà du sens s'insère dans le sens qui reste dans l'ordre, la façon dont l'un luit comme déjà éteint dans l'autre; la façon dont il avance tout en battant en retraite. L'énigme n'est pas une simple équivoque où les deux significations ont des chances égales et la même lumière. Dans l'énigme, le sens exorbitant s'est déjà effacé dans son apparition. Le Dieu qui a parlé n'a rien dit, a passé incognito, tout dans la lumière du phénomène lui inflige démenti, le réfute, le refoule, le persécute. Le Dieu kierkegaardien qui ne se révèle que pour être persécuté et méconnu, qui ne se révèle que dans la mesure où il est pourchassé, de sorte que la subjectivité, désespérée de la solitude où cette absolue humilité la laisse, devient le lieu même de la vérité, – le Dieu kierkegaardien n'est pas simplement porteur de certains attributs d'humilité, mais une façon de la vérité qui, cette fois-ci, ne se détermine pas par le phénomène, par le présent et la contemporanéité et qui ne se mesure pas à la certitude. Vérité irréductible au phénomène et, par là, essentielle à un monde qui ne peut plus croire que les livres sur Dieu attestent la transcendance comme phénomène et l'Ab-solu comme apparition. Et sans les bonnes raisons qu'apporte l'athéisme, il n'y aurait pas eu d'Énigme. Par-delà le drame du salut dont Kierkegaard, penseur chrétien, a aperçu le jeu dans l'existence qu'il a fixée et décrite, son œuvre proprement philosophique nous semble résider dans l'idée formelle d'une vérité persécutée au nom d'une vérité universellement évidente, d'un sens pâlissant dans un sens, d'un sens ainsi déjà passé et chassé, rompant la *simultanéité indéphasable* du phénomène. Le Dieu « demeurant avec le contrit et l'humble » (Isaïe 57, 15), en marge, « vérité persécutée », n'est pas seulement « consolation » religieuse, mais le dessein originel de la « transcendance ». Nœud d'une intrigue qui se sépare de l'aventure de l'être courue dans le phénomène et l'immanence, modalité nouvelle qui se dit par ce « si l'on veut » et ce « peut-être » et que l'on ne doit pas ramener à la possibilité, à la réalité et à la nécessité de la logique formelle, auxquelles le scepticisme lui-même se réfère[1].

210 | Le dérangement n'est donc pas l'éclatement d'une catégorie trop étroite pour l'ordre que cet éclatement laissera luire dans le chaton d'une catégorie plus large. Il n'est pas davantage le choc d'une provisoire incompréhension qui bientôt deviendra intelligence. Ce n'est pas en tant

---

1. *La Pensée interrogative* de Madame Jeanne Delhomme renouvelle le problème de la modalité, mais, par-delà ce problème, celui du dogmatisme et du criticisme – en refusant au jugement catégorique, et même à la certitude du *Cogito*, le droit de mesurer la modalité. La certitude elle-même doit se mesurer à l'interrogation, laquelle est un commencement de la conscience comme telle : Ce qu'on appelle la « première lueur » est d'emblée et vertigineusement – un « je me demande » et non pas un « je comprends l'être », le « je me » de la demande, serait la première réflexion. Sur bien des points, notre propre tentative de saisir la trace comme vide qui ne se réduit ni au néant (contemporain de l'être !) ni au signe d'une plénitude absente et récupérable par la re-présentation, rejoint, malgré l'orientation toute différente de l'effort, l'interrogation de Madame Delhomme.

qu'irrationnel ou absurde que le dérangement dérange. L'irrationnel, en effet, s'offre à la conscience et ne s'éclaire qu'au sein d'une intelligibilité où il finit par se ranger et par se définir. Nul n'est irrationaliste sachant qu'il l'est.

Le dérangement qui n'est pas la surprise de l'absurde, n'est possible que comme l'entrée, dans un ordre donné d'un autre ordre qui ne s'accommode pas du premier. Par là s'exclut du dérangement le simple parallélisme de deux ordres qui seraient en rapport de signe à signifié, d'apparence à chose en soi, et entre lesquels – nous l'avons dit – la relation rétablirait précisément la simultanéité d'un ordre unique. Mais il ne s'agit pas davantage de la rencontre de deux séries de significations revendiquant, à titre égal, le même phéno-mène, comme quand on rapporte une révolution, à la fois, à la causalité économique et politique ou une œuvre d'art, à la biographie de l'artiste et à sa philosophie; ou quand, dans l'ambiguïté de la métaphore, le sens littéral, inséparable du sens figuré, ne s'évanouit pas ni ne s'absorbe dans le sens qui le nourrit, mais où les deux sens s'irisent dans le même jour, tournés tous les deux du côté de la lumière. Dans les deux cas envisagés, les ordres différents sont simultanés, ou ont un point de tangence et de synchronisme. L'arrachement d'un ordre à un autre, serait déjà une participation réciproque. *La différence de contenus n'a pas la force de rompre la forme continue, la trame inusable où s'ordonne encore cette différence.*

Pour la possibilité du dérangement il faut exiger un présent fissile, se «déstructurant» dans sa ponctualité même. L'altérité dérangeant l'ordre, ne peut pas se réduire à la différence s'accusant sous le regard qui compare et qui, par là-même, synchronise le Même et l'Autre. *L'altérité se fait comme un écart et un passé* qu'aucune mémoire ne saurait ressusciter en présent. Et cependant le dérangement ne se peut que par intervention! Il faut donc un étranger, venu certes,

211 mais parti *avant* d'être venu, ab-solu | dans sa manifestation. « À la fois » ne suffirait pas à la rupture de l'ordre. Pour que l'arrachement à l'ordre ne soit pas *ipso facto* participation à l'ordre, il faut que cet arrachement, que cette ab-straction – par un suprême anachronisme – précède son entrée dans l'ordre, que le passé de l'Autre n'ait jamais été présent.

Cet anachronisme est moins paradoxal qu'il ne paraît. La continuité temporelle de la conscience s'en trouve *bouleversée* chaque fois qu'elle est « conscience » de l'Autre et que, « contre toute attente » et contre toute attention et toute prévision le « sensationnel » *retourne* la sensation qui l'apporte. L'*acumen* – voluptueux – encore montée, est déjà tombée. La conscience de soi se tient, haletante de tension ou de détente, dans l'avant ou dans l'après. Dans l'*entretemps*, l'événement attendu vire en passé sans être vécu – sans être égalé – dans aucun présent. Quelque chose se passe entre le Crépuscule où se perd (ou se recueille) l'intentionalité la plus extatique, mais qui vise toujours trop court – et l'Aube où la conscience revient à soi, mais déjà trop tard pour l'événement qui s'éloigne. Les grandes « expériences » de notre vie n'ont jamais été à proprement parler vécues. Les religions ne nous viendraient-elles pas d'un passé qui ne fut jamais un pur maintenant ? Leur grandeur tient à cette démesure excédant la capacité du phénomène, du présent et du souvenir. À la voix qui appelle du Buisson Ardent, Moïse répond : « Me voici », mais n'ose pas lever le regard. La théophanie glorieuse que rend possible tant d'humilité, sera manquée à cause de cette humilité même qui fait baisser les yeux[1]. Plus tard, sur le rocher de Horeb le prophète s'enhardit à connaître, mais la gloire se refuse à l'audace qui la cherche. Transcendance – pur passage – elle se montre passée. Elle est trace.

L'Énigme ne vient pas, de loin en loin, obscurcir la manifestation phénoménale, comme si cette manifestation, à

---

1. *Cf.* Traité *Berakhot* 7 a, passage relatif à *Exode* III, 6.

la mesure de la connaissance, c'est-à-dire rationnelle, était interrompue par des îlots mystérieux de l'Irrationnel où poussent les fleurs doubles de la foi. L'Énigme s'étend aussi loin que le phénomène qui porte la trace du *dire* qui s'est déjà retiré du *dit*. Tous les instants du temps historique sont fissiles ; l'enchaînement du Récit s'expose à l'interruption. En aucune façon il ne s'agit là d'une particularité anthropologique – comme le langage lui-même ne vient pas doubler les phénomènes pour qu'entre hommes on puisse se les signaler. Les significations de la Nature ne sont pas que le résultat d'un je ne sais quel transfert de sens, de l'anthropologique au naturel. Le visage humain est la face même du monde et l'individu du genre homme, | comme toutes choses, surgit **212** déjà dans l'humanité du monde. Non pas humanité anonyme mais humanité visée dans celui (ou dans celle) qui – quand son visage luit – est celui ou celle que précisément on attendait. La sexualité humaine n'est peut-être, que cette attente d'un visage inconnu, mais connu. Les significations qui s'enchaînent, recouvrent la trace du *dire* qui les a laissées comme l'artiste du crime parfait loge dans les plis naturels de l'Ordre les traces de sa violence. Des phénomènes donnant prise au dérangement, un dérangement se laissant rappeler à l'ordre – c'est l'équivoque même de l'Énigme. La manifestation se mue en expression, peau désolée par un départ irréversible et qui aussitôt le renie, revenue à l'état d'un pli de sable sur la terre, chassant jusqu'au souvenir de ce départ. Mais la croûte de la terre demeure perméable à l'expression et l'espace « forme pure de la sensibilité » et « objet d'une géométrie », bée comme un vide où l'irréversible ne se re-présente pas. L'expression – le dire – ne vient pas s'ajouter aux significations, « visibles » dans la clarté du phénomène, pour les modifier et pour les brouiller et pour introduire en elles des énigmes « poétiques », « littéraires », « verbales », les significations *dites* offrent prise au *dire* qui les « dérange », comme des écrits attendant interprétation. Mais c'est là l'antériorité irréversible – principielle – du Verbe par rapport à l'Être, le retard non-rattrapable du Dit sur le Dire. De cette antériorité, les significations qui, en attendant, se suffisent, portent la trace qu'aussitôt elles contestent et effacent.

LA SUBJECTIVITÉ ET L'« ILLÉITÉ »

Tout parler est énigme. Il s'installe certes et se meut dans un ordre de significations, commun aux interlocuteurs, au milieu de vérités triomphantes c'est-à-dire premières, dans une langue portant un système de vérités connues que le parler, si banal qu'il soit, secoue certes et amène à de nouvelles significations. Mais derrière ce renouvellement qui constitue la vie culturelle, le Dire, c'est-à-dire le visage, est la discrétion d'une proposition inouïe, d'une insinuation, aussitôt réduite à néant – comme éclatent les « bulles de la terre » dont parle Banco au début de *Macbeth* – mais que peut entendre une oreille à l'affût, collée à la porte du langage, laquelle se ferme, de par les significations dont il est fait, sur ses propres ouvertures ? Il est peut-être raisonnable de respecter la décence de cette porte fermée. Cette porte à la fois, ainsi, ouverte et fermée est l'extra-ordinaire duplicité de l'Énigme. Mais l'Énigme concerne si nommément la subjectivité qui peut seule en retenir l'insinuation, cette
213 insinuation reçoit si vite un | démenti quand on cherche à la communiquer, que cette exclusivité prend le sens d'une assignation suscitant seulement un être tel qu'une subjectivité. Citée à comparaître, appelée à une responsabilité incessible – alors que le dévoilement de l'Être se fait au su et au vu de l'Universalité – la subjectivité est le partenaire de l'Énigme et de la transcendance qui dérange l'Être.

D'où viendrait la subjectivité à l'être ? Pourquoi, dans le remue-ménage de la totalité se produirait le silence d'un souffle retenu? La subjectivité ne doit-elle pas avoir reçu, pour s'arracher à la pesanteur ontologique, quelque privatissime convocation de comparaître d'au-delà de l'être et d'au-delà de l'enchaînement raisonnable de ses significations? Message intraduisible en langage objectif, indéfendable par le discours cohérent, nul au regard de l'ordre public des significations dévoilées et triomphantes de la Nature et de l'Histoire. Si cependant il assigne avec précision et urgence, c'est qu'il creuse seulement la dimension de l'intériorité. À quoi bon l'intériorité, le privatissime du moi unique, s'ils devaient refléter l'étant ou l'être de l'étant dont la demeure est dans la lumière, qui est de soi raison et dont la répétition dans la psyché ou la subjectivité serait un luxe pour l'économie de l'être? Le luxe doit-il doubler la lumière? Dans le moi se noue une tout autre intrigue.

Le phénomène, l'apparition en pleine lumière, la relation avec l'être assurent l'immanence comme totalité et la philosophie comme athéisme. L'Énigme, intervention d'un sens qui dérange le phénomène, mais tout disposé à se retirer comme un étranger indésirable, à moins qu'on ne tende l'oreille vers ces pas qui s'éloignent, est la transcendance même, la proximité de l'Autre en tant qu'Autre.

Autre que l'Être. L'Être exclut toute altérité. Il ne peut rien laisser au-dehors, ni rester au-dehors, se laisser ignorer. L'être de l'étant est le jour où toutes choses sont en rapport. Et sa nuit même est un sourd et solidaire martellement de toutes choses, l'obscur travail de la totalité, une ininterrompue poussée de la génération, de la croissance et de la corruption. Mais l'Autre se distingue absolument, en s'absolvant, en s'écartant, en passant; en passant au-delà de l'être, pour céder sa place à l'être. Passer au-delà de l'être – suprême bonté qui se démentirait en se proclamant! Se demander à nouveau si ce départ, si cette humilité d'ab-solu – si cette divinité – existent ou n'existent pas, est certes possible. Et rien ne saurait arrêter cette question triomphante. Qu'elle est transparente, en effet, l'ombre qui trouble la clarté du discours cohérent! Qu'elle est légère la voix du «subtile silence» qui couvre son bruit victorieux; qu'elle est irrésistible l'autorité du rappel à l'ordre! Mais qu'il est vide l'espace que laisse à l'être la parole qui sait parler comme si rien n'avait été dit.

214 | L'Énigme passe non pas la connaissance finie, mais la connaissance tout court. La connaissance repose sur l'apparition, sur le phénomène, lequel déroule l'être de l'étant, mettant, par la lumière, toutes choses ensemble, ordonnant l'ordre. Prises dans la lumière, inévitablement contemporaines, les choses sont présentes jusque dans leurs cachettes les plus secrètes, comme si l'être était une partie de colin-maillard où le bandeau sur les yeux n'empêche pas la présence de vous héler de partout. Or, ce qui dans l'Énigme a signifiance, ne se réfugie pas dans une sphère, à sa façon présente et qui attend le concept capable de l'y trouver et de l'y saisir. La signifiance de l'Énigme vient d'un passé irréversible, irrécupérable qu'elle n'a *peut-être* pas quitté («peut être», modalité de l'énigme, irréductible aux modalités de l'être et de la certitude), puisqu'elle a déjà été absente des termes mêmes où elle se signalait. Cette façon de signifier qui ne consiste ni à se dévoiler, ni à se voiler, absolument étrangère au cache-cache de la connaissance, cette façon de sortir des alternatives de l'être – nous l'entendons sous le pronom personnel de la troisième personne, sous le mot *Il*. L'énigme nous vient, de l'Illéité. L'énigme est la façon de l'Ab-solu, étranger à la connaissance, non pas parce qu'il luirait dans une lumière démesurément forte pour la faible vue du sujet, mais parce qu'il est déjà trop vieux pour le jeu de la connaissance, parcequ'il ne se prête pas à la contemporanéité qui fait la force du temps noué dans le présent, parce qu'il impose une tout autre version du temps. Alors que l'être désigne une communauté, sans dissidence possible, de la totalité du destin et la contemporanéité indéphasable de la connaissance ou de la compréhension, fût-elle historique[1] à laquelle se prête le temps noué dans le présent – dans la trace de l'*illéité*, dans l'Énigme, le synchronisme se désaccorde, la totalité se transcende dans un autre temps. Ce mouvement extra-vagant de dépassement de l'être ou de transcendance vers une immémoriale ancienneté, nous l'appelons idée de l'infini. L'Infini est altérité inassimilable, différence et passé ab-solu par rapport à tout ce qui se montre, se signale, se symbolise, s'annonce, se remémore et, par là, se « contemporise » avec celui qui comprend. Absolution, anachorèse – vers quel séjour ? Mais dans le refus d'oser, dans la Bonté, laquelle exclut précisément toute complaisance en soi-même et en sa définition, laquelle ne se pétrifie pas dans une image, laquelle jamais ne tente. Retraite comme un adieu qui se signifie non pas en s'ouvrant au regard | pour l'inonder de lumière, mais en **215** s'éteignant jusqu'à l'incognito dans le visage qui fait face. Il y faut, nous l'avons dit, quelqu'un qui ne soit plus agglutiné à l'être et qui, à ses risques et périls, réponde à l'énigme et saisisse l'allusion : la subjectivité, seule, unique, secrète, que Kierkegaard a entrevue.

L'ÉTHIQUE

Cette assignation, catégorique dans sa droiture, mais déjà discrète, comme si personne n'assignait et personne ne contrôlait, assigne à la responsabilité morale. La moralité est la façon de l'Énigme.

---

1. « La Philosophie de l'histoire et l'histoire de la philosophie visent au-delà de l'individuel et de l'événement, qui, dans la mesure où elles mêlent l'identité à la durée, dissocient temporalité et historicité au profit d'une espèce de temps intemporel... Le temps retrouvé, ce n'est pas le temps passé, mais le temps dépassé » (H. Gouhier, *L'histoire et sa philosophie*, Paris, Vrin, 1952, p. 144).

Comment se fait la réponse?

À l'idée de l'Infini ne se peut qu'une réponse extra-vagante. Il y faut une «pensée» qui entende plus qu'elle n'entend, plus que sa capacité et dont elle ne sache être la contemporaine, une «pensée» qui, dans ce sens, puisse aller au-delà de sa mort. Entendre plus qu'on n'entend, penser plus qu'on ne pense, penser ce qui se retire de la pensée, c'est désirer, mais d'un désir qui contrairement au besoin se renouvelle et arde d'autant plus qu'il se nourrit de Désirable. – Aller au-delà de sa mort, c'est se sacrifier. – La réponse à l'assignation de l'Énigme est la générosité du sacrifice hors du connu et de l'inconnu, sans calcul, car allant à l'Infini.

Mais si le Désirable du Désir est infini, il ne peut précisément pas se donner comme fin. L'impossibilité où se trouve l'infini à l'égard du Désir qu'il suscite, d'être fin, en raison précisément de son infinitude, le préserve de la contemporanéité. La façon dont le Désir va à l'infini n'est donc pas la corrélation de la connaissance. Même devenant, selon une intentionalité différente, axiologie ou pratique, la marche irait encore d'un sujet à un objet imitant la corrélation. Le Désir ou la réponse à l'Énigme ou la moralité est une intrigue à trois: le Moi s'approche de l'Infini en allant généreusement vers le Toi, encore mon contemporain, mais qui, dans la trace de l'Illéité, se présente à partir d'une profondeur du passé, de face, qui m'approche. Je m'approche de l'Infini dans la mesure où je m'oublie pour mon prochain qui me regarde; je ne m'oublie qu'en rompant la simultanéité indéphasable de la représentation, en existant au-delà de ma mort. Je m'approche de l'Infini en me sacrifiant. Le sacrifice est la norme et le critère de l'approche. Et la vérité de la transcendance consiste en la mise en accord des discours et des actes.

| AU-DELÀ DE L'ÊTRE

L'intrigue insolite qui sollicite le Moi et se noue par-delà la connaissance et le dévoilement dans l'Énigme, est éthique. La relation avec l'Infini, n'est pas une connaissance, mais une approche, voisinage avec ce qui se signifie sans se révéler, qui s'en va, mais non pas pour se dissimuler. Infini, il ne peut pas se prêter au présent où ce jeu de clarté et d'abscondité se joue. La relation avec l'Infini n'a donc plus la structure d'une corrélation intentionnelle. L'anachronisme par excellence d'un *passé* qui ne fut jamais un *maintenant* et l'approche de l'Infini par le sacrifice – voilà le mot de l'Énigme. Le visage ne peut apparaître comme visage – comme proximité interrompant la série – que s'il vient énigmatiquement à partir de l'Infini et de son passé immémorial. Et l'Infini, pour solliciter le Désir – une pensée pensant plus qu'elle ne pense ne peut s'incarner dans un Désirable, ne peut, infini, s'enfermer dans une fin. Il sollicite à travers un visage, terme de ma générosité et de mon sacrifice. Un Tu s'insère entre le Je et le Il absolu. La corrélation est brisée.

Il est donc vain de poser un Toi absolu. L'absolu se retire du site éclairé – de la « clairière » du présent – où se dévoile l'être et où le discours sur le discours se prétend encore, et peut-être légitimement, discours sur l'être. Ce discours va se plaire à démontrer que l'ordre reste toujours intact. Mais l'absolu qui se retire l'a dérangé : le site éclairé de l'être n'est que la passée de Dieu. Non pas un tombeau où se dessinerait sa forme, car jamais le site du Même, déserté par l'absolument Autre n'a pu contenir l'infini de l'altérité. Celui qui a passé au-delà, n'a jamais été présence. Il précédait toute présence et excédait toute contemporanéité dans un temps qui n'est pas durée humaine, ni projection faussée, ni extrapolation de la durée, qui n'est pas effritement et disparition d'êtres finis, mais l'antériorité originelle de Dieu par rapport à un monde

qui ne peut le loger – le passé immémorial qui ne s'est jamais
présenté, qui ne peut pas se dire en des catégories de l'Être
et de la structure, mais l'Un – que toute philosophie voulait
dire – de l'au delà de l'être.

1. Idéalité et signification

Des événements s'échelonnant selon le temps et parvenant à la conscience dans une série d'actes et d'états ordonnés également selon le temps, acquièrent, à travers cette multiplicité, une unité de sens dans le Récit. Des signes signifiant de par leur place dans un système et de par leur écart par rapport à d'autres signes – les mots des langues historiquement constituées présentent, certes, cet aspect formel – sont à même de conférer une identité de signification à la dispersion temporelle des événements et des pensées, de les synchroniser en la simultanéité indéphasable de la fable.

Les signes linguistiques constituant l'unité d'un système sont susceptibles, à travers les procédés les plus divers de la fabulation, d'identifier un thème. La synopsis tient à l'unité du thème qui s'identifie par la narration ou, plus exactement, elle se fait surrection de thème et réductibilité au thème de toute manifestation non-thématisée, non-théorétique et même « encore ineffable ». L'être se manifeste à partir d'un thème. C'est, peut-être, de là que vient la puissance, toujours renaissante, de l'intellectualisme et la prétention à l'absolu du discours, capable de tout embrasser, de tout relater, de tout thématiser et jusqu'à ses propres échecs, jusqu'à sa propre relativité. Les mots ne procèdent donc d'une intention qui se limiterait à la vaine entreprise de substituer des signes à des choses et des signes à des signes. C'est, au contraire l'instauration et l'utilisation de signes verbaux qui est portée par une intentionalité narratrice et thématisante aboutissant aux êtres.

Aussi le langage s'interprète-t-il comme manifestation de la vérité, comme la voie qu'emprunte l'être pour se montrer. Le logos en tant que discours se confond entièrement avec le logos en tant que rationalité. La communication que le langage assure, apparaît comme sa fonction subsidiaire au point qu'on a pu la comparer, en tant que circulation pure et simple de messages, à la circulation de femmes et de marchan-**218** dises dans une société. La communication | découle seulement du *logos* qui anime ou qui porte la pensée. Elle est rendue possible par la rupture que consomme le *logos* avec les particularismes du penseur et de l'expérience, rupture qui rejoint l'universalité. Les nécessités propres de la communication peuvent certes avoir un effet sur l'œuvre rigoureusement logique du langage en astreignant le parler à une universalité de plus en plus large ; mais, ainsi, la communication elle-même se trouverait soumise aux fins de la vérité.

Mais l'intentionalité narratrice – et, par conséquent, verbale, linguistique – est essentielle à la pensée en tant que la pensée est thématisation et identification. En effet, l'identification du donné dans l'expérience, est pure prétention. Elle n'est pas une vision ou une expérience sublimée. Elle ne consiste pas à percevoir un *ceci* ou un *cela*, mais à « entendre », à « prétendre » (à accomplir un mouvement que traduit exactement le terme allemand de « meinen ») ceci *en tant que* ceci et cela *en tant que* cela, en « entendant », sans rien préjuger des contenus, ceci en tant que cela. Non pas que cet « en tant que » éloigne le pensant de l'« être en original » comme l'intention « signitive » de Husserl qui, comparée à la

vision pleine de son objet, «intentionne» à vide. L'entendement de ceci en tant que cela, n'entend pas l'objet, mais son
sens. L'être n'a ni à remplir, ni à décevoir le sens. Le sens ni
donné, ni non-donné, est entendu. Mais c'est à partir de son
sens qu'un être se manifeste comme être.

L'intentionalité de la conscience – notion, chez Husserl, si
multivoque – indique, certes, l'immédiate présence du monde
à la conscience, présence se dessinant de par son être même
et sans que ce dessin de l'original ait, pour se manifester, à
laisser une empreinte de sa présence dans la sensibilité dite
subjective, sans qu'il ait à se laisser recréer ou à se laisser
reconstituer, par une activité créatrice quelconque, à partir de
sa copie dans la conscience. Mais cette présence n'est pas le
simple poids du monde sur le sujet, ou un impact sur la sensibilité, un simple traumatisme se traduisant encore par des
images, encore par des dessins, encore par des qualités vécues
ou sensations, encore par des contenus remplissant la
conscience et dont le remplissement aurait encore à s'interpréter comme poids ou comme impact et ainsi sans fin. Être
présent à la conscience, ne revient pas à la présence dans un
réceptacle, ni à un déroulement devant le regard de *ceci* ou de
cela. La présence à la conscience, c'est le fait que ceci qui se
dessine dans l'expérience est déjà prétendu ou entendu ou
identifié, donc pensé *comme* ceci ou *comme* cela et *comme*
présent: c'est-à-dire précisément pensé. Dans la phénoménologie husserlienne, la notion de l'intuition est exposée
comme le fait pour les objets d'être *entendus* – «gemeint» –
en tant que présents | en original, en «chair et en os». Et **219**
l'autorité de l'intuition repose sur cet *en tant que*, sur ce sens
derrière lequel on ne peut rien chercher raisonnablement.
Il faudrait, en effet, si on voulait pousser l'interrogation et
l'investigation plus loin, encore partir d'un donné, lequel
encore n'aurait d'autorité que parce qu'il serait entendu *en
tant que* donné. L'autorité de l'intuition – «principe des

principes » – tient au sens qui l'anime et non pas au « contenu primaire » (qui se dit « représentant » dans les « Recherches Logiques ») que l'intuition contient dans son vécu ; bien que – il faut l'avouer – Husserl y fonde dans les recherches 5 et 6 le privilège de l'intuition, au point de se préoccuper de trouver un « représentant » dans l'intuition catégoriale.

L'intentionalité, en effet, n'épuise pas sa définition par le fait d'être une simple ouverture sur l'être ou une corrélation sujet-objet ; le mystère de la conscience ne se résume pas en ce que « toute conscience est conscience de quelque chose ». L'intentionalité est pensée et entendement, prétention, le fait de *nommer* l'identique, de proclamer quelque chose en tant que quelque chose. « Quelque chose en tant que quelque chose » – la formule est heideggerienne ; elle ne veut certainement pas désigner la subsumption, la classification ou la définition comme essence de la pensée. À moins de faire un départ entre une classification qui range les individus dans les espèces et celle qui *entend* l'identité des individus et des espèces et qui la *maintient* au-dessus de l'expérience tout en rendant l'expérience possible par là. *Meinen* premier qui proclame le sens en l'ajournant souverainement. Cet entendre comme… est l'origine de la conscience en tant que conscience. Tout problème du vrai et du faux, suppose cet *entendement* du sens. Sans lui il n'y aurait pas eu conscience de quelque chose. Il est *a priori*.

À ce niveau, l'*a priori* du savoir n'équivaut pas à un savoir « deviné », en quelque façon, qui viendrait s'ajouter à un savoir appris par l'expérience. Ce n'est pas l'anticipation temporelle, ni l'antériorité logique qui constituent l'apriorité de l'*a priori*, mais une indifférence à l'égard de l'expérience telle, qu'elle ne revient pas à une expérience plus subtile, mais à entretenir une relation qui ne se peut dire ni expérience, ni présomption gratuite. L'énoncé du sens – que l'expérience ne peut égaler, même si elle peut inviter à le recommencer – doit d'abord nommer les êtres, les proclamer en tant que ceci ou cela. Dans cet énoncé, se place toute expérience et toute affirmation ultérieure. L'apriorité de l'*a priori* est un *kerygma* qui n'est ni une forme de l'imagination, ni une forme de la perception.

Par lui prend sens l'idéal. Ni sensible affiné, ni être – l'idéal est comme instauré par la vertu du verbe kerygmatique. L'identité du terme consiste en son idéalité même. Le mode d'exhibition | inhérent au mode d'être des individus que **220** déroule l'expérience, revient à ne pas tenir dans le profil qu'ils dessinent, mais à se promettre toujours *autre* et autre, mais toujours identifiable – à se montrer ainsi, à travers une continuité d'aspects et de profils, à travers une multiplicité de phénomènes – et, par conséquent, à s'identifier dans la dispersion des instants indiscernables de l'*apparoir*. Tout, si on veut, est imagé dans l'expérience, sauf l'identité des individus, qui domine les instants des images. Elle ne se peut que comme *prétendue*. Je prétends l'identique dans ces impressions et j'entends assurer le maintien de cette préten- tion. Mais précisément l'identité n'est pas le *corrélatif* pur et simple de cet entendement sur lequel l'acte peut en quelque façon se reposer, comme dans l'impression où s'absorbe la réceptivité. L'identité n'est jamais accomplie dans l'identifi- cation qui la proclame et cette « activité » centrifuge – le sujet pris pour centre n'est pas simplement l'inverse de celle qui va du perçu sensible au sujet – la corrélation restant, dans les deux cas, semblable et justifiant la notion d'« intuition catégoriale ». Mais le caractère *proclamatoire* de l'identifi- cation détruit l'analogie. Il montre, d'autre part, comment le kerygma, souverain par le verbe qui instaure et consacre au-delà du donné, jouera de langues historiques et de leur système de signes.

L'expérience suppose donc des pensées qui, souverai- nement entendent, c'est-à-dire proclament l'identité du multiple. Cet « entendre-comme-le-même », ce « prendre-pour-le-même » n'a à se justifier devant aucune instance. D'indiscernables aspects entrent dans l'expérience, si passive, si pré-prédicative qu'elle soit en vertu d'une prétention initiale ou d'un initial « entendre comme ». Husserl a montré que la ressemblance renvoie à l'identité et non pas l'identité à la ressemblance. Tout cela ne veut pas dire que la pensée – le fait de « prendre pour » – soit subjective, fabriquant arbitrairement des produits qui se superposent à l'être. Cela veut dire plutôt que l'exhibition qu'implique l'être ne se produit pas seulement selon la sensibilité, mais qu'elle procède de l'*entendement*, de la faculté d'entendre *a priori* ceci comme ceci ou comme cela. On comprend ainsi que la philosophie husserlienne qui restitue à l'être ses droits contre toute confusion possible entre pensée et objet, pose aussi la pensée comme conférant un sens idéal à l'être. Sans ce sens idéal, l'être ne saurait se montrer. Conférer un sens à l'être, n'est ni moins fort, ni plus fort que créer de l'être. Mais c'est, d'emblée, fonction du Dire qui, loin de fausser l'être, le laisse luire dans la vérité. La conscience confère un sens, non pas en hypostasiant l'*immanent donné*, mais en prenant le donné « pour ceci » ou « pour cela », qu'il soit immanent ou transcendant. Prendre conscience, c'est « prendre pour... ».

221 | Prendre pour..., poser comme..., identifier dans le multiple, est le propre de la pensée en tant qu'elle se distingue de la simple sensibilité[1]. La pensée est donc décelée dans l'expérience en tant que l'expérimenté est thématique c'est-à-dire identique et en tant que l'identique ne se peut qu'à titre de « maintenu comme identique » et posé comme tel, à l'avance entendu comme tel. Être pris pour... être entendu ou prétendu ou maintenu comme ceci ou comme cela, c'est, pour ce qui

---

1. Du moins de la sensibilité, telle que la comprenait la tradition empiriste : présence de contenus dans la conscience qui en est conscience par le fait de les contenir. Il est incontestable que la conscience comprise comme simple plénitude en contenus serait aveugle ou léthargique.

apparaît, avoir une signification. Mais ce qui apparaît, ne peut apparaître en dehors de la signification. L'*apparoir* du phénomène, ne se sépare pas de son *signifier*, lequel renvoie à l'intention proclamatoire, kerygmatique de la pensée. Tout phénomène est discours ou fragment d'un discours.

Parce que le jugement est le développement explicite de la « proclamation en tant que ceci ou cela », – parce que l'énoncé est jugement – le jugement est privilégié d'entre toutes les conjonctures formelles parmi lesquelles la mathématisation de la logique le situe. Même lorsque la pensée se veut écriture formelle, l'énoncé ou le jugement demeure la méta-langue qui déverrouille la signification de la formalisation elle-même et de ses conventions. C'est en tant que structure même de l'énonciation, du pro-férer, que le jugement se trouve au cœur de la pensée. C'est parce que le dire est prédication que la pensée est jugement : ce n'est pas parce que le langage s'adapterait miraculeusement au jugement qui serait la pensée originelle, mais parce que le jugement développe le sens du langage. Le langage n'est pas signifiant parce qu'il procéderait d'un je ne sais quel jeu de signes sans sens; il est signifiant parce qu'il est la proclamation kerygmatique identifiant ceci en tant que cela.

L'objet individuel est donc, lui aussi, en tant qu'identifié, idéal, « entendu » par la pensée à travers le flux des apparences innombrables, c'est-à-dire innommables. L'intention qui prétend l'identique, est la prétention qui nomme. Les noms nomment les termes en les prétendant identiques, donc, déjà à un degré quelconque, numériquement identiques. Être numériquement identique, un dans la multiplicité, n'est pas un aspect adventice de ce qui apparaît dans une profusion d'indiscernables, mais une signification prêtée ou entendue, affaire d'entendement, se déployant comme une proclamation dans la dimension du langage où se place la pensée. Il ne s'agit pas d'opposer, une fois de plus, la spontanéité de l'intelligence à la réceptivité de la sensibilité. Ce qui compte au sein d'une connaissance comprise, expérience et réceptivité, pour que prenne sens l'identité numérique, l'identification de ceci en tant que cela (identité n'appartenant jamais d'emblée à la profusion donnée de l'indiscernable, en cela chaotique) – c'est la spontanéité structurée comme énonciation, prédication, langage, prétendant les moments idéaux, – ainsi précisément communicables ou universels – pensés par cette parole qui nomme, dans cette parole pensante.

Dès lors, la pensée ne peut atteindre l'individuel que par le détour de l'universel. Pour la philosophie en tant que discours, l'universel précède l'individuel, est, dans tous les sens du termes, *a priori*.

2. LA « SYNTHÈSE PASSIVE »

On peut, certes, se demander si, derrière le discours, une pensée philosophique réfractaire aux prestiges et aux prétentions du discours, ne se cache pas, distincte de ce discours et si, là, elle ne vise pas le singulier que le discours ne peut exprimer sans l'idéaliser. – Toutefois, si la pensée diffère du sentir spontané où, dans l'assoupissement, sentant et senti se confondent ; si la pensée est minimal écart entre sentant et senti – ce qui est, peut-être, la définition du réveil ou la fluence même du temps ; si l'apparoir originel coïncide avec cet écart ou avec ce réveil de telle façon précisément que ce qui se montre doit déjà avoir été perdu pour être retrouvé par la conscience – la conscience étant cette perte permanente et ces retrouvailles – cette « anamnésis » ; si ce qui se montre – fût-il le singulier – reste essentiellement à identifier, à cause de cette perte, le singulier, là encore, dans ces retrouvailles sera idéalité.

Ainsi, la priorité de l'idéal s'affirmera derrière le langage, comme elle s'affirme dans le langage. Il ne suffira donc pas de supprimer le discours parlé et de s'abandonner à la durée, pour atteindre à la singularité pure. La pensée de derrière le discours – si toutefois elle doit rester conscience, conserve la structure du discours. On est ainsi amené à découvrir la place que le langage se fait dans la pensée dès le premier geste de l'identification, dès l'*aura* de l'idéalité qui entoure la pensée comme pensée. Dans sa course derrière ce qui s'est déjà échappé de par la fluence originelle du temps, l'identification est portée par un discours co-substantiel à la conscience. La naissance du discours et de l'universalité se ferait dans la séparation entre sentant et senti, où se réveille la conscience. Conscience, certes, sans sujet ; « activité passive » du temps dont aucun sujet ne saurait revendiquer l'initiative, | « syn- **223** thèse passive » de ce qui « se passe », mais née dans la fluence et l'écart du temps, anamnésis et retrouvailles et par consé- quent identification où prennent sens idéalité et universalité.

Il n'est donc pas exact de parler du présent comme d'un « objet » qui se dérobe à la vue ou qui se métamorphose dès qu'on le touche ou qui, se muant en passé sous l'œil de la conscience que j'essaie d'en prendre, se refuse déjà au nom dont je l'affuble. C'est confondre deux modes distincts de la conscience et mesurer la conscience a-thématique qui se passe comme temps avec une conscience objectivante ; c'est mécon- naître l'ordre propre de la conscience et de la signification dont est absente la polarisation sujet-objet, l'initiative et l'intention d'un sujet se proposant un thème, de la conscience sans sujet actif. Malgré la différence qui se fait entre la notion plus générale de l'intentionalité et celle, plus particulière, de l'intention volontaire, l'intentionalité impliquant la théma- tisation – dont la notion de l'horizon intentionnel ne se sépare pas – définit la notion même de l'activité et de l'initiative. Par contre, la conscience en tant qu'œuvre passive du temps, d'une passivité plus passive que toute passivité simplement antithétique de l'activité, d'une passivité sans réserve, d'une passivité de la créature lors de la création, sans sujet pour assumer l'acte créateur, pour entendre, si on peut dire, le verbe créateur – la conscience, en tant qu'œuvre passive du temps que personne n'actionne – ne peut se décrire par les catégories de la conscience visant un objet. Si le présent ne s'écartait pas de sa coïncidence avec lui-même, il ne serait ni présent, ni déjà passé, ni encore futur – il ne serait ni temporel, ni par simple temporalité conscient. Mais si le présent est présent selon le mode de conscience qu'est le temps, ce n'est pas seulement que le temps soit l'inquiétude – le non-repos, la non-coïncidence avec soi – de l'être; mais c'est que l'instant en échappant à soi, n'est pas pure négativité. À travers les phases indiscernables de sa mue en passé, de son « œuvre passive » d'enfoncement dans le passé, il est – passivement encore – retenu dans la rétention et entendu, malgré le silence du langage qui, à ce niveau profère l'identité dans la rétention – comme identique; malgré le non-recours de ce langage idéalisant au système de signes verbaux que nous fournit l'héritage culturel.

3. Singularité sans universalité

Le langage appartient donc à l'œuvre même de la vérité en tant que thématisation et identification où l'être est comme 224 serti | et apparaît. Dès lors, aucun réel, fût-il rigoureusement individué, ne saurait apparaître hors l'idéalité et l'universalité[1]. D'où – à titre de simple conséquence, sans doute, – possibilité de la communication, sans que l'essence originale de la communication ait eu à intervenir dans le dévoilement de l'être. La communication est, certes, condition de la vérité en

---

1. On peut certes se demander si l'apparaître et le paraître, coextensifs à l'être, épuisent les possibilités de l'Esprit, c'est-à-dire si l'Esprit ne va pas au-delà de l'être. La philosophie occidentale a su parler de cet au-delà mais le prétendit aussitôt Idée c'est-à-dire l'a interprété en termes d'être, subordonnant ainsi Dieu à l'ontologie. Notre tentative va dans un sens tout opposé.

tant que toute vérité implique *vérité pour tous*, mais cette évocation de tous, demeure purement formelle, évidence non-pensée : la possibilité de la communication se donne comme simple corollaire de l'œuvre *logique* du discours. Or, il faut se demander si la relation avec l'interlocuteur, présupposée par l'essence universelle de la vérité, est, à son tour, une connaissance de cet interlocuteur dans sa particularité et vient ainsi encore, à partir de l'idéalité et de l'universalité que proclame la connaissance. Le processus serait alors infini : il faudra une nouvelle « relation avec tous » pour assurer la certitude de la première vérité de tous, que la vérité pour tous présuppose. Mais l'objection n'est pas là : il n'est pas sûr, en effet, que le spectre de la régression à l'infini soit une réfutation ; ne pas tenir le commencement d'un processus, n'empêche pas le penseur d'y être impliqué, dût-il en souffrir dans sa pensée. On appelle cela finitude ! La régression à l'infini – au mauvais infini – compromet, tout au plus, la certitude de la vérité, précisément, pour cette raison, finie, elle aussi. Pour nous la difficulté est ailleurs : l'hypothèse d'après laquelle la relation avec l'interlocuteur serait encore un savoir, ramène le discours à l'exercice solitaire ou imper-sonnel d'une pensée, alors que déjà le kerygma qui en porte l'idéalité est, de surcroît, *proximité* entre Moi et l'interlo-cuteur et non pas notre participation à une transparente universalité. Quel que soit le message transmis par le discours, le parler est contact.

Il faut donc admettre dans le discours une relation avec une singularité placée hors du thème du discours et qui, par le discours n'est pas thématisée, mais est approchée. Le discours et son œuvre logique se tiendraient non pas dans la connais-sance de l'interlocuteur, mais dans sa proximité. Ne pas pouvoir entrer dans un thème, ne pas pouvoir s'éparpiller en images, ne pas pouvoir apparaître – l'invisibilité – tient-elle à l'insignifiance de l'être ou à la démesure d'une signification venant d'au-delà de celle que fait luire l'être de l'étant? La relation dans laquelle se trouve déjà le parlant qui thématise son objet, ne serait pas une intentionalité, une thèse *posant* un objet, une ouverture sur lui, un | dévoilement, une orientation vers…, bref, une visée qui – fût-elle « remplie » par l'intuition, l'intuition fût-elle la plus claire et la plus distincte – aura déjà perdu, ainsi, l'immédiat du contact. L'immédiat du contact n'est pas, en effet la contiguïté spatiale, visible à un tiers et signifiante par la « synthèse de l'entendement ». La proximité est *par elle-même* signification. Le sujet est allé dans l'ouverture de l'intentionalité et de la vision. L'orientation du sujet sur l'objet s'est faite proximité, l'intentionnel s'est fait éthique[1] (où, pour le moment, rien de moral ne se signale). L'*éthique* n'indique pas une inoffensive atténuation des particularismes passionnels, qui introduirait le sujet humain dans un ordre universel et réunirait tous les êtres raisonnables comme des idées, dans un règne des fins. Il indique un retournement de la subjectivité, *ouverte sur* les êtres – et toujours à un degré quelconque se les représentant, les posant et les prétendant tels ou tels (quelle que soit la qualité – axiologique ou pratique ou doxique – de la thèse qui les pose) – en subjectivité qui entre *en contact* avec une singularité excluant l'identification dans l'idéal, excluant la thématisation et la représentation, avec une singularité absolue et comme telle irreprésentable[2]. C'est là le langage originel, fondement de l'autre. Le point précis où se fait et ne cesse de se faire cette mutation de l'intentionnel en éthique, où l'approche *perce* la conscience, – est peau et visage humain. Le contact est tendresse et responsabilité.

1. Nous appelons éthique une relation entre des termes où l'un et l'autre ne sont unis ni par une synthèse de l'entendement ni par la relation de sujet à objet et où cependant l'un pèse ou importe ou est signifiant à l'autre, où ils sont liés par une intrigue que le savoir ne saurait ni épuiser ni démêler.

2. Comme chez Malebranche sans doute l'entendement « connaît » Dieu, puisqu'il le « connaît » sans idée : l'« Infini est à lui-même son idée ».

4. Le langage et le sensible

L'immédiateté du sensible est événement de proximité et non pas de savoir. Au savoir la médiation de l'idéal – ou du langage kerygmatique – appartient essentiellement et n'est pas simplement le pis-aller qui reste à un esprit fini, le symptôme d'une frustration et le succédané de l'intuition intellectuelle qui manquerait. Dans l'intuition sensible, la sensibilité se subordonne déjà à la découverte de l'être. Mais la sensibilité ne s'épuise pas en ces fonctions d'ouverture. Non pas qu'elle introduise dans la connaissance un élément opaque, contraire aux structures de l'intelligibilité ou qui conduirait vers des connaissances autres que celles qui s'organisent | en un monde structuré. Penser ainsi le sensible, **226** reviendrait encore à le mesurer par rapport à la connaissance. Or, le sensible établit avec le réel une relation d'un autre ordre. La sensation gustative, par exemple, peut signifier découverte et expérience d'une saveur. Cette possibilité guide Husserl dans sa thèse sur le privilège du théorétique et sur la possibilité, ineffaçable, de convertir en théorétique toute « intentionalité » autre, sans recourir à la réflexion objectivante[1].

Mais dans la sensation gustative, l'intentionalité, c'est-à-dire l'ouverture *sur* la saveur, suppose déjà le détachement du dégustateur. Le caractère signifiant, primordial de la sensation elle-même, n'équivaut pas au rôle d'une « pensée pensant quelque chose ». Les psychologues connaissent au moins la charge affective des saveurs, mais le psychisme – ou la signifiance – de cette charge, s'interprétait aussitôt soit comme « état », soit comme intention d'un autre type, certes, que la théorétique, mais toujours encore comme ouverture,

---

1. Possibilité qui est à l'origine de la prétention de l'ontologie à l'absolu et de la texture du langage, au rôle de l'ultime fondement; possibilité qui est aussi à l'origine de la définition de l'homme par la compréhension de l'essence de l'être et que nous espérons, un jour, montrer comme fondée dans la proximité.

compréhension : information sur soi, ou, comme chez Heidegger, compréhension de la disposition de l'homme dans l'être, toujours comme ontologie. *Toute transcendance se pense comme savoir.* Certes, cette recherche de l'intentionalité dans le sensible, évitait la pure et simple mécanisation de la sensibilité telle que la revendiquaient les positivistes. Mais la structure d'ouverture, distinguée dans toute sensibilité, ressemble à celle de la vision où la sensibilité s'est investie savoir ; or, on peut se demander si, même dans sa fonction intellectuelle, la vision a complètement perdu son autre manière de signifier et si, notamment, l'expression « manger des yeux » doit passer pour pure métaphore. Il faut se demander si toute transcendance ressort à l'intellect[1]. En effet si, par exemple, la sensation gustative ne s'épuise pas en savoirs portant sur les saveurs, le surplus de sens ne revient pas à la conscience du processus physico-physiologique de l'alimentation ni à la conscience d'actes associés – morsure, mastication, etc. La signification propre de la sensation gustative consiste en quelque façon à | « percer » les savoirs recueillis pour pénétrer comme dans l'intimité des choses. Rien n'y ressemble au recouvrement d'un visé par un donné, comme l'exigerait la notion husserlienne du remplissement. Le psychisme ici ne se résout ni en conscience, ni en inconscience. Dans la sensation, quelque chose *se passe* entre le sentant et le senti, bien au-dessous de l'ouverture du sentant sur le senti, de la conscience sur le phénomène. Nous avons

1. Nous entendons, par intellect, non seulement la fonction de la représentation théorétique proprement dite, mais aussi toutes les autres formes de l'intentionalité où se retrouve la structure kerygmatique noèse-noème et qui demeure ouverture, mais visée. – Michel Henry conteste le caractère transcendant de la sensibilité qui ne serait dû qu'à l'intentionalité théorétique qu'elle fonde (laquelle d'ailleurs, à son tour s'enracinerait dans la manifestation de l'immanence). Nous sommes d'accord avec lui pour contester à la sensibilité la transcendance intentionnelle ; mais nous ne limiterons pas la transcendance à l'intentionalité, en partant précisément de la notion de proximité.

choisi l'exemple de la sensation gustative, parce que dans toutes les formes de la sensibilité se retrouve ce schéma de la consommation et que sentir le monde est toujours une façon de s'en nourrir.

Mais le sensible doit s'interpréter à un titre primordial comme toucher. Là encore, l'événement ne réside pas dans l'ouverture sur la quiddité palpable de l'être touché ; bien que, là encore, le contact puisse tourner en palpation. La « thèse doxique » surnage pour transformer l'événement du contact en information, en savoir recueilli sur la surface moelleuse ou rugueuse des choses et pour faire glisser ainsi le sensible dans un discours thématisant, identifiant, universel. Mais avant de se muer en connaissance sur le dehors des choses – et pendant cette connaissance même – le toucher est pure approche et proximité, irréductible à l'expérience de la proximité[1]. Une caresse s'esquisse dans le contact sans que cette signification vire en expérience de la caresse. En la caresse, la proximité reste proximité sans se faire intention de quelque chose, bien que la caresse puisse se faire geste expressif et porteur de messages. Approcher, voisiner, ne revient pas au savoir ou à la conscience qu'on peut en avoir. Dans le contact, les choses sont proches, mais cela dans un tout autre sens où elles sont rugueuses, lourdes, noires, agréables ou même existantes ou non existantes. La façon dont elles sont « en chair et en os » (selon une traduction consacrée de l'expression husserlienne « leibhaft gegeben ») ne caractérise pas leur manifestation, mais leur proximité. Une idée ou une valeur, peut intuitivement se donner en original, mais on ne peut pas côtoyer une idée. Il faut du sensible. Le senti se définit par cette relation de proximité. Il est tendresse : du visage à la nudité de la peau, l'un dans le contexte de l'autre prenant tout son sens dans ce

---

1. Sans rester inaccessible à une expérience, certes. Sans quoi nous n'aurions pu en parler ici. Mais de cette accessibilité à l'expérience comme du privilège de la thèse doxique – on peut rendre compte à partir de la proximité elle-même. Cela pour une autre étude.

contexte, du pur au trouble. Et si la perception, que la science explique à sa façon, parut aux philosophes éclairer la science qui l'explique – elle ne doit pas ce privilège au prestige un peu irraisonné du concret. Mais le concret en tant que sensible est
228 immédiateté, contact et langage. | La perception est proximité de l'être dont l'analyse intentionnelle ne rend pas compte. Le sensible n'est superficiel que dans son rôle de connaissance. Dans la relation éthique au réel, c'est-à-dire dans la relation de proximité qu'établit le sensible, s'engage l'essentiel. Là est la vie. La vision est, certes, ouverture et conscience et toute sensibilité s'ouvrant comme conscience, se dit vision, mais la vision conserve, jusque dans sa subordination à la connaissance, le contact et la proximité. Le visible caresse l'œil. On voit et on entend comme on touche.

En réalité, dans le contact, ne se réveille la caresse du sensible et dans le touché – la tendresse c'est-à-dire la proximité – qu'à partir d'une peau humaine, d'un visage, à l'approche du prochain. La proximité des choses est poésie; en elles-mêmes, les choses se révèlent avant d'être approchées. Dans l'effleurement de l'animal déjà le cuir durcit dans la peau. Mais les mains qui ont touché les choses, les lieux foulés par les êtres, les choses qu'ils ont tenues, les images de ces choses, les fragments de ces choses, les contextes où s'intègrent ces fragments, les inflexions de voix et les mots qui s'articulent en elles, les signes toujours sensibles du langage, les lettres tracées, les vestiges, les reliques – sur toutes choses, à partir du visage et de la peau humains, s'étend la tendresse; la connaissance retourne à la proximité, au sensible pur. La matière, investie comme objet et outil dans le monde, c'est aussi, par l'humain, la matière qui m'obsède par sa proximité. La poésie du monde n'est pas séparable de la proximité par excellence ou de la proximité du prochain par excellence. Et c'est comme par référence à leur origine en Autrui – référence qui s'imposerait comme structure *a priori* du sensible, – que certains contacts froids et « minéraux » ne se figent en pures informations qu'à titre privatif.

Cette relation de proximité, ce contact inconvertible en structure noético-noématique et où s'installe déjà toute transmission de messages – et quels que soient ces messages – est le langage originel, langage sans mots ni propositions, pure communication. – C'est en partant d'une description phénoménologique du savoir et de ses conditions kerygmatiques que notre analyse a rencontré des relations dont le nœud nous amène à user d'une terminologie et de significations éthiques. La proximité par-delà l'intentionalité, c'est la relation avec le Prochain au sens moral du terme.

5. CONSCIENCE ET OBSESSION

La conscience consiste à thématiser à travers une multiplicité et à manifester ainsi l'être en en proclamant l'unité et l'identité. Mais le langage comme contact touche le prochain dans son unité | non-idéale. Dès lors on peut dire que le **229** prochain ne se montre pas, ne se manifeste pas. Il lui manque l'horizon de la multiplicité où son identité pourrait être proclamée, maintenue, thématisée et, ainsi, révélée. Mais il lui manque ce dont il n'a nul besoin. Le prochain, c'est précisément ce qui a un sens *immédiatement*, avant qu'on le lui prête. Mais ce qui a ainsi un sens ne se peut que comme Autrui, comme *celui* qui a un sens avant qu'on le lui donne. Même l'exposition d'un sens à l'intuition ne réalise pas l'immédiateté. L'intuition est vision, encore (ou déjà) intentionalité, ouverture et, par là, distance et, par là à « un temps de réflexion » de ce qu'elle vise (fût-il en original) et, par là, proclamation ou annonciation. L'immédiateté est la proximité ob-sédante du prochain, brûlant l'étape de la conscience : non pas par défaut, mais par excès, par l'« excession » de l'approche. Elle ne culmine pas dans la confusion : nous

« montrerons » une absence – autre que celle de la distance – où se tient le prochain. Mais cet excès – ou cette « excession » fait qu'à la conscience, la proximité est toujours une présence anachronique : la conscience est toujours en retard au rendez-vous du prochain, le moi est assigné et fautif dans la conscience qu'il prend du prochain, dans sa mauvaise conscience. Le prochain n'est pas à la mesure et au rythme de la conscience.

Nous avons appelé visage l'auto-signifiance par excellence. La notion du visage dans notre ouvrage « Totalité et Infini » faisait déjà état de la signifiance du singulier qui, pour ne pas se référer à l'universalité, n'exprime pas pour autant je ne sais quelle essence irrationnelle. Mais dire que dans l'approche se noue une intrigue avec un singulier sans la médiation de l'idéal, ce n'est pas consacrer une exception tout en continuant à réserver à la connaissance – l'appelât-on intentionalité axiologique ou pratique – le privilège de revendiquer l'esprit. C'est à partir de l'approche que la notion même du visage s'impose. Et dans le visage la connaissance et la manifestation de l'être ou la vérité, s'engloutissent dans un rapport éthique. La conscience retourne à l'obsession.

L'obsession n'est ni une modification, ni une exaspération pathologique de la conscience, mais la proximité elle-même des êtres. La conscience sous toutes ses formes – représentative, axiologique, pratique – a déjà perdu cette présence proche. Le fait que le prochain n'entre pas sous un thème, que, dans un certain sens, il précède connaissance et engagement, n'est ni aveuglement, ni indifférence, c'est une rectitude de relation plus tendue que l'intentionalité : le prochain m'assigne, l'obsession est une responsabilité sans choix, une communication sans phrases ni mots.

Mais ne faut-il pas prendre conscience de cette assigna-

230 tion ? | Une prise de conscience n'est-elle pas le précurseur inévitable de toute entrée en relation ?

L'urgence extrême de l'assignation, modalité de l'obsession, fait précisément éclater l'égalité – ou la sérénité – de la conscience, son égalité à l'objet qu'elle entend intentionnellement. La présence du prochain m'assigne avec une urgence si extrême qu'il ne faut pas en quérir la mesure dans la façon dont cette présence se présente à moi, c'est-à-dire se manifeste et se fait représentation. Celle-ci appartient encore – ou déjà – à l'ordre des images et de la connaissance que l'assignation bouleverse. L'urgence, ici, n'est pas un simple manque de délai, mais anachronisme : dans la représentation, la présence est déjà passée.

Approcher Autrui, c'est encore poursuivre ce qui déjà est présent, chercher encore ce que l'on a trouvé, ne pas pouvoir être quitte envers le prochain. Comme caresser. La caresse est l'unité de l'approche et de la proximité. Toujours en elle la proximité est aussi absence. Qu'est-ce que la tendresse de la peau caressée, sinon le décalage entre la présentation et la présence ?

Dans la présence du prochain, s'effleure donc une absence par laquelle la proximité n'est pas simple coexistence et repos, mais le non-repos même, l'inquiétude. Non pas mouvement intentionnel tendant au remplissement et qui, en ce sens, est toujours *moins* que la plénitude de ce remplissement. Ici, c'est une faim, glorieuse de son désir inassouvissable, un contact d'amour et de responsabilité. L'amour est-il une sensation tactile et plaisante ou une façon de rechercher encore celui qui cependant est, on ne peut plus, proche ?

Mais est-ce une absence ? N'est-ce pas présence de l'infini ? L'infini ne peut se concrétiser en un terme, il conteste sa propre présence. Dans son superlatif inégalable, il est absence, au bord du néant. Toujours il fuit. Mais il laisse le vide, une nuit[1], une trace où son invisibilité visible est visage

---

1. *Cf.* l'hymne orphique de la Nuit admirablement traduit et commenté par Clémence Ramnoux, dans *La Nuit et les enfants de la Nuit*, Paris, Flammarion, 1992, notamment p. 247-252.

du Prochain. Ainsi, le prochain n'est pas phénomène et sa présence ne se résout pas en présentation et apparoir. Elle est ordonnée à partir de l'*absence où s'approche l'Infini*; à partir de son *Non-Lieu*; elle est ordonnée, *dans la trace de son propre départ*; à ma responsabilité et à mon amour que – par-delà la conscience – elle obsède. Trace toute chaude encore, comme la peau de l'autre. Dans la proximité, la peau n'est ni contenant, ni protection d'un organisme, ni pure et simple surface d'un être, mais nudité, présence délaissée par un **231** départ, exposée à tous et dès lors, aussi, – infidèle à soi – | en faillite, mais aussi livrée aux choses, contaminée, profanée, persécutée – fautive et misérable. Le prochain est ordonné à ma responsabilité : déjà déraciné et apatride, dès qu'il surgit sur terre. Ne pas être autochtone, être arraché – de par une absence qui est la présence même de l'infini – à la culture, à la loi, à l'horizon, au contexte, se trouver dans le Non-Lieu de la trace – ce n'est pas revêtir un certain nombre d'attributs susceptibles de figurer dans un passeport, c'est *venir de face, se manifester en défaisant la manifestation*. Tel est le visage, nous l'avons dit, point où l'épiphanie se fait proximité.

6. Le signe

La proximité n'est pas simple coexistence, mais inquiétude. Quelque chose se passe de l'un à l'autre et de l'autre à l'un, sans que les deux mouvements diffèrent uniquement de signe. Quelque chose se dirait donc ou s'apprendrait dans le contact? Quelque chose se thématiserait donc? Rien sinon le contact par le contact même. Rien ne se dira sinon ce contact même, cette alliance et cette complicité – mais précisément, complicité ou alliance « pour rien », sans contenu, sinon pour cette complicité ou cette alliance, pour cette proximité préalable à toute convention, à toute entente ou malentendu ou mésentente, à toute franchise et à toute ruse. Ce dire du contact ne dit et n'apprend que ce fait même de dire et d'apprendre. Là encore, comme une caresse.

Est-ce encore dire que de ne pas se placer dans l'univers d'une langue commune, dans la culture ? N'est-ce pas seulement appeler à la communauté dont les membres ne se rattachent pas les uns aux autres comme les individus du même genre ou comme les intelligences pures autour de la même vérité ? Sans doute ce dire précède le langage qui communique propositions et messages : il est signe donné de l'un à l'autre sur la proximité par la proximité. Ce signe n'est pas déjà un discours, mais qui serait encore balbutiant : ne pas avoir d'autre contenu que la proximité même qui le dit, appeler ou rappeler la complicité « pour rien » et l'alliance sans élection, c'est appeler ou rappeler la fraternité qui est entente sans objet ni choix et qui, essence de la proximité, est condition de toute circulation de messages.

Signe donné de l'un à l'autre – avant la constitution de tout système de signes, de tout plan commun que forme la culture et les lieux – signe donné de Non-Lieu à Non-Lieu ; mais le fait qu'un signe, extérieur au système d'évidences, vient dans la proximité | tout en demeurant transcendant, est l'essence **232** même du langage d'avant la langue.

Cette entente de singularité à singularité, a de quoi se créer des signes verbaux ou autres d'une langue. Dans un texte très connu certes, de la cinquième partie du « Discours de la Méthode », Descartes réfute l'opinion de « quelques anciens que les bêtes parlent, bien que nous n'entendions pas leur langage » en alléguant que « puisqu'elles ont plusieurs organes qui se rapportent aux nôtres, elles pourraient aussi bien se faire entendre à nous qu'à leurs semblables ». Descartes se refuse donc d'admettre un langage qui serait emprisonné dans le particularisme d'une espèce. L'animal est machine non seulement parce qu'il ne sait pas utiliser d'une façon polyvalente ses organes, mais parce qu'il est emprisonné dans sa constitution. Que les animaux n'aient jamais parlé à l'homme, prouverait qu'ils ne parlent pas entre eux. Le langage est la possibilité d'entrer en relation indépendamment de tout système de signes commun aux interlocuteurs. Perce-muraille, il est le pouvoir de traverser les limites de la culture, du corps et de l'espèce. L'«instrument universel», la raison le commande chez Descartes. Mais comment la raison s'individue-t-elle dans l'âme et s'unit à une volonté? La fraternité avec le prochain comme essence du langage originel, à laquelle ont abouti nos analyses, retrouve l'universalité ou plus précisément l'universalisation à partir des singularités absolues.

On objectera: le Dire originel, ne suppose-t-il pas une essence de la singularité reconnue préalablement à ce préalable langage? Et, par conséquent, la structure originelle du discours – son œuvre d'universalisation – n'est-elle pas déjà secondaire par rapport à l'intentionalité kerygmatique? – Mais le contact, se réduit-il au rassemblement d'individus sous un genre commun (et qui, en soi, depuis longtemps les aurait déjà réunis) et dont ils ne seraient que les éclats ou les épaves? Même si, en l'occurrence, les individus du genre connaissent la définition du genre auquel ils appartiennent, – s'ils sont raisonnables – ce n'est pas l'individu en tant qu'individuation d'un genre, mais la singularité unique dans son genre qui s'approche d'Autrui. Parler avant de parler, ce n'est même pas comprendre la singularité comme essence. La relation de Moi au Prochain ne se fixe sur aucune quiddité, mais sur ce qui a un sens sans recourir à l'idéalité, dans l'énigme du visage où la manifestation se fait proximité, et la quiddité – modalité de l'être. Ce n'est donc pas le savoir de l'universel où l'individu se comprend comme individualité idéalement identifiée. Ce n'est pas un savoir sur l'essence de la singularité, ce n'est pas la connaissance de la singularité comme essence – qui précède le clin d'œil de complicité – de

la complicité pour rien. Le | langage du genre et de l'espèce, la **233**
notion du genre humain reprendra ses droits après coup. C'est
dans la fraternité – ou le langage – que ce genre se fonde.

7. DE L'OBSESSION À L'OTAGE

Le langage, le contact est l'obsession d'un Moi « assiégé »
par les autres. L'obsession est responsabilité. Mais la
responsabilité de l'ob-session ne découle pas d'une liberté,
sinon l'obsession ne serait qu'une prise de conscience : ce
serait un Moi obsédé par la faute commise en toute liberté et
nous reconnaîtrions en lui le sujet pensant, dans son splendide
isolement, prenant des attitudes intentionnelles à l'égard des
êtres. La responsabilité comme obsession est proximité :
comme une parenté, lien antérieur à toute liaison choisie. Le
langage est fraternité et ainsi responsabilité pour Autrui et
donc responsabilité pour ce que je n'ai pas commis – pour la
douleur et la faute des autres. Aux antipodes du jeu – de la
liberté n'entraînant pas de responsabilités –, la proximité est
une responsabilité qui ne renvoie pas à ma liberté. Condition
de créature dans un monde sans jeu, dans la *gravité* qui est
peut-être la venue première de la signification à l'être *par-
delà* son stupide « c'est comme cela ». Condition d'otage.

Moi, je – individués absolument « de l'intérieur », sans
recourir à un système. Mais cette individuation ne peut se
décrire comme pôle d'une conscience s'identifiant elle-
même : car le soi-même, est précisément le grand secret à
décrire. L'ipséité qu'exprime le pronom réfléchi *se*, ne se
réduit pas à une objectivation du Moi par lui-même. Le retour
sur moi de cette réflexion implique déjà la réflexion initiale du
Se. En lui une passivité sans fin ne s'assume par aucune
activité qui viendrait la doubler et l'accueillir ou qui lui
préexisterait. Dans son « accusatif » que ne précède pas le
nominatif, se lève un commencement. Obsédée précisément

de responsabilités qui ne remontent pas à des décisions prises par un sujet contemplant librement et, ainsi, comme accusée de ce qu'elle n'a jamais fait, persécutée et rejetée en soi, acculée à soi, l'ipséité « prend sur soi », dans l'incapacité absolue de se dérober à la proximité, au visage, au délaissement de ce visage, là où l'infini est aussi absence. Plus exactement : le surgissement de l'ipséité est le fait même de cette gravité dans l'être.

L'impossibilité de se dérober devient pouvoir. Le Moi est le point qui porte la gravité du monde, ce qui dans l'être défait l'œuvre d'être, imperturbable et sans exemption. Être *acculé* à **234** soi, | il est le non-être de l'être. Non pas le néant, car ce *défaire* est ambigu ou « mixte » ou au-delà de l'être.

Ce n'est pas parce que, parmi les êtres, existe un être pensant structuré comme Moi, poursuivant des fins, que l'être prend une signification et devient monde c'est parce que dans la proximité de l'être s'inscrit la trace d'une absence – ou de l'Infini – qu'il y a délaissement, gravité, responsabilité, obsession et Moi. Le non-interchangeable par excellence – le je – est, dans un monde sans jeu, ce qui, dans un sacrifice permanent, se substitue aux autres et transcende le monde. Mais c'est la source du parler, car c'est l'essence de la communication.

Ce n'est pas que le Moi soit seulement un être doué de certaines qualités dites morales qu'il porte comme des attributs. C'est « l'égoïté » du moi, son unicité exceptionnelle et étrange qui est cet événement incessant de substitution[1], le fait pour un être de se vider de son être, de non-être. L'événement éthique de « l'expiation pour un autre », est la situation concrète que désigne le verbe *non-être*. C'est de par la condition d'otage qu'il peut y avoir dans le monde pitié, compassion, pardon et proximité (même le peu qu'il y en a).

---

1. L'identité analytique de l'Aperception transcendantale chez Kant se distingue de la multiplicité du donné irréductible à cette identité. Mais le Moi-otage est une identité qui *en expiant* est tous les autres.

Tous les « transferts de sentiment » par lesquels les théoriciens de la guerre originelle expliquent la naissance de la générosité, n'arriveraient pas à se fixer dans le Moi, s'il n'était pas de tout son être (ou de tout son non-être) otage. Il n'est pas sûr que la guerre fût au commencement. Avant la guerre, étaient les autels.

Le langage éthique auquel nous avons recours, ne procède pas d'une expérience morale spéciale, indépendante de la description poursuivie jusqu'alors. Il vient du sens même de l'approche qui tranche sur le savoir, du visage qui tranche sur le phénomène. La phénoménologie peut suivre le retournement de la thématisation en éthique dans la description du visage. Le langage éthique seul arrive à égaler le paradoxe où se trouve brusquement jetée la phénoménologie : partant du prochain, elle le lit au sein d'une Absence qui l'ordonne visage, mais d'une façon que l'on aurait tort de confondre avec une indication ou une monstration du signifié dans le signifiant, selon l'itinéraire facile par lequel la pensée pieuse déduit trop rapidement les réalités théologiques. La trace où s'ordonne le visage, ne se réduit pas au signe pour cette simple raison que le signe et sa relation au signifié sont déjà thématisés. Or, l'approche n'est pas la thématisation d'une relation quelconque, mais cette relation même.

| 8. CE N'EST QU'UN MOT **235**

Le langage est-il transmission et écoute des messages qui seraient pensés indépendamment de cette transmission et de cette écoute ; indépendamment de la communication (même si les pensées ont recours à des langues historiquement constituées et se plient aux conditions négatives de la communication, à la logique, aux principes de l'ordre et de l'universalité) ? Ou, au contraire, le langage comporterait-il un événement positif et préalable de la communication qui serait *approche* et *contact* du prochain et où résiderait le secret de naissance de la pensée elle-même et de l'énoncé verbal qui la porte?

Sans tenter d'exposer cette naissance latente, la présente étude a consisté à penser ensemble langage et contact, en analysant le contact en dehors des «renseignements» qu'il peut recueillir sur la surface des êtres, en analysant le langage indépendamment de la cohérence et de la vérité des informations transmises – en saisissant en eux l'événement de la *proximité*. Evénement évanescent, aussitôt submergé par l'afflux des savoirs et des vérités qui se donnent pour l'essence, c'est-à-dire pour la condition de la possibilité de la proximité. Et n'est-ce pas justice? L'aveuglement, l'erreur, l'absurdité – peuvent-ils rapprocher?

Mais la pensée et la vérité, peuvent-elles forcer Autrui à entrer dans mon discours, à devenir interlocuteur? L'évanescence de la proximité dans la vérité, est son ambiguïté même, son énigme, c'est-à-dire sa transcendance hors l'intentionalité.

La proximité n'est pas une intentionalité. Être auprès de quelque chose, n'est pas se l'ouvrir et, ainsi dévoilé, le viser, ni même «remplir» par l'intuition la «pensée signitive» qui le vise et toujours lui prêter un sens que le sujet porte en soi. Approcher, c'est toucher le *prochain*, par-delà les données appréhendées à distance dans la connaissance, c'est approcher Autrui. Ce revirement du donné en prochain et de la représentation en contact, du savoir en éthique, est visage et peau humaine. Dans le contact sensoriel ou verbal sommeille la caresse, en elle la proximité signifie : languir après le prochain comme si sa proximité et son voisinage étaient aussi une absence. Non point un éloignement encore susceptible d'être entendu dans l'intentionalité, mais une absence démesurée qui ne peut même pas se matérialiser – ou s'incarner – en corrélatif d'un entendement, l'infini, et ainsi, dans un sens absolu, invisible, c'est-à-dire hors toute intentionalité. Le prochain – ce visage et cette peau dans la trace de cette absence et par conséquent, dans leur misère de délaissés et leur | irrécusable droit sur moi – m'obsède d'une obsession **236** irréductible à la conscience et qui n'a pas commencé dans ma liberté. Suis-je dans mon égoïté de moi, autre chose qu'un otage ?

Le contact où j'approche le prochain n'est pas manifestation ni savoir, mais l'événement éthique de la communication que toute transmission de messages suppose, qui instaure l'universalité où mots et propositions vont s'énoncer. Contact transcendant de moi au prochain, non pas sa thématisation, mais délivrance de signe antérieur à toute proposition, à l'énoncé de quoi que ce soit. Langage – perce-muraille : signe qui dit le fait même du dire où nous avons distingué une complicité qui est complicité « pour rien », c'est-à-dire une fraternité. Ce signe ne porte-t-il pas le premier mot ?

Le premier mot dit le dire lui-même. Il ne désigne pas encore d'êtres, ne fixe pas de thèmes et n'entend rien identifier. Sans quoi la communication et la proximité reviendraient à la fonction logique du langage et supposeraient à nouveau la communication. Le premier mot ne dit que le dire lui-même avant tout être et toute pensée où se mire et se réfléchit l'être.

Mais si le premier dire dit ce dire même, le dire et le dit, ici, ne peuvent s'égaler. Car le dire en se disant, rompt à tout moment la définition de ce qu'il dit et fait éclater la totalité qu'il embrasse. Qu'il fasse de cet éclat même son thème et reconstitue ainsi, plus totale, s'il se peut, la totalité qu'il relate, qu'il montre ainsi sa trame inusable, et voilà que par son parler même, il interrompt sa totalité. Quelqu'un échappa au thème. Le premier dire dépasse ses propres forces et sa propre raison. Le dire originel est délire. La pensée cohérente aura sans doute raison d'en dénoncer l'extravagance ou le verbalisme, d'objecter à cette transcendance première qui brise le Logos, les conditions de son énonciation, d'étaler son histoire dissimulée et de l'astreindre au monde qu'il prétend dépasser. La pensée cohérente force au discours cohérent. Mais par là-même elle comprend l'extravagance qu'elle combat et déjà reconnaît son énigme. Ce premier dire n'est certes qu'un mot. Mais c'est Dieu.

TABLE DES MATIÈRES

EN DÉCOUVRANT L'EXISTENCE
AVEC HUSSERL ET HEIDEGGER

ESSAIS NOUVEAUX

RACCOURCIS

DISPONIBLES
À LA LIBRAIRIE VRIN

HEIDEGGER, *Les conférences de Cassel 1925*, suivi de la Correspondance Husserl-Dilthey, traduction par J.-Cl. Gens, 2003, 224 pages.

HUSSERL, *Cinq textes sur le renouveau*, traduction par L. Joumier, 2005, 160 pages.

HUSSERL, *Introduction à la logique et à la théorie de la connaissance*, traduction par L. Joumier, 1998, 440 pages.

HUSSERL, *Leçons sur la théorie de la signification*, traduction par U. Panzer, 1995, 352 pages.

HUSSERL, *Méditations cartésiennes. Introduction à la phénoménologie*, traduction par E. Levinas et G. Peiffer, 1947, 1992 pour l'édition de poche, nouvelle édition 2001, 256 pages.

HUSSERL, *Phénoménologie de l'attention*, traduction, introduction et lexique par N. Depraz, 2009, 272 pages.

HUSSERL, *Psychologie phénoménologique (1925-1928)*, traduction par Ph. Cabestan, N. Depraz, A. Mazzù, 2001, 346 pages.

HUSSERL, *Sur l'histoire de la philosophie*, choix de textes, présentation et traduction par L. Perreau, 2014, 120 pages.

HUSSERL, *Sur le renouveau*, introduction, traduction et notes par L. Joumier, 2005, 160 pages.

HUSSERL et K. TWARDOWSKI, *Sur les objets intentionnels 1893-1901*, traduction par J. English, 1993, 428 pages.

Imprimé en France par CPI
en août 2016

Dépôt légal : août 2016
N° d'impression : 137010